权威·前沿·原创

皮书系列为

“十二五”“十三五”“十四五”国家重点图书出版规划项目

BLUE BOOK

智库成果出版与传播平台

陕西蓝皮书

BLUE BOOK OF SHAANXI

陕西省社会科学院／编

陕西经济发展报告（2022）

REPORT ON ECONOMIC DEVELOPMENT IN SHAANXI (2022)

主　编／司晓宏　白宽犁　裴成荣

社会科学文献出版社
SOCIAL SCIENCES ACADEMIC PRESS (CHINA)

图书在版编目(CIP)数据

陕西经济发展报告.2022/司晓宏，白宽犁，裴成荣主编.--北京：社会科学文献出版社，2022.2
（陕西蓝皮书）
ISBN 978-7-5201-9624-6

Ⅰ.①陕… Ⅱ.①司… ②白… ③裴… Ⅲ.①区域经济发展-研究报告-陕西-2022 Ⅳ.①F127.41

中国版本图书馆CIP数据核字（2022）第012947号

陕西蓝皮书
陕西经济发展报告（2022）

主　　编／司晓宏　白宽犁　裴成荣

出 版 人／王利民
组稿编辑／邓泳红
责任编辑／宋　静
责任印制／王京美

出　　版／社会科学文献出版社·皮书出版分社（010）59367127
　　　　地址：北京市北三环中路甲29号院华龙大厦　邮编：100029
　　　　网址：www.ssap.com.cn
发　　行／社会科学文献出版社（010）59367028
印　　装／天津千鹤文化传播有限公司

规　　格／开　本：787mm×1092mm　1/16
　　　　印　张：21.25　字　数：320千字
版　　次／2022年2月第1版　2022年2月第1次印刷
书　　号／ISBN 978-7-5201-9624-6
定　　价／158.00元

读者服务电话：4008918866

陕西蓝皮书编委会

主要编撰者简介

司晓宏 教育学博士，二级教授，博士生导师。陕西省社会科学院党组书记、院长，研究领域为教育学原理和教育管理学。主持完成教育部哲学社会科学重大攻关课题、国家社科基金课题等国家和省部级课题13项，获全国高等学校科学研究成果奖（人文社会科学）、陕西省哲学社会科学优秀成果奖等国家和省部级、厅局级科研奖15项。先后在《教育研究》、*COMPARE*、《光明日报》等报刊发表学术论文80余篇，独立出版《教育管理学论纲》《面向现实的教育关怀》等专著4部，主编教材5部。2017年获陕西省首批“特支计划”哲学社会科学和文化艺术领域领军人才称号。兼任陕西省社科联副主席、陕西省人民政府督学，兼任第一届教育部高等学校教育学类专业教学指导委员会副主任、第二届委员，中国教育学会教育管理学术委员会常务副理事长、中国教育政策研究院兼职教授、陕西省教育理论研究会会长等。

白宽犁 陕西省社会科学院党组成员、副院长、二级研究员。长期从事宣传思想文化及社会科学研究工作，研究方向为马克思主义中国化、思想政治教育、宣传思想文化、公共管理等。对毛泽东思想及中国特色社会主义理论体系、党的路线方针政策、宏观经济管理、社会治理等进行专题研究。先后在《求是》《人民日报》《光明日报》《陕西日报》《人文杂志》等报纸及学术期刊发表文章100余篇，编辑出版著作30余部，文章曾被《新华文摘》、中国人民大学复印报刊资料全文转载，《中国社会科学文摘》转载。

主持国家社科基金项目2项，主持省厅级项目20余项。荣获陕西省哲学社会科学优秀成果奖一等奖2项，获陕西省党政领导干部优秀调研成果奖一等奖、二等奖5项。

裴成荣 工学博士，二级研究员。陕西省社会科学院学术委员会副主任、经济研究所所长，陕西省“特支计划”哲学社会科学和文化艺术领域领军人才。主要研究方向为区域经济、城市经济、产业经济。出版《国有企业改革与产权市场建设》《区域发展与产业培育》《国际化大都市特色研究》《文化繁荣背景下遗址保护与都市圈和谐共生机制研究》《陕西同步够格全面建成小康社会研究》等专著6部。1999年以来主编年度出版物《陕西经济发展报告》（蓝皮书系列）等20余部。主持完成国家级及省部级课题20余项，完成厅局级各类课题50余项，发表研究论文100余篇。科研成果获省部级奖项20项，其中，获哲学社会科学优秀成果奖一等奖3项、二等奖5项。

摘　要

《陕西经济发展报告（2022）》主要包括总报告、分报告、综合篇、区域篇、产业篇五部分内容。总报告主要对2021年陕西宏观经济运行态势进行分析，并对2022年经济形势进行了预测。分报告对2021年陕西农村经济形势、工业运行形势、对外贸易形势进行分析，并对2022年发展趋势进行预测。综合篇主要对陕西共同富裕水平、创新链产业链深度融合、“亩均效益”、建设高水平国际贸易通道、国土空间规划以及陕西与共建“一带一路”国家科技合作等问题进行了全面系统的深入研究，并提出了相应的对策建议。区域篇主要围绕西安建设国家中心城市、榆林打造陕西重要增长极、陕南绿色循环发展、文旅融合推动宝鸡区域中心城市发展、西安市高陵区城乡融合发展、安康市岚皋县新型城镇化建设等问题进行了分析，并提出相应的对策建议。产业篇主要对陕西现代服务业及服务贸易创新发展、专精特新“小巨人”企业、“双碳”背景下陕西能源产业高质量发展等问题进行了研究，并提出了对策建议。

关键词： 陕西经济　高质量发展　共同富裕

Abstract

Report on Economic Development in Shaanxi (2022) included five parts. The first part, General Report, focuses on macroscopic economy operation of Shaanxi in 2021 and forecasts tendency in 2022. The second part, Sub-reports, analyses the rural economic situation, industrial operation situation and foreign trade situation of Shaanxi in 2021, and forecasts the development trend in 2022. The third part, Comprehensive Reports, comprehensive systematic researches the common prosperity level in Shaanxi province, deep integration of the innovation chain and industrial chain, "average benefit per mu", building high-level international trade channel, territorial spatial planning, sci-tech cooperation between Shaanxi and "the Belt and Road" countries, and puts forward corresponding policy suggestions. Regional Reports, analyses the construction of Xi'an national central city, Yulin forming an important growth pole of Shaanxi, green circular development in Southern Shaanxi, integration of culture and tourism promoting development of Baoji regional center city, urban-rural integration development in Gaoling District of Xi'an City, new urbanization construction in Langao County of Ankang City, and puts forward corresponding policy suggestions. The fifth part, Industry Reports, focuses on the development of modern service industry, innovative development of service trade, accelerate development of superior "Small Giant" enterprises, high quality development of energy industry in Shaanxi under the carbon neutral target, and puts forward corresponding policy suggestions.

Keywords: Shaanxi Economy; High-quality Development; Common Prosperity

目　录

Ⅰ　总报告

Ⅱ　分报告

Ⅲ 综合篇

Ⅳ 区域篇

V 产业篇

皮书数据库阅读**使用指南**

CONTENTS

Ⅰ General Report

Ⅱ Sub-Reports

Ⅲ Comprehensive Reports

Ⅳ Regional Reports

Ⅴ Industry Reports

总报告

General Report

B.1

2021年陕西经济形势分析与2022年预测*

陕西省社会科学院经济研究所课题组**

摘　要： 2021年，中国共产党迎来百年华诞，我国实现了第一个百年奋斗目标，全面建成小康社会。面对复杂严峻的外部环境，陕西省委省政府以习近平新时代中国特色社会主义思想为指导，坚持稳中求进工作总基调，深入学习贯彻习近平总书记来陕考察重要讲话重要指示精神，完整准确全面贯彻新发展理念，扎实做好"六稳"工作、全面落实"六保"任务，不断巩固拓展疫情防控和经济社会发展成果，谱写陕西高质量发展新篇章。前三季度，

* 本报告中未注明来源的数据均来源于国家统计局网站、陕西省统计局网站和国家统计局陕西调查总队网站。本报告为陕西省哲学社会科学重大理论与现实问题研究项目（项目编号：2021ZD1033）的阶段性成果。

** 课题组组长：裴成荣，陕西省社会科学院经济研究所所长，二级研究员，研究方向为区域经济。课题组成员：张馨、顾菁、宫汝娜、赖作莲。执笔：张馨，陕西省社会科学院经济研究所副研究员，研究方向为区域经济与可持续发展。

陕西经济运行呈现稳定恢复、结构趋优的态势。2022年，陕西要以十九届六中全会精神为统领，以高质量发展为主线，继续推动构建富有陕西特色的现代产业体系，推动创新链产业链深度融合，扎实推进共同富裕，发展开放型经济，全面推进乡村振兴，推动经济绿色低碳发展等。

关键词： 陕西　经济形势　高质量发展

一　2021年陕西宏观经济运行分析

（一）经济持续稳定恢复

2021年前三季度，全省实现生产总值21193.18亿元，同比增长7.0%，高于全国2.1个百分点（见图1），两年平均增长4.1%。其中，第一产业增加值为1228.50亿元，同比增长5.5%，两年平均增长3.9%；第二产业增加值为9944.86亿元，同比增长5.7%，两年平均增长3.2%；第三产业增加值为10019.82亿元，同比增长8.4%，两年平均增长4.9%。陕西前三季度生产总值在全国位列第14，与上年持平，在西部12个省（区、市）中排名第二，仅次于四川。总体来看，陕西不断巩固拓展疫情防控和经济社会发展成果，全省经济运行呈现持续稳定恢复、结构逐步趋优的态势。

从各市（区）来看，2021年前三季度生产总值同比增速高于全省平均水平的有7个市（区），依次是商洛、延安、汉中、渭南、咸阳、榆林、铜川，其增速分别为10.0%、9.6%、8.6%、8.5%、8.1%、8.0%、7.6%。增速排全省后四位的依次是安康、西安、宝鸡、杨凌，其增速分别为6.3%、5.7%、5.3%、3.0%（见图2）。

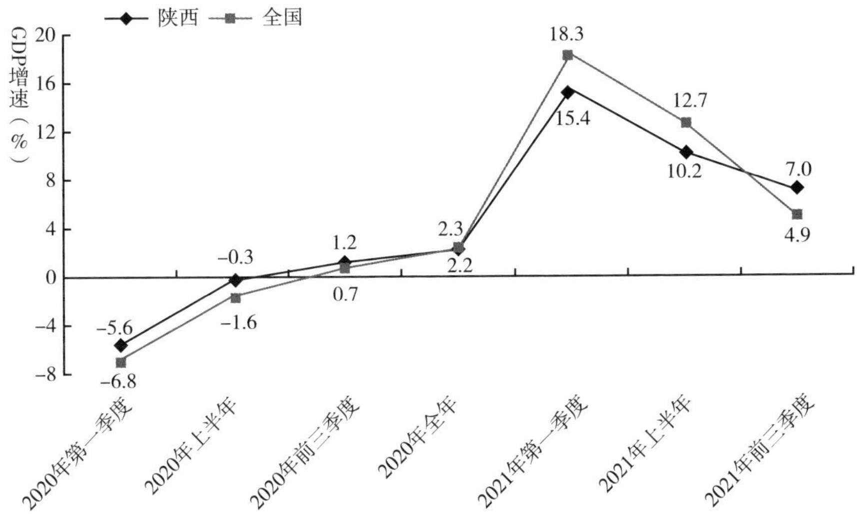

图 1　2020 年与 2021 年前三季度陕西与全国 GDP 增速比较

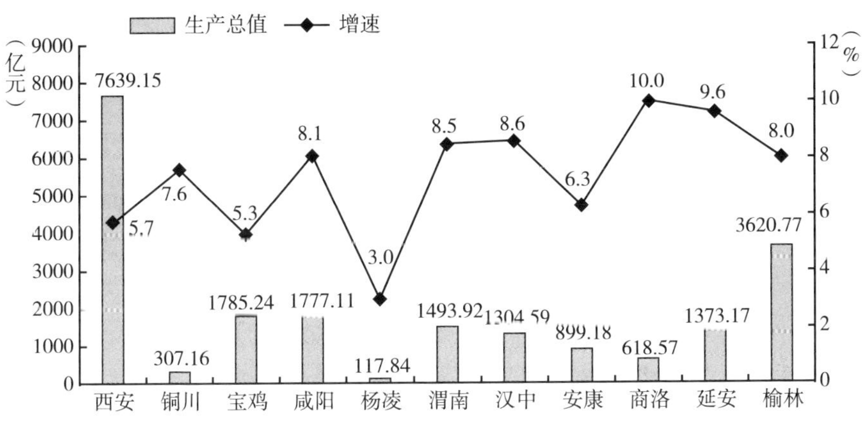

图 2　2021 年前三季度陕西各市（区）生产总值和增速

（二）农业生产形势较好

2021 年前三季度，全省夏粮喜获丰收，秋粮播种面积稳中有增，全年粮食产量将稳定增长。夏粮播种面积 1657.02 万亩，较上年增加 1.54

万亩，增长 0.09%；总产量 470.60 万吨，同比增长 3.80%；亩产 284 公斤，创历史新高。在播种面积只略增的情况下，总产量实现了较大幅度的增长。

蔬菜生产逐渐步入平稳发展期，产量增速有所放缓。前三季度，全省蔬菜及食用菌产量 1525.23 万吨，较上年同期增长 2.7%。瓜果发展加快，面积和产量增长较快，园林水果总产量达 607.93 万吨，较上年同期增长 6.6%。前三季度，猪牛羊禽肉产量快速增长，达 84.9 万吨，同比增长 17.8%，得益于生猪产能的恢复。

（三）工业生产稳定增长

2021 年前三季度，全省规模以上工业增加值同比增长 7.2%（见图 3），两年平均增长 4.2%。其中，高技术制造业增长 19.2%，两年平均增长 18.2%；装备制造业增长 14.2%，两年平均增长 14.0%，均好于全部工业平均水平。

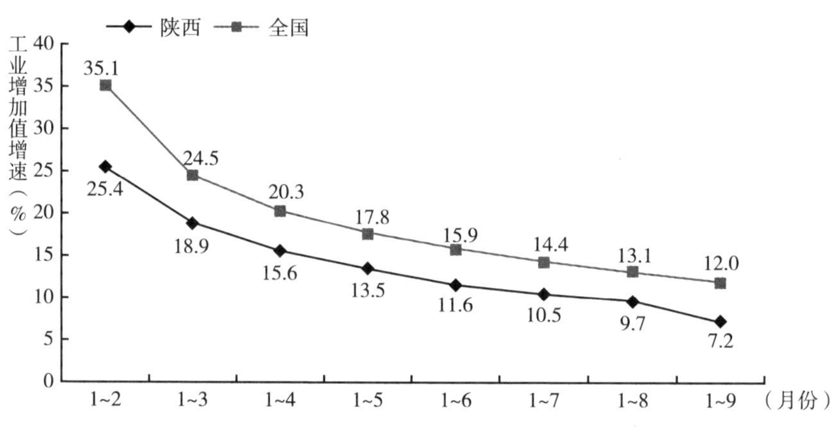

图 3　2021 年前三季度陕西和全国工业增加值增速比较

从主要行业看，前三季度，规上能源工业增加值同比增长 5.6%，两年平均增长 4.9%。其中，煤炭开采和洗选业增长 0.9%，两年平均增长 4.8%；石油和天然气开采业增长 5.7%，两年平均增长 1.4%。非能源工业增加值增长8.6%，两年平均增长3.4%。其中，电气机械和器材制造业增长33.1%，两年平均增长20.7%；计算机、通信和其他电子设备制造业增长18.4%，两年平均增长29.2%；汽车制造业增长6.1%，两年平均增长5.5%。

从产品产量看，前三季度，原煤增长3.5%，原油同比增长0.1%，天然气增长12.1%，发电量增长15.3%；汽车增长31%，其中新能源汽车增长2.6倍；钢材增长8.1%，太阳能电池增长2.7倍，电子元件增长5.4倍。

从经营效益看，企业利润持续快速增长。前三季度，规模以上工业企业实现营业收入20799.0亿元，同比增长26.7%，两年平均增长9.7%；营业收入利润率为11.6%，同比提高4.1个百分点。利润总额2419.2亿元，同比增长94.3%，两年平均增长26.5%。亏损企业1508家，亏损面21.0%，较上半年缩小1.5个百分点。

前三季度，陕西各市（区）规模以上工业增加值增速高于全省平均水平的有5个，依次为商洛、渭南、延安、咸阳、榆林，其增速分别为13.7%、13.6%、10.4%、8.9%、7.4%。其余市（区）都低于全省平均水平，安康、宝鸡、杨凌列后三位，增速分别为4.0%、3.8%和-3.6%（见图4）。

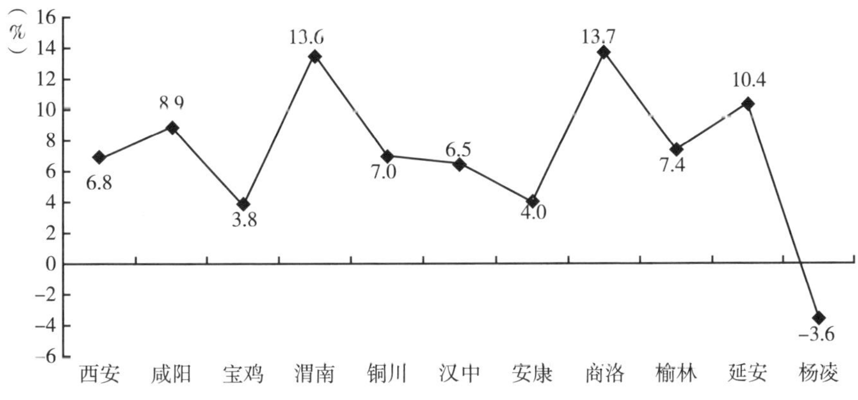

图4　2021年前三季度陕西各市（区）规模以上工业增加值增速

（四）固定资产投资增速回落

2021 年前三季度，全省固定资产投资同比下降 3.1%（见图 5），两年平均增长 0.3%。其中，民间投资同比增长 7.5%，两年平均增长 6.4%，占投资的比重为 51.8%，占比较上年同期提高 5.2 个百分点。从三次产业看，第一产业投资同比增长 3.1%，两年平均增长 3.3%；第二产业投资同比增长 2.2%，两年平均增长 3.0%；第三产业投资同比下降 5.5%，两年平均下降 0.9%。

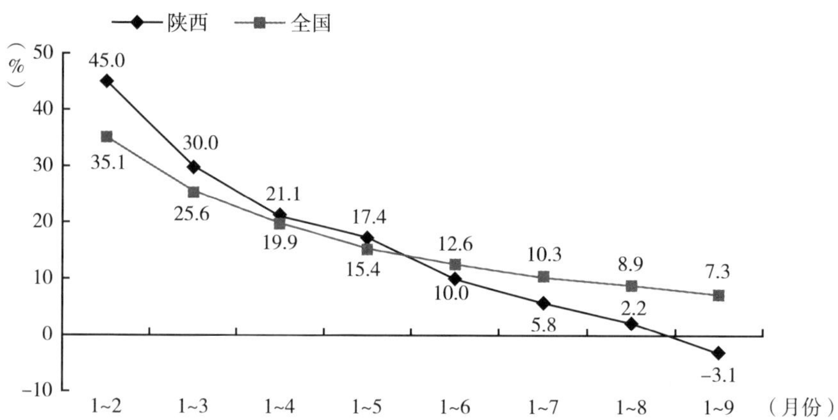

图 5　2021 年前三季度陕西和全国固定资产投资增速比较

工业投资占比提升。前三季度，全省工业投资同比增长 2.4%，占全部投资的 26.1%，占比较上年同期提高 1.4 个百分点。其中，制造业投资同比增长 1.6%，占比 16.6%，较上年同期提高 0.7 个百分点。

房地产开发投资增长放缓。前三季度，全省房地产开发投资 3244.62 亿元，同比增长 4.7%，两年平均增长 7.9%。商品房销售面积 2775.65 万平方米，同比下降 6.8%，两年平均下降 3.8%。商品房销售额 2752.48 亿元，同比下降 5.4%，两年平均增长 0.6%。截至 9 月末，商品房待售面积 563.94 万平方米，同比下降 10.0%，两年平均下降 5.8%。

前三季度，陕西 11 个市（区）固定资产投资增速中，6 个市（区）同比增长，其中，汉中、商洛保持高位增长，分别同比增长 21.5% 和 10.5%，其次为咸阳、安康、铜川、宝鸡，分别同比增长 6.0%、3.1%、2.6% 和 2.2%；5 个市（区）同比下降，杨凌、榆林列后两位，分别同比下降 27.7% 和 24.8%。

（五）消费市场持续恢复

2021 年前三季度，全省实现社会消费品零售总额 7415.78 亿元，同比增长 12.0%，低于全国 4.4 个百分点（见图 6），两年平均增长 0.8%。其中，限额以上单位消费品零售额 3577.22 亿元，同比增长 10.7%。按消费形态分，餐饮收入和商品零售额分别为 784.19 亿元、6631.59 亿元，分别同比增长 26.4%、10.5%。按经营单位所在地分，城镇和乡村消费品零售额分别为 6584.05 亿元、829.87 亿元，分别同比增长 11.9%、12.8%。

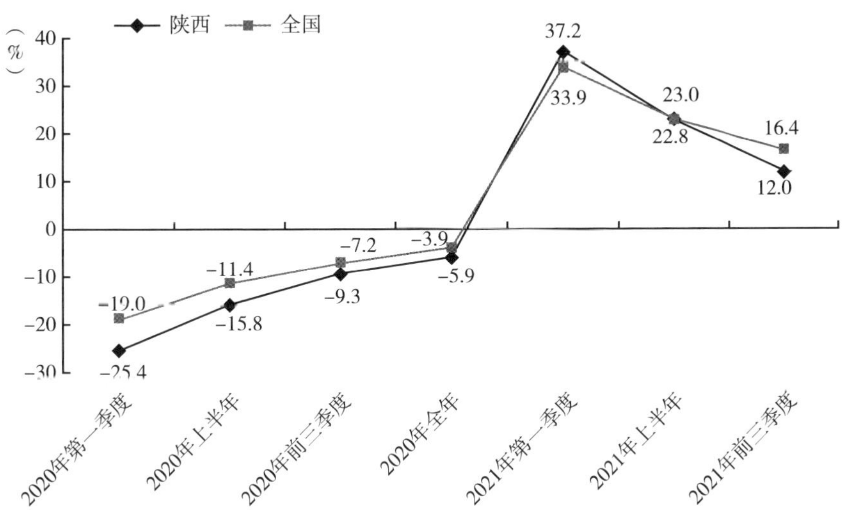

图 6　2020 年与 2021 年前三季度陕西和全国社会消费品零售总额增速比较

前三季度，全省限额以上单位实现商品零售额 3364.80 亿元，同比增长 9.6%，两年平均增长 0.8%。其中，服装、鞋帽、针纺织品类商品零售额同比增长 6.5%，汽车类同比增长 6.9%，粮油、食品类同比增长 10.4%，石油及制品类同比增长 12.4%。

新兴消费持续较快增长。前三季度，限额以上单位通过公共网络实现的商品销售额为 583.42 亿元，同比增长 19.8%，两年平均增长 24.2%；占限上单位消费品零售额的 16.3%，占比较上年同期提高 1.0 个百分点。

前三季度，陕西 11 个市（区）的社会消费品零售总额全部同比增长，6 个市（区）同比增速高于全省平均水平，咸阳、汉中、安康列前三位，分别增长 19.4%、15.5% 和 14.4%。杨凌、西安和榆林分别以 6.2%、10.0% 和 11.0% 的增速列后三位（见图 7）。

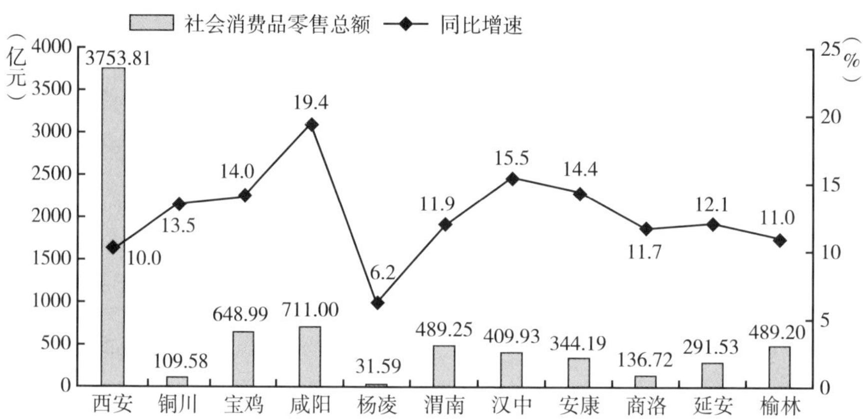

图 7　2021 年前三季度各市（区）社会消费品零售总额与增速

（六）对外贸易高速增长

2021 年前三季度，全省对外贸易进出口总额 3503.85 亿元，同比增长 25.44%，高于全国平均水平 2.74 个百分点。其中，出口 1857.66 亿元，同比增长 32.39%，低于全国 9.69 个百分点；进口 1646.19 亿元，同比增长 18.42%（见图 8），低于全国 4.18 个百分点。累计实现贸易顺差 211.47 亿元。

前三季度，全省新设外商投资企业 234 家，同比增长 20.0%；合同利用外资 17.42 亿美元，同比下降 61.2%，降幅较上半年扩大 34.5 个百分点；实际利用外资 76.77 亿美元，同比增长 6.9%，较上半年回落 3.6 个百分点。

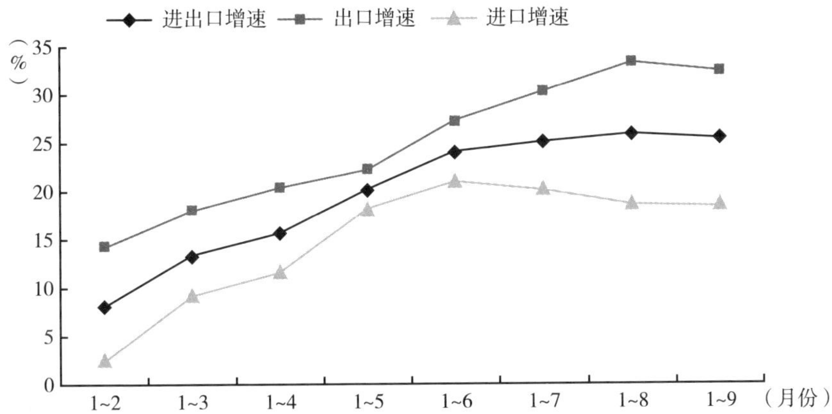

图 8　2021 年前三季度陕西进出口同比增速

（七）财政收入高位趋缓

2021 年前三季度，全省地方财政收入 2171.32 亿元，同比增长 29.6%，较上半年回落 0.3 个百分点。其中，各项税收收入 1737.14 亿元，同比增长 35.3%；非税收入 434.18 亿元，同比增长 11.0%。全省地方财政支出 4482.89 亿元，同比增长 2.4%，较上半年回落 4.0 个百分点。

从前三季度各市（区）财政收入累计增速来看，榆林、渭南和咸阳分别以 57.8%、31.9% 和 27.3% 的增速位列前三，安康、杨凌和汉中分别以 2.5%、2.6% 和 6.7% 的增速位列后三。从前三季度各市（区）财政支出累计增速来看，榆林、咸阳和西安分别以 8.8%、6.8% 和 5.6% 的增速位列前三，延安、安康和商洛分别以 -6.4%、-5.8% 和 -5.5% 的增速位列后三。

（八）居民消费价格平稳运行

2021 年前三季度，陕西居民消费价格指数（CPI）比上年同期上涨 1.1%，比全国平均水平高 0.5 个百分点（见图 9），涨幅较上年同期低 2.1

个百分点。在全国31个省（区、市）中，按CPI涨幅由高到低排序，陕西居第4位；在西部12个省（区、市）中，陕西居第2位。分用途看，食品价格同比下降0.1%，与上年同期上涨12.1%相比，对CPI的作用由助涨转为抑制；非食品价格同比上涨1.4%，涨幅较上年同期扩大0.3个百分点，拉动CPI上涨约1.16个百分点。分类别看，消费品价格上涨0.81%，服务项目价格上涨1.6%。

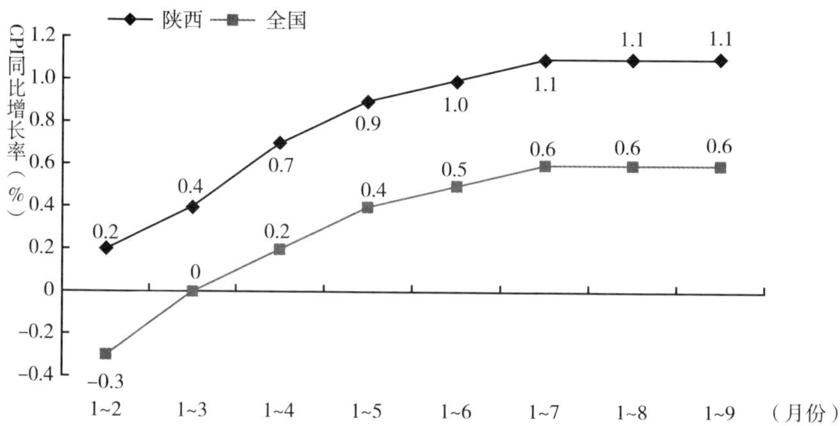

图9　2021年前三季度陕西和全国CPI同比增长率比较

前三季度，居民消费八大类商品和服务价格“七涨一降”。其中，交通通信价格领涨，上涨2.8%，影响CPI上涨0.36个百分点，是推升CPI的首要因素；教育文化娱乐、居住、食品烟酒价格小幅上涨，分别上涨2.1%、1.4%和1.0%，对CPI拉升作用也较为明显，合计影响CPI上涨0.81个百分点；医疗保健价格下降0.9%。

（九）城乡居民收入稳定恢复

2021年前三季度，全省居民人均可支配收入21665元，同比名义增长10.0%，低于全国平均水平0.4个百分点；扣除价格因素，实际增长8.8%，低于全国平均水平0.9个百分点。陕西居民收入水平在全国31个省（区、市）中居第18位，较上年同期下降一个位次。

从可支配收入构成看，四项收入全面增长。工资性收入仍是占比最高的，人均工资性收入 11471 元，同比增长 8.4%，占可支配收入的比重为 52.9%；人均经营净收入 2532 元，同比增长 11.2%，占可支配收入的比重为 11.7%；人均财产净收入 1535 元，同比增长 23.5%，占可支配收入的比重为 7.1%；人均转移净收入 6127 元，同比增长 9.5%，占可支配收入的比重为 28.3%。

分城乡看，全省城镇居民人均可支配收入 31052 元，在全国 31 个省（区、市）中居第 16 位，位次较上年同期下降一位，同比名义增长 8.5%，增速低于全国平均增速 1.0 个百分点；农村居民人均可支配收入 11070 元，在全国 31 个省（区、市）中居第 22 位，较上年同期提高一个位次，同比名义增长 12.0%，高于全国平均增速 0.4 个百分点。

前三季度，陕西农村居民人均可支配收入增速高于城镇 3.5 个百分点（见图 10），城乡居民人均可支配收入比值为 2.81，较上年同期缩小 0.09。

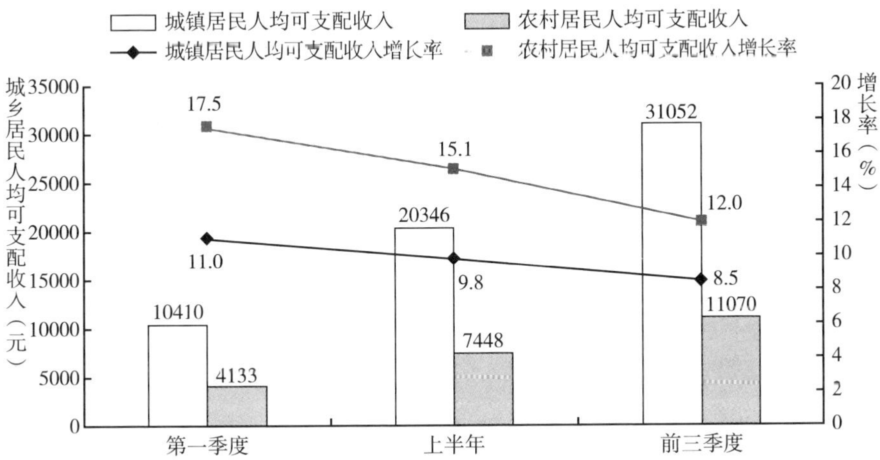

图 10　2021 年前三季度陕西城乡居民人均可支配收入比较

二　2021年陕西经济运行的特点

当前国际环境日趋复杂，受世界百年未有之大变局和新冠肺炎疫情全球大流行交织影响，国内经济恢复仍不稳固、不均衡。陕西经济运行也面临恢复基础尚不稳固、下行压力明显加大的挑战，还需要进一步精准施策、持续发力，确保经济高质量发展行稳致远。

（一）工业生产主动调控推进绿色发展

2021 年前三季度，受主动调控、原材料价格高位上涨、汛情及基数抬高等因素影响，全省规模以上工业生产稳中趋缓，增加值增速较上半年有所回落，但总体依然保持平稳增长，高技术和装备制造业引领作用显著，高耗能行业回落明显，企业利润增长较快。

七成行业增加值同比增长。前三季度，全省规模以上工业 40 个行业大类中，29 个行业增加值同比增长，增长面为 72.5%。其中，13 个行业保持两位数高速增长，9 个行业较上半年增速加快。对全省规上工业拉动明显的行业分别为：电力、热力生产和供应业增加值同比增长 19.8%，拉动全省规上工业增长 1.4 个百分点；计算机、通信和其他电子设备制造业增长 18.4%，拉动全省规上工业增长 1.3 个百分点；电气机械和器材制造业增长 33.1%，拉动全省规上工业增长 0.7 个百分点。

高技术和装备制造业引领作用显著。前三季度，高技术和装备制造业增加值分别同比增长 19.2% 和 14.2%，增速分别高于规上工业 12.0 个和 7.0 个百分点，对工业增长的贡献率显著提升，带动作用进一步增强。高技术制造业中，航空、航天器及设备制造业增长 20.8%，电子及通信设备制造业增长 43.6%，医疗仪器设备及仪器仪表制造业增长 28.9%。受 5G 建设加速、消费电子及新能源等产品需求旺盛、工业自动化率提高等因素的带动，新兴工业产品产量也保持较快增长。太阳能电池产量增长 2.7 倍，带动电气机械和器材制造业增长 33.1%；电子元件产量增长 5.4 倍，带动计算机、通信和其他电子设备制造业增长 18.4%；新能源汽车产量增长 2.6 倍，带动汽车制造业增长 6.1%。

高耗能行业增加值回落较为明显。前三季度，受能耗“双控”政策影响，高耗能行业增加值同比增长 11.9%，较上半年回落 5.1 个百分点。高耗能所属六个行业较上半年均有不同程度回落，其中，石油、煤炭及其他燃料加工业回落 7.5 个百分点；化学原料和化学制品制造业回落 3.9 个百分点；非金属矿物制品业回落 9.4 个百分点；黑色金属冶炼和压延加工业回落 8.7 个百分点；有色金属冶炼和压延加工业回落 2.3 个百分点；电力、热力生产和供应业回落 0.7 个百分点。

（二）固定资产投资结构优化

全省投资结构优化，第二产业带动有力。2021 年前三季度，第一产业投资同比增长 3.1%，拉动全省投资增长 0.2 个百分点，占投资的比重为 6.6%，较上年同期提高 0.4 个百分点；第二产业投资同比增长 2.2%，拉动全省投资增长 0.5 个百分点，占比 25.9%，较上年同期提高 1.3 个百分点；第三产业投资同比下降 5.5%，影响全省投资下降 3.8 个百分点，占比 67.5%，较上年同期下降 1.7 个百分点。

工业投资占比提高，结构持续改善。前三季度，全省工业投资同比增长 2.4%，拉动全省投资增长 0.6 个百分点，占投资比重为 26.1%，较上年同期提高 1.4 个百分点。从三大门类看，制造业投资占工业投资的比重为 63.9%，同比增长 1.6%，六成以上工业投资投向制造业。从能源工业和非能源工业来看，非能源工业投资占工业投资的比重为 69.1%，近七成工业投资投向非能源工业。

高技术产业投资保持较快增长。在秦创原平台建设的有力带动下，陕西创新创业氛围浓厚，高技术产业投资保持较快增长。前三季度，全省高技术产业投资同比增长 8.0%，两年平均增长 16.9%。高技术产业投资占全省投资的比重为 7.0%，占比较上年同期提高 0.7 个百分点。其中，高技术制造业投资同比增长 9.8%，两年平均增长 20.1%；高技术服务业投资增长 4.6%，两年平均增长 11.0%。高技术制造业投资中，占比最高的电子及通信设备制造业投资增长 9.1%，医疗仪器设备及仪器仪表制造业投资增长 24.2%，计算机及办公设备制造业，信息化学品制造业，航空、航天器及设备制造业投资均保持较快增长。

民间投资活力较强，占比明显提升。前三季度，全省民间投资同比增长7.5%，两年平均增长6.4%。民间投资占全省投资的比重为51.8%，占比较上年同期提高5.2个百分点。

（三）对外贸易多维度持续发力

陕西外贸进出口增速不断加快。前三季度，陕西实现进出口总额3503.85亿元，居全国第18位，位列西部省份第4，同比增长25.4%，增速高于全国平均水平2.7个百分点，较上年同期提高18.2个百分点。其中，出口1857.66亿元，同比增长32.4%，增速较上年同期提高33.6个百分点；进口1646.19亿元，同比增长18.4%，增速较上年同期提高1.3个百分点。

前三季度，一般贸易保持快速增长，实现进出口总额963.08亿元，同比增长36.8%，增速较上年同期提高28.5个百分点，占全省进出口总额的27.5%。加工贸易是全省主要的外贸方式，实现进出口总额1832.08亿元，同比增长14.3%，增速较上年同期提高12.1个百分点，占全省进出口总额的52.3%。保税物流呈高位增长，实现进出口总额462.89亿元，同比增长53.1%，占全省进出口总额的13.2%。

民营企业发展势头高涨，实现进出口总额1110.49亿元，同比增长46.9%。外商投资企业是全省最大的进出口经营主体，前三季度实现进出口总额2119.44亿元，同比增长15.9%。国有企业发展速度加快，前三季度实现进出口总额267.32亿元，同比增长31.7%。

（四）消费品市场恢复放缓

自2021年以来，全省消费品市场总体保持恢复态势，进入第三季度后，受持续降雨天气、上年同期基数抬升较快、疫情管控升级等因素影响，消费品市场恢复态势受阻，市场销售增速回落。前三季度，全省社会消费品零售总额7415.78亿元，同比增长12.0%，较上半年回落10.8个百分点。其中，限额以上企业（单位）消费品零售额3577.22亿元，同比增长10.7%，较上半年回落 12.0 个百分点。

商品零售恢复步伐放慢。按消费形态分，前三季度，全省餐饮收入 784.19 亿元，同比增长 26.4%，较上半年回落 8.2 个百分点。商品零售 6631.59 亿元，同比增长 10.5%，较上半年回落 11.1 个百分点。

多个类别商品零售额增速回落。前三季度，从限额以上企业（单位）商品零售分类看，全省 23 类商品中有 13 类商品超过或者恢复至疫情前水平，较上半年减少 1 类；10 类商品实现两位数增长，较上半年减少 9 类。其中，穿类商品销售连续下滑，服装、鞋帽、针纺织品类商品零售额同比增长 6.5%，较上半年大幅回落 21.2 个百分点。居住类商品尚未恢复至疫情前水平，五金、电料类商品零售额同比增长 5.2%，比 2019 年同期下降 8.3%；家具类商品零售额同比增长 8.8%，比 2019 年同期下降 11.5%；建筑及装潢材料类商品零售额同比下降 6.7%，比 2019 年同期下降 6.6%。

三　2021 年陕西经济发展面临的环境分析

（一）国际经济发展环境分析

1. 国际大事件

（1）全球新冠肺炎疫情情况

随着新冠肺炎疫苗产能的不断提高以及接种率的不断提高，全世界进入后疫情时代，但疫情对全球经济的影响是深远的。世界经济增速大幅减缓，疫情让诸如旅游、餐饮、航空等服务业大幅受挫，几近停摆，随之而来的是全球生产链断裂，各国间贸易交易中断，许多国家经济并没有完全从 2008 年金融危机中复苏，抵御疫情冲击的能力较弱。疫情导致全球供应链断裂，从而引发生产运行难以为继、消费拉动困难、经济活动停滞，使经济全球化面临巨大的挑战，以美国为首的许多国家开始出现回归经济主权的态势，其经济政策也将进行更加强调内向性发展的重新调整。

（2）世界经济论坛

2021 年 1 月 25 日至 29 日，世界经济论坛“达沃斯议程”对话会以线上方式举行，全球 70 多个国家和地区的 1500 多位政商界和社会组织领导人就“把握关键之年，重建各方信任”这一主题展开深度交流，并讨论如何在新冠肺炎疫情下，处理经济、环境、社会、技术等挑战。国家主席习近平在北京以视频方式出席世界经济论坛“达沃斯议程”对话会并发表特别致辞。习近平主席在致辞中多次提到“多边主义”，深刻指出必须开展全球行动、全球应对、全球合作，必须维护和践行多边主义，推动构建人类命运共同体。习近平主席对中国将如何践行多边主义提出了五大举措，提出将继续积极参与国际抗疫合作，继续实施互利共赢的开放战略，继续促进可持续发展，继续推进科技创新，继续推动构建新型国际关系。

（3）G20 峰会

2021 年 10 月 30 日，G20 峰会以线上线下相结合的方式在意大利首都罗马举行，峰会的主旨为“人民、地球、繁荣”，聚焦疫情、推动经济复苏和应对全球气候变化等重大议题。国家主席习近平在北京以视频方式出席并发表《团结行动　共创未来》的重要讲话，面对世界百年未有之大变局和世界疫情，为了人类未来、人民福祉，坚持开放包容、合作共赢，践行真正的多边主义，推动构建人类命运共同体，提出了五点建议：第一，团结合作，携手抗疫；第二，加强协调，促进复苏；第三，普惠包容，共同发展；第四，创新驱动，挖掘动力；第五，和谐共生，绿色永续。中国发展将为各国带来更多新机遇，为世界经济注入更多新动能。

（4）中国国际服务贸易交易会全球服务贸易峰会

2021 年 9 月 2 日至 7 日，中国国际服务贸易交易会全球服务贸易峰会在北京举行，主题为“数字开启未来，服务促进发展”。习近平主席在 2021 年中国国际服务贸易交易会全球服务贸易峰会上的致辞中表示，愿同各方一道，坚持开放合作、互利共赢，共享服务贸易发展机遇，共促世界经济复苏和增长。习近平主席的致辞，为疫情背景下复苏任务艰巨的世界经济注入新动能，彰显中国推动合作共赢的大国担当。

2. 主要经济体经济形势①

（1）美国

为了应对新冠肺炎疫情的冲击，美国出台积极的财政政策、不设上限的量化宽松货币政策和疫苗接种等措施，助力本国经济快速复苏。2021 年前三季度美国 GDP 为 168985.4 亿美元，同比实际增长 5.7%。美国经济在 2020 年遭受重创后，呈现快速复苏势头，整体表现仍好于多数发达国家。

（2）欧元区

欧元区经济自 2020 年 12 月起开始明显回升，2021 年第三季度季调后 GDP 环比增长 2.2%，同比增长 3.7%，GDP 的稳步增长意味着欧元区大部分地区的复苏阶段几乎完成。但受德尔塔变种病毒再起、供应链中断、通胀压力不断上升的影响，欧元区经济复苏有放缓的迹象。

（3）英国

由于新冠肺炎疫情出现反复，英国经济在 2021 年第三季度出现大幅下滑。前三季度，英国 GDP 为 23881.98 亿美元，同比增长 7.0%，经济复苏速度落后于 G7 中的其他国家。

（4）日本

前三季度日本 GDP 为 37003 亿美元，同比增长 2.4%。为防止新冠肺炎疫情扩散，2021 年 1 月至 3 月日本宣布进入紧急状态，这是日本经济再现低迷的主要原因。

（5）金砖国家

第三季度以来，以金砖国家为代表的新兴市场经济体有所恢复。中国前三季度国内生产总值同比增长 9.8%，经济保持稳步恢复，发展韧性持续显现。俄罗斯前三季度 GDP 同比实际增长 4.6%，从经济回暖迹象来看，俄罗斯推出的刺激经济政策以及疫苗的接种起到了成效。印度前三季度 GDP 同比实际增长 9.0%，印度政府将工作重心转移到了经贸领域，是印度经济增长创新高的重要原因。巴西前三季度 GDP 同比增长 5.7%，经济发展压力较大。

---

① 此节未标明来源的数据来源于新华社中国金融信息网。

南非前三季度 GDP 同比实际增长 5.8%，南非经济已经从上年的衰退中成功实现反弹。

2021 年，新冠肺炎疫情继续重创全球经济，各国封锁措施进一步使经济大面积停摆、失业率飙升，经济活动再次收缩。2022 年，随着全球新冠疫苗广泛接种和经济内生性动能的修复，各国经济按下了恢复键并开始复苏，全球经济增长扩张态势有望延续。

（二）国内经济发展环境分析

1. 中国共产党建党100周年

2021 年，中国共产党迎来百年华诞，我们实现了第一个百年奋斗目标，在中华大地上全面建成了小康社会，历史性地解决了绝对贫困问题。一百年来，中国共产党团结带领全国各族人民找到了实现中华民族伟大复兴的正确道路，实现了民族独立、国家富强、人民幸福，实现了经济快速发展、社会长期稳定，中华民族迎来了从站起来、富起来到强起来的伟大飞跃，创造了中华民族发展史上、世界社会主义发展史上、人类社会发展史上的“中国奇迹”。中国站在“两个一百年”的历史交汇点，大力弘扬伟大建党精神，应对世界百年未有之大变局，应对国内外各种风险挑战，开启全面建设社会主义现代化国家新征程，奋力实现中华民族伟大复兴中国梦。世界将更多目光投向中国，聚焦中国共产党矢志不渝为人民谋幸福，为民族谋复兴，为世界谋大同。

2. 扎实推动共同富裕

习近平总书记在庆祝中国共产党成立 100 周年大会发表的重要讲话中提到，推动人的全面发展、全体人民共同富裕取得更为明显的实质性进展。2021 年 8 月 17 日，中央财经委员会第十次会议提出，要坚持以人民为中心的发展思想，在高质量发展中促进共同富裕，正确处理效率和公平的关系，构建初次分配、再分配、三次分配协调配套的基础性制度安排，扩大中等收入群体比重，促进社会公平正义，促进人的全面发展，使全体人民朝着共同富裕目标迈进。习近平总书记强调，共同富裕是社会主义的本质要求，是中国式现代化的重要特征，要坚持以人民为中心的发展思想，在高质量发展中促进共同富裕。随着我国开启全面建设社会主义现代化国家新征程，必须紧扣发展不平衡不充分这个问题，以缩小城乡区域发展差距和收入分配差距为主攻方向，多领域扎实推进共同富裕。

3. 推进碳达峰、碳中和目标如期实现

为应对气候变化，我国提出“二氧化碳排放力争于2030年前达到峰值，努力争取2060年前实现碳中和”的目标。在2021年的国务院政府工作报告中，“做好碳达峰、碳中和工作”被列为2021年重点任务之一；“十四五”规划也将加快推动绿色低碳发展列入其中。

我国作为发展中国家，当前面临发展经济、改善民生、维护能源安全等任务，要实现碳达峰目标与碳中和愿景，任务十分艰巨，需要付出艰苦卓绝的努力。目前，《中共中央　国务院关于完整准确全面贯彻新发展理念做好碳达峰碳中和工作的意见》《2030年前碳达峰行动方案》陆续发布，将推动开展碳达峰行动，推进碳达峰碳中和“1+N”政策体系落实。要把碳达峰、碳中和纳入生态文明建设整体布局，统筹推进应对气候变化与生态环境保护相关工作，实现减污降碳协同增效，全面推行绿色低碳循环经济发展。中国将坚定不移走生态优先、绿色低碳的高质量发展道路，坚定不移实施积极应对气候变化国家战略，以更大力度推进应对气候变化工作，加快推动能源结构低碳转型，推进低碳工业体系、低碳交通、低碳建筑发展，加快全国碳市场建设，推动碳达峰、碳中和目标如期实现，持续为应对全球气候变化作出贡献。

（三）陕西省内经济发展环境分析

2021年9月13日至14日，习近平总书记来到陕西榆林考察调研时强调，要坚决落实党中央决策部署，坚持稳中求进工作总基调，完整、准确、全面贯彻新发展理念，弘扬光荣革命传统，解放思想、改革创新、再接再厉，切实抓好统筹疫情防控和经济社会发展各项工作，更好统筹发展和安全，更好服务和融入新发展格局，谱写陕西高质量发展新篇章。这将是陕西在新时代新征程上做好各项工作的指路明灯、前进灯塔、行动指南。

围绕习近平总书记提出的要求，陕西要“解放思想”，准确把握进入新发展阶段、贯彻新发展理念、构建新发展格局的新形势新任务，大胆打破陈旧观念，勇于破除惯性思维，以更加宽广的眼界谋划发展，以兼收并蓄的胸襟借鉴经验，研究新情况，解决新问题，推动高质量发展取得新的更大进展。要“改革创新”，更好地推进科技创新、管理创新、模式创新等各方面创新，更好地破解结构不优、开放不足、收入不高、县域不强、活力不够等难题。要“再接再厉”，把发展基础打得更牢，把工作做得更实，加快推进高质量项目，大力发展县域经济，切实优化营商环境。

“谱写陕西高质量发展新篇章”是总书记赋予陕西的重大使命和目标要求，也是解放思想、改革创新、再接再厉最终的落脚点。面向未来，要以创新驱动引领高质量发展，加快推进秦创原创新驱动平台建设，以“链长”制为抓手推动重点产业链延链补链强链，抓好煤炭综合利用、有序减量替代和煤化工产业高端化、多元化、低碳化发展，持续壮大高端装备制造、电子信息、新材料等产业，扎实做好碳达峰、碳中和工作，加快打造内陆改革开放高地。要抓好民生保障和社会事业发展，扎实推进巩固拓展脱贫攻坚成果同乡村振兴有效衔接，抓好秦岭、黄河、南水北调中线工程水源地等生态保护，打好污染防治攻坚战，让三秦百姓有更多获得感、幸福感、安全感。

四　2022年全省宏观经济发展基本面预测

2021 年，在以习近平同志为核心的党中央坚强领导下，各地区各部门认真贯彻落实党中央、国务院决策部署，统筹推进疫情防控和经济社会发展，我国经济保持稳步恢复，发展质量进一步提高。陕西经济也在持续稳定恢复，高质量发展稳步推进。2021 年前三季度，陕西不断巩固拓展疫情防控和经济社会发展成果，生产总值增速提升到 7.0%。预计 2022 年陕西继续保持稳定增速，但受疫情影响，预计增速将在 6.5% 左右。

（一）规模以上工业增加值

2021 年前三季度，陕西规模以上工业增加值同比增长 7.2%。随着陕西工业“补链、强链、延链”行动推进，预计 2022 年全省规模以上工业增加值增速在 7.5% 左右。

（二）全社会固定资产投资

2021 年前三季度陕西固定资产投资同比下降 3.1%。随着工业技改投资、高技术产业投资、民间投资的快速增长，预计全省 2022 年全社会固定资产投资增速将回升至 5% 左右。

（三）社会消费品零售总额

2021 年前三季度陕西社会消费品零售总额同比增长 12.0%。随着新兴消费及升级类商品零售额较快增长，加之疫情因素的不确定性，预计全省 2022 年社会消费品零售总额增速将在 12% 左右。

（四）外贸进出口总额

2021 年前三季度陕西外贸进出口总额增速为 25.4%。在构建以国内大循环为主体、国内国际双循环相互促进的新发展格局下，陕西扎实推进稳外贸外资工作，预计全省 2022 年外贸进出口总额增速将为 25% 左右。

（五）地方财政收入

2021 年前三季度陕西地方财政收入同比增长 29.6%。预计全省 2022 年地方财政收入增速将在 20% 左右。

（六）居民消费价格指数（CPI）

2021 年前三季度陕西居民消费价格指数增速为 1.1%。预计全省 2022 年 CPI 增速将在 1.2% 左右。

（七）城乡居民可支配收入

2021 年前三季度陕西城乡居民可支配收入分别增长 8.5% 和 12.0%。随着陕西省发展改革委《“十四五”促进全省城乡居民增收推动富民惠民的意见》的出台，预计全省 2022 年城乡居民收入增速将分别为 8% 和 10% 左右。

五　2022年促进陕西经济发展的对策建议

2021 年，面对复杂严峻的外部环境，陕西省委省政府以习近平新时代中国特色社会主义思想为指导，坚持稳中求进工作总基调，深入学习贯彻习近平总书记来陕考察重要讲话重要指示精神，完整准确全面贯彻新发展理念，扎实做好“六稳”工作、全面落实“六保”任务，不断巩固拓展疫情防控和经济社会发展成果，谱写陕西高质量发展新篇章。2022 年，陕西要以十九届六中全会精神为统领，以高质量发展为主线，继续构建富有陕西特色的现代产业体系，推动创新链产业链深度融合，扎实推进共同富裕，发展开放型经济，全面推进乡村振兴，推动经济绿色低碳发展等。

（一）构建富有陕西特色的现代产业体系，推动经济高质量发展

一是推进农业现代化和高质高效。加强高标准农田建设，不断提高粮食单产，提升粮食规模化、集约化、组织化水平。创建农业现代化示范区，根据“3 + X”特色产业布局，每县确定 1 ~ 2 个首位产业，按照“一县一园”或“一县多园”模式，启动国家、省、市、县现代农业产业园“四级联创”，形成产业链、供应链、品牌链、价值链“四链共融”的县域农业现代化示范区。强化农业技术装备创新，大力推进农业机械化、信息化、智能化，构建数字共享体系，加快智慧农业发展和数字乡村建设，以信息现代化引领农业现代化。

二是推进制造业高质量发展。推动制造业智能化转型，加快推动新一代信息技术在制造业全要素、全产业链的融合应用，加速产业数字化转型。增

强制造业创新驱动能力，健全产业发展与科技创新协同对接机制，加强关键技术突破转化，大力培育新支柱产业，鼓励企业建设创新平台，谋划发展人工智能、安全应急、高端医疗设备等引领中长期发展的先导产业。提高制造业绿色化水平，深入推广绿色循环低碳的发展模式，构建绿色制造体系，鼓励园区和企业实施绿色制造技术改造，推动制造业发展和生态环境保护相协调。

三是加快发展现代服务业。促进服务业与现代农业相互渗透融合。积极探索适应不同农产品的个性化定制服务、会展农业、农业众筹等新型业态；实施创意农业发展行动，鼓励发展生态休闲农业、创意农业、体验农业、乡村旅游。推动现代服务业与先进制造业深度融合。引导工业企业实现生产全流程的互联网转型，培育一批工业互联网领军企业。大力发展服务型制造，鼓励有条件的制造企业拓展创意孵化、研发设计、售后服务、设计咨询、安装维护管理等服务，推进制造型企业向制造服务集成总承包商转变。

（二）推动创新链产业链深度融合，打造西部创新高地

一是以双链式“链长制”引领“双链”融合。充分发挥“链长”对资源和要素的组织协调作用，打破阻碍要素流动的制度壁垒，统筹配置项目、平台、人才、资金等创新资源，降低企业交易的制度性成本，增强产业链韧性。精准引导“双链”对接，以龙头企业为核心打造上下游关联产业集群，优化产业链布局，完善产业链配套服务，打造良好的产业发展生态。充分发挥高端创新资源的辐射效应，引导企业与产业研究机构联合开展技术攻关，最终实现创新与产业协同发展。

二是加强“双链”对接的平台载体建设。打造完善的技术服务平台，围绕集成电路、人工智能、航空航天、生物技术等重点领域，充分发挥企业、高校、院所创新优势，搭建产业发展与科技创新的桥梁，谋划建设一批国家工程研究中心。将秦创原打造为创新驱动平台总窗口，建设立体联动“孵化器”、科技成果产业化“加速器”和“双链”融合“促进器”。建立信息沟通平台，以数字化服务平台建设，加强公共数据采集，实现重点领域

数据开放共享。

三是完善“双链”融合的配套政策。坚持科技创新和体制机制创新“双轮驱动”，为科技创新营造良好的科研环境。大力推动高校创新创业，激发创新创业活力，提升创业服务水平，打造支持创新创业的金融生态，提升科研人员创新创业的积极性。推进科技成果转化行动，积极建设国家技术转移西北中心，加大投入省科技成果转化引导基金，发展专业化科技服务机构，建立梯次化培育机制。

（三）全面提高居民收入水平，扎实推进共同富裕

一是提高劳动者报酬比重，促进工资性收入增长。建立企业和机关事业单位职工工资增长长效机制和支付保障机制，随经济增长适时调整最低工资标准，努力实现劳动者报酬增长速度不低于经济发展速度。加强企业工资的调控和指导，发挥工资指导线、劳动力市场价位、行业人工成本信息对工资水平的引导作用。通过完善法律法规、全面实行劳动合同制度和工资集体协商制度，确保工资按时足额发放。

二是支持小微企业发展，扩大就业增收。强化政府资金的引导作用，对于能吸纳大学生就业的小微企业尤其是科技型小微企业应加大财政、金融扶持力度，按照吸纳就业毕业生的个数来决定贷款贴息额度。增强小微企业在产业集聚中的效应，政府在引导小微企业集聚的过程中，积极推进小微企业与大中企业的合作机制，增强小微企业吸纳就业的能力。优化保障服务，完善就业服务体系，搭建就业服务平台，帮助企业引进和借用外部的技术和人才资源，实现就业资源精准对接。

三是深入推进三产融合和城乡融合，带动经营净收入和财产净收入增长。大力发展农村地区现代农产品加工业，打造农产品加工产业集群，支持新型农业经营主体开展精深加工，拉长产业链条，把加工产业链留在农村，拓宽农民本地就业渠道。积极推动民营经济和乡村集体经济发展，激活农村资源要素，提高农村土地流转率，增加居民集体分红和转让土地租金等财产净收入。以“互联网+农业”为抓手，联结小农户和大市场，整合农产品

生产、加工、流通、销售全产业链，带动农产品出村进城。积极发展农村新业态，开发农业休闲体验、乡村旅游、农村民宿等多种形态，促使农业向第二产业和第三产业延伸，提升居民经营净收入。

四是加大转移支付力度，保持转移净收入稳定增长。做好脱贫攻坚与乡村振兴战略的衔接，稳定提升脱贫户收入。针对贫困人群保持扶贫投入力度，实现已脱贫人口的持续稳定脱贫，保障其收入水平。提高城乡居民养老保险金标准，加大地方财政补贴力度，建立基本养老金长效增长机制，促进转移净收入持续增长。保障耕地地力保护补贴、畜牧养殖补贴等强农惠农富农的财政投入稳中有升，更好地稳定农民的转移净收入。

（四）发展开放型经济，主动融入双循环新发展格局

一是建设高水平国际贸易通道。提升国际贸易通道运行能级，增强中欧班列长安号综合竞争力，全方位布局国内支线，拓展国际干线，重点加强回程班列组织。加大“长安号+跨境电商”融合力度，以“班列+口岸”模式推动粮食、汽车整车等特色班列发展。织密向西开放的货运航网，与中欧班列资源互补，共同打造面向欧亚的国际贸易通道。打造两港联运综合体，加强“西安港”概念品牌共享，整合西安陆港、空港现有粮食、肉类、生鲜口岸，探索互设指定口岸监管仓，实现功能互补。加快两港通关便利化改革，探索实现一次托运、一单到底、一次收费的多式联运运营模式。推进国际贸易系统智能化，加快5G、云计算等信息技术在国际贸易物流系统中的智能化应用，全面提高国际货运信息化水平。

二是加强陕西与共建“一带一路”国家合作。支持龙头企业联合共建或自建海外园区和制造基地，鼓励企业参与“一带一路”重大基础设施、重点产业项目建设。推动特色产业或优势产能开拓海外市场，鼓励领军企业开展全球化布局，培育一批具有国际竞争力的本土跨国公司，加大“自主品牌、自主知识产权”产品和服务出口。以发展“数字丝路”为抓手促进与共建国家数字贸易国际合作，积极参与共建“一带一路”国家数字贸易规则体系的建立，提高话语权与主导权，更好地引导服务贸易企业加快数字

化转型。积极与共建“一带一路”国家和地区银行建立合作关系，培育服务“一带一路”建设的跨境票据市场体系。

三是推动陕西自贸试验区服务贸易创新发展。陕西自贸试验区应立足于国内国际双循环新发展格局，继续加强与共建“一带一路”国家的服务贸易，全面提升服务贸易水平和国际竞争力。推进服务贸易机制体制创新，提高政府管理效率和深化放管服改革，简化服务贸易行政审批工作，提供高效便捷的服务，营造公平竞争的市场环境。扩大服务贸易领域对外开放，探索实施跨境服务贸易负面清单管理制度。加快发展新兴服务贸易，鼓励运用5G、大数据、人工智能、区块链等新技术改造提升传统服务业，大力发展通信、研发、设计、认证许可、检验检测等知识和技术密集型服务贸易。

（五）巩固脱贫攻坚成果，全面推进乡村振兴

一是深化农村改革创新。以土地制度改革为引领，进一步释放红利，培植动能。加快完善农村集体经营性建设用地入市制度，规范引导工商资本下乡，推动城乡要素平等交换、双向流动。继续深化农村集体产权制度改革，激活资源要素，支持集体经济组织发展壮大，拓展农民增收空间。抓好上合组织农业技术交流培训示范基地建设，推动重点项目建成运行，示范带动农业现代化发展。

二是延长产业链条，完善产业配套。积极搭建市场信息平台，引导小农户对接大市场，组织经营主体积极参与招商引资、展示展销等活动，帮助农户打开销路，稳定收入。结合产业发展需要，加快实施农产品仓储保鲜冷链物流设施建设工程，加大补贴资金、建设用地审批等方面的扶持力度。推进农产品初加工、精深加工、综合利用加工协调发展，加强“产—供—销”一体化，建立稳定的生产、供应、销售等协作配套关系，实现产业融合循环发展。

三是加强脱贫地区监测和持续帮扶。强化防返贫动态监测，全方位跟踪掌握易致贫返贫人口“两不愁三保障”和饮水安全情况，精准有效落实帮扶措施。持续抓好产业就业帮扶，支持脱贫地区发展壮大优势特色产业，加

快培育壮大新型经营主体，多措并举促进脱贫家庭劳动力务工就业。落实易地搬迁后续扶持，持续完善安置点配套设施，积极做好迁出地和迁入地基本公共服务衔接。推进农村人居环境整治，加快农村移风易俗，建设生态宜居、乡风文明的美丽乡村。

（六）积极响应国家“双碳”目标，推动经济绿色低碳发展

一是优化升级传统能源产业链，培育壮大新能源创新链。推动煤炭产业链向上向下延伸，提高煤炭作为化工原料的综合利用效能，完善煤、油、气、盐多元综合循环利用途径，促进煤化工产业高端化、多元化、低碳化发展，全面提升能源化工产业链现代化水平。制定促进风电、光伏发电技术创新的管理政策，以技术进步和管理增效降低风电、光伏成本，带动新能源产业发展。积极拓宽绿色电力应用领域，强化需求侧管理，提高工业园区、民用和商业建筑等分布式光伏的普及程度。推动智慧能源发展，构建能源的生产、输送、使用和储能综合体系。

二是不断优化产业结构，积极发展绿色低碳产业。制定更严格的行业标准，倒逼产业升级，调整产业结构，加快产业结构向高端化、低碳化转变。加大对兰炭、电石、铁合金等落后产能的淘汰关停和升级改造，通过对节煤、节电、节水等节约技术及工艺改造技术的推广应用，提高能源利用效率，促进陕西能源产业的节能降耗。工业领域大力推进电能替代，交通领域全面加快推广新能源汽车替代燃油车，建筑领域积极推进地热、太阳能、生物质等可再生能源利用。

三是开展碳达峰行动，实现减污降碳协同增效。建立并实施重点行业碳排放审查和削减替代制度，开展能源类项目碳排放环境影响评价制度试点，鼓励陕煤化、延长石油等重点企业率先开展碳达峰行动，推进温室气体排放控制和污染物减排协同增效。发挥碳市场助推作用，持续做好纳入碳市场的电力等八大重点行业温室气体排放数据监测、核算报告、核查审核。推进低碳试点市（区）建设，加快推进碳捕集、利用与封存技术推广应用，加大对绿色矿山、碳汇林等项目和“近零排放”示范工程的支持。

分 报 告

Sub-Reports

B.2 2021年陕西农业农村经济形势分析与2022年预测

赖作莲 *

摘　要： 2021年，陕西省以高质量发展为主题，全面推进乡村振兴，全省农业生产形势稳中向好。夏粮再获丰收，蔬果产量稳定增长，生猪产能恢复，农村居民收入较快增长，城乡收入差距缩小，农村居民生活消费支出回暖，高标准农田、数字乡村建设成效显著，农村人居环境整治深入推进。但是还存在区域差异明显，猪肉价格持续下跌，农民经营净收入增长放缓，财产性收入偏低等问题。展望2022年，粮食产量可能稳中有增，畜禽产品产量可能保持稳定增长，水果可能有望实现增产提质，蔬菜产量可能保持平稳增长。2022年，要差异化推进乡村振兴，加快农村居民经营和财产净收入增长，促进生猪产业持续健康发展，构建遏制耕地“非农化”、防止“非粮化”的长效机制。

* 赖作莲，博士，陕西省社会科学院农村发展研究所副研究员。

关键词： 陕西　农业　农村经济　乡村振兴

2021 年，在复杂多变的国内外环境下，陕西扎实做好“六稳”工作、全面落实“六保”任务，以高质量发展为主题，统筹推进“3 + X”特色现代农业产业建设，落实惠农措施，全省农业生产形势稳中向好。前三季度，全省农林牧渔业增加值同比增长 5.5%。

根据地区生产总值统一核算结果，2021 年前三季度，陕西省实现地区生产总值 21193.18 亿元，同比增长 7.0%。其中，第一产业增加值 1228.50 亿元，同比增长 5.5%。[①]

一　2021 年农业农村经济运行的总体情况

（一）夏粮再获丰收，粮食产量稳定增长

2021 年，全省气候条件总体有利于农作物生长发育，农业生产运行平稳。得益于夏粮单产的提高，在播种面积只是略增的情况下，总产量实现了较大幅度的增长。经核定夏粮总产量 470.60 万吨，较上年增加 17.11 万吨，同比增长 3.8%，增速高于全国平均水平 1.7 个百分点。夏粮播种面积 1657.02 万亩，较上年增加 1.54 万亩，增长 0.09%[②]。夏粮单产 284.00 公斤/亩，创历史新高，较上年增加 10.07 公斤/亩，增长 3.68%。秋粮播种面积稳中有增，全年粮食产量稳定增长。

（二）蔬果产量稳定增长，种植结构持续优化

蔬菜生产逐渐步入平稳发展期，产量增速有所放缓。前三季度，全省蔬

---

① 陕西省统计局：《2021 年前三季度全省经济运行情况》，2021 年 10 月 20 日，http://www.shaanxi.gov.cn/sj/zxfb/202110/t20211020_2194991.html。

② 国家统计局陕西调查总队：《2021 年陕西夏粮产量》，http://snzd.stats.gov.cn/index.aspx?menuid = 3&type = articleinfo&lanmuid = 15&infoid = 4080&language = cn，2021 - 7 - 28/2021 - 9 - 3。

菜及食用菌产量 1525.23 万吨，较上年同期增长 2.7%；上半年全省蔬菜播种面积 447.59 万亩，增长 2.0%。瓜果发展加快，面积和产量增长较快。前三季度，园林水果产量 607.93 万吨，较上年同期增长 6.6%；上半年全省瓜果播种面积 87.37 万亩，增长 10.2%。

农业种植结构持续优化。全省矮化苹果面积达到 243 万亩，山地苹果面积达到 330 万亩。茶园面积、产量稳步增长，全省茶园面积达到 296.4 万亩，干毛茶总产量达 11.3 万吨。

（三）生猪产能恢复，主要畜禽稳定增长

在政府补贴、取消限养等激励措施的作用下，陕西生猪产能得以逐渐恢复至常年水平。2021 年前三季度，猪牛羊禽肉产量快速增长，达 84.9 万吨，同比增长 17.8%。

2021 年上半年，猪存栏 848.6 万头，同比增长 0.5%，其中能繁殖母猪存栏 88.7 万头，同比增长 0.9%；牛存栏 151.3 万头，同比增长 0.5%；禽存栏 7546.3 万只，同比增长 3.1%。得益于生猪产能的恢复，也由于部分受前期养殖户压栏惜售影响，生猪出栏增幅较大。上半年，猪出栏 565.4 万头，同比增长 25%，并且有大量重量偏大的“牛”猪；牛出栏 26.7 万头，同比增长 5.4%；羊出栏 322.3 万只，同比增长 5.9%；禽出栏 2334.6 万只，同比增长 13.3%。

（四）农村居民收入较快增长，城乡收入差距缩小

2021 年前三季度，陕西农村居民人均可支配收入 11070 元，同比增长 12.0%，增速高于全国平均增速 0.4 个百分点，在全国 31 个省份中居第 22 位，比 2019 年前三季度增长 19.2%。[①]

从农村居民收入结构看，上半年，工资性收入占比最高，占 44.51%；

---

① 《2021 年前三季度陕西居民人均可支配收入增长 10.0%》，http://snzd.stats.gov.cn/index.aspx?menuid=4&type=articleinfo&lanmuid=18&infoid=4136&language=cn，2021-10-19/2021-10-20。

转移净收入占30.16%，超过经营净收入。但经营净收入、工资性收入的增速相对较慢，上半年，工资性收入3315元，同比增长16.1%；经营净收入1719元，同比增长9.0%；财产净收入167元，同比增长18.5%；转移净收入2246元，同比增长18.5%。从农村居民收入与城镇居民收入的对比看，前三季度，农村居民人均可支配收入增速比城镇居民高3.5个百分点，城乡收入比较上年同期缩小0.09，为2.81∶1。

外出务工人数继续增加。第三季度末，农村外出务工劳动力总量达574.8万人，比上年同期增加10.8万人，同比增长1.9%。

（五）农村居民生活消费支出回暖，各类消费全面增长

随着农村居民收入稳定增长，消费支出也回暖。2021年前三季度，全省农村居民人均生活消费支出9867元，增长21.3%，扣除价格因素，实际增长20.2%，比2019年前三季度增长23.5%，两年平均增长11.1%，扣除价格因素，两年平均实际增长8.8%。

八大类消费支出均呈增长态势。2021年上半年，教育文化娱乐支出增长最快，增幅达68.9%；其次是其他用品和服务支出，增幅为40.1%；衣着、生活用品及服务和交通通信类的支出增幅均超过20%，分别为27.4%、25.9%、20.8%；食品烟酒、医疗保健支出分别增长19.4%、18.1%。居住类支出增幅最低，为8.3%。

二 2021年农业农村经济发展的新亮点

（一）巩固拓展脱贫攻坚成果同乡村振兴有效衔接

2021年，陕西省坚持把巩固拓展脱贫攻坚成果、防止规模性返贫作为底线任务，促进脱贫人口稳定增收，推动巩固拓展脱贫攻坚成果同乡村振兴有效衔接。

实施动态监测帮扶机制。对全省脱贫不稳定户、边缘易致贫户和突发严

重困难户，全部落实针对性的帮扶措施。持续加强资金保障。2021 年中央下达陕西省财政的衔接推进乡村振兴补助资金 69.5 亿元、省级预算安排的衔接补助资金 43.2 亿元，全部拨付到县。并明确扶贫资产的产权归属，落实管护责任。强化产业和就业帮扶。全省投放特色产业发展小额信贷 24.5 亿元，促进脱贫劳动力 210.87 万人实现就业。调整优化帮扶力量。继续选派驻村第一书记和驻村工作队员，全省共选派驻村第一书记和驻村工作队员 25155 名，组成驻村工作队 8228 支。确定乡村振兴重点帮扶县。在 11 个国家乡村振兴重点帮扶县的基础上，确定 15 个省级重点帮扶县，作为乡村振兴的重点帮扶县，落实“四个不摘”要求。

在巩固拓展脱贫攻坚成果同乡村振兴有效衔接的系列政策下，2021 年上半年，陕西脱贫县农村居民人均可支配收入 7228 元，较 2020 年上半年增加 1001 元，同比增长 16.1 %①，增幅高于全省农村居民的平均水平。

（二）高标准农田建设成效显著

陕西省把高标准农田建设作为提高耕地质量的重要抓手，深入实施“藏粮于地、藏粮于技”战略。2020 年陕西省出台并实施《加快推进高标准农田建设的实施方案》，为提升高标准农田项目建设质量和综合效益，因地制宜分区域总结和制定了七种主推模式。一是在陕北梁峁丘陵区，主推“一户一田—软体水窖—节水补灌—种养循环”建设模式。二是在陕北盐碱地，主推“田块合并—土壤改良—水旱轮作—集体经营”建设模式。三是在陕北毛乌素沙漠南缘风沙草滩区，主推“盐碱治理—客土改良—灌排结合”建设模式。四是在关中平原，主推“渠井双保险—节水灌溉—高效生产”建设模式。五是在渭北旱塬区，主推“引水蓄水—埋设暗管—补充灌溉”建设模式。六是在陕南秦巴山区，主推“拦蓄灌溉—土地平整—土壤

① 丰俊妍：《收入消费稳定增长脱贫成果持续稳固——2021 年上半年陕西脱贫县农村居民收支状况分析》，http：//snzd. stats. gov. cn/index. aspx？ menuid = 4&type = articleinfo&lanmuid = 18&infoid = 4098&language = cn，2021 - 8 - 25/2021 - 9 - 8。

改良”整流域建设模式。七是在陕南平坝地，主推“灌排结合—道路通达—生态防护”建设模式。

在高标准农田建设中，充分发挥龙头作用，创新建设主体，鼓励、支持农民合作社、家庭农场、种植大户等新型经营主体参与实施项目。截至2021年8月底，全省已建成高标准农田605万亩，新增高效节水灌溉面积195万亩。

（三）数字乡村建设取得明显成效

近年来，陕西把数字乡村建设摆在建设数字陕西、实施乡村振兴的重要位置，按照陕西省加快数字乡村发展三年行动计划部署，积极探索具有陕西特色的数字乡村发展之路，数字乡村建设取得明显成效。

农村通信基础设施不断完善。截至2021年8月，陕西省所有行政村和易地扶贫搬迁安置点已实现光纤和4G网络全覆盖，宽带平均接入速率与城市达到同一水平。农村公共服务数字化水平不断提升。陕西加快推进信息进村入户工程，着力解决信息进村入户“最后一公里”难题。截至2021年8月，陕西省建成益农信息社7000余个，乡村远程医疗覆盖率达60%以上，有效改善了乡村就医条件。农业农村数字经济蓬勃发展。陕西持续改善农村地区电子商务基础条件。截至2020年底，全省建成县级电商公共服务中心73个、村级电商服务站点7890个，有效促进了乡村数字经济发展。

2020年，渭南市大荔县、杨凌示范区杨陵区、商洛市柞水县、汉中市佛坪县4个县（区）成功入选国家数字乡村试点地区。根据西部数字经济研究院发布的《2020陕西数字乡村发展报告》，陕西省数字乡村发展指数排名全国第14。

（四）农村产业融合发展加快推进

近年来，陕西加快推进农村产业融合发展，积极推动示范园高质量发展，加大示范园水电路、农产品生产基地、冷链物流、仓储保鲜、检验检测、垃圾污水处理等基础设施建设支持力度，并积极创新支持方式，撬动社会资本和金融资本参与示范园建设。

2021 年汉中市洋县有机产业农村产业融合发展示范园、铜川市王益区农村产业融合发展示范园、延安市南泥湾农村产业融合发展示范园、榆林市神木市农村产业融合发展示范园、榆林市定边县农村产业融合发展示范园被认定为第三批国家农村产业融合发展示范园，陕西国家农村产业融合发展示范园已增至 10 个。

在建设好国家农村产业融合发展示范园的基础上，2021 年，陕西省制定了《农村产业融合发展示范园三年行动计划（2021～2023 年）》。根据行动计划，2021 年，创建第一批 30 个省级农村产业融合发展示范园；在三年内，共创建 100 个左右省级农村产业融合示范园，实现产业升级，拓展农民增收空间，变特色农业为高效农业，为现代农业板块产值跨上万亿元台阶奠定坚实基础。

（五）农村人居环境整治深入推进

2021 年，陕西省在巩固农村人居环境整治三年行动成果的基础上，启动实施五年提升行动，全面提升农村人居环境质量。

农村改厕行动扎实推进。推动分类有序农村改厕，引导推动户用厕所进院入室，不断提高卫生厕所普及率。农村生活污水治理持续开展。在调查、评估现有农村生活污水治理设施建设运行情况的基础上，进行整改、建设，统筹推进农村改厕和生活污水处理。生活垃圾处理能力全面提升。统筹考虑县、镇、村三级设施和服务，不断健全“户分类、村收集、镇转运”垃圾收运处置体系，积极探索符合农村特点和农民习惯、简便易行的垃圾分类处理模式，自然村生活垃圾得到有效处理。

长效管护机制逐步建立健全。强化设施运营管护的制度保障、资金保障、人员保障，不断完善财政补贴和农户付费合理分担机制，鼓励社会资本参与污水、垃圾处理等基础设施建设和管护。

三　2021年陕西农业农村经济发展存在的主要问题

（一）区域差异明显，乡村振兴模式难以复制和模仿

2021年陕西全面推进乡村振兴，大力实施乡村建设行动，实施乡村振兴"十百千"工程，打造10个县区、100个乡镇、1000个行政村示范样板。但是陕西区域差异明显，乡村振兴模式难以复制和模仿。

在地理分布上，陕西省从北向南分为陕北高原（以黄土高原为主）、关中平原（以渭河平原为主）、陕南秦巴山地（以秦岭以南的汉水流域为主）三大不同区域，纵跨温带、暖温带和北亚热带三个气候带。三大区域自然经济条件、文化等差异巨大。

各县区经济实力悬殊。2020年，神木市地区生产总值1294亿元，为全国百强县；而全省县域生产总值最低的佛坪县只有11.88亿元。但在生态条件上，佛坪县地处秦岭腹地，森林覆盖率达到90.3%，显著高于神木市。县域人口数量差别也较大，尽管第七次人口普查数据显示，大多数县域人口下降，但是下降幅度不一。仅从宝鸡市第七次人口普查的县区人口数据看，渭滨区人口53.58万人，太白县只有3.96万人。在村庄层面，全省将近1.7万个行政村，村庄之间差异较大，各村自然条件、区位条件、发展基础、社会文化资源等差异较大。在一个村庄有效的发展模式，未必适合别的村庄。

（二）农村居民经营净收入增长放缓，财产性收入偏低

农村居民经营净收入增长放缓。2021年上半年经营净收入增长9%，低于人均可支配收入15.1%的增长率。特别是脱贫县农村居民经营净收入偏低。2021年上半年农村居民收入中经营净收入，全省平均为1719元，而脱贫县只有1492元，相差227元。可见，由于乡村产业发展滞后，县域经济总体实力不强，农村居民家庭经营性收入增长缺乏强大动力，致使家庭经营

净收入增长放缓，脱贫县的农村居民家庭经营能力相对更弱。

农村居民收入存在结构性问题，收入结构中财产性收入占比低。由于农村居民缺乏可增值的资产，农村居民财产性收入的占比明显低于城镇居民。2020年陕西农村居民财产性收入占比为1.72%，2021年上半年也只有2.24%。2020年陕西城镇居民财产性收入占比为7.53%，2021年上半年为8.43%。由于脱贫群众更缺乏财产积累，脱贫群众的财产净收入水平更低，2021年上半年，农村居民财产净收入，全省平均为167元，而脱贫县只有107元，相差60元。财产净收入少，所占比重偏低，在很大程度上限制了农村居民收入的增长。

（三）猪肉价格持续下跌，出现“猪贱伤农”

2021年，生猪猪肉价格持续下跌。根据价格监测数据，年初1月5日生猪（毛猪）价格为34.83元/公斤，猪肉（后腿肉）价格为27.56元/斤；到6月8日分别降至15.38元/公斤、13.89元/斤。与此同时，猪粮比价从高于13∶1下降到低于5.5∶1。此后，猪肉价格继续小幅波动下跌，9月，价格同比下降49.2%；至10月12日，猪肉（后腿肉）价格下降到11.15元/斤，猪粮比价进一步下降到低于5∶1。猪肉价格超跌，使养殖户亏损严重。

生猪、猪肉价格下跌的原因是生猪产能不断恢复，导致供过于求，价格下跌。2019年以来，针对生猪产能严重下滑、猪肉价格大幅上涨等严峻形势，政府实行生猪养殖补贴和鼓励政策，刺激生产供应。各种优惠政策，吸引大批养殖户进入，甚至一些互联网企业、房产公司等也进入养猪业，养猪产能大幅增加。随着产能的不断恢复，生猪市场出现供过于求的态势。

生猪、猪肉价格的持续下跌无疑是养殖户亏损的主要和直接的原因。饲料产品的价格上涨又进一步挤压了养殖户的利润空间，加剧了亏损程度。随着国际市场相应原材料价格的上涨，国内市场饲料产业的产品价格也出现相应的上调。2021年国内饲料出现多次涨价。

（四）“非农化”“非粮化”面临多重诱因，遏制难度较大

2021 年，陕西进一步加强耕地保护，不断采取新措施，“零容忍”耕地“非农化”“非粮化”。但是“非农化”“非粮化”面临多重诱因。

种粮效益低。由于粮食种植收益低，且与经济作物种植、养殖业的经济收益存在较大的差别。农户为了提高家庭收入往往选择种植经济作物。尽管国家给予种粮农民补贴，但是化肥、农药、种子等农业生产资料价格连年上涨早已抵消了补贴的正面效益，与此同时，粮食出售价格却保持在较低的水平。

土地“非农化”巨额增值。土地“非农化”能获得巨额增值收益，在巨大的利益诱惑下，地方政府、企业、村集体、农民等相关利益主体都有土地“非农化”的倾向。一些注重地方政绩和短期经济效益的地方政府，在巨额的增值收益吸引下，容易产生土地“非农化”的冲动。

土地集体所有制和产权的模糊性。一些地方由于土地产权不清晰，基层政府、村委会的相关人员容易为了私利与资本合谋，将土地租给或卖给企业，致使土地“非农化”。

耕地条件差，耕种难度大，监管困难。在一些地处偏远、交通不便的地块，农户耕种不方便、难度大。同时，“非粮化”也难以受到有效地监管和监督。在多重诱因的作用下，遏制“非农化”、防止“非粮化”还面临多重困难。

（五）遭遇极端天气，局部农业灾害频发

2021 年，天气复杂多变，春季霜冻，夏季南涝北旱，秋季雨水过多，在极端天气的影响下，局部农业灾害频发。

4 月上旬，受冷空气影响，局地低洼田块小麦受冻，造成麦田穗粒数减少，给产量带来一定损失。4 月至 5 月，大风天气造成部分小麦倒伏，影响小麦产量和机械收获。7 月，强对流天气造成陕南强降雨，局部积水严重，作物倒伏受灾，一些田块被冲毁绝收。与此同时，陕北干旱，榆林

全市遭遇旱情，特别是西部白于山区、南部山区等没有灌溉条件的区域受灾严重。据初步统计，截至7月30日，榆林市受旱面积590.32万亩，占全市粮播面积的51.84%。9月，洛川、富县苹果优生区遭遇冰雹天气，造成20.49万亩苹果不同程度受灾，优质果率下降幅度较大，9月至10月，陕西遭遇持续降雨。因强降雨和渭河洛河汛情，大荔县49.1万亩农田被淹。

此外，在条锈病防治期间，降水偏多，加快了条锈病等病害的蔓延速度，局地防治效果受影响。

四　2022年农业农村经济形势展望与预测

（一）粮食产量可能稳中有增

2021年，陕西省坚持落实“两藏”战略，强化耕地保护建设，坚决遏制耕地“非农化”、防止耕地“非粮化”，强化高标准农田建设，全省建成高标准农田500万亩。同时，致力提升粮食规模化、集约化、组织化水平，不断提高粮食单产，提升农民种粮效益，激发农民种粮积极性。这些措施将有利于2022年稳定提高粮食产量。但是，由于干旱、洪涝等灾害性天气对粮食生产影响的不确定性，粮食生产的比较效益总体还偏低，以及其他一些人为干扰因素，仍将对粮食产量的提升产生不利的影响。

展望2022年，粮食产量将可能有望实现稳中有增。采用多元线性回归分析法，对2022年陕西粮食产量进行预测，以粮食产量为因变量，以粮食播种面积、粮食生产价格、化肥施用量为自变量，建立回归预测模型。利用二阶自回归求取自变量的预测值。应用Eviews6.0软件进行预测，预测结果显示2022年粮食产量为1291.7万吨。

（二）畜禽产品产量可能保持稳定增长

2021年，陕西加快推进优势特色畜牧产业集群、产业带和产业板块的培育壮大，支持发展壮大一批基地县，大力发展现代生猪生产体系，大型生猪繁育基地大幅增加，养殖规模扩大，生猪产能恢复，走在全国前列，畜产品供给能力明显提高。同时，大力发展牛羊肉、禽肉、禽蛋等猪肉替代品生产。猪、牛、羊、禽等主要畜禽出栏均同比增长，其中，上半年猪出栏同比增长 25%，禽出栏同比增长 13.3%。畜禽产品供给能力的提高，将有利于 2022 年畜禽产品产量稳定增长。但是，受 2021 年生猪、猪肉价格的持续下跌，养殖户亏损严重，这将使一定产能退出市场，从而可能影响猪肉产量的增加，同时，还可能受动物疫情的影响。采用多元线性回归分析法预测，以肉类生产价格、疫情发生概率为自变量，以肉类总量为因变量，建立回归分析模型；并对肉类生产价格、疫情发生概率作二阶自回归。预计 2022 年猪、牛、羊等肉类总量将可能达到 128.2 万吨。

（三）水果可能实现增产提质

“十三五”时期，以苹果、猕猴桃为代表的陕西果业实现了跨越式发展，为果业持续稳定发展积累了雄厚的物质基础。2020 年达到 930.27 万亩，苹果产量达到 1185.21 万吨，其中，苹果基地县面积合计为 701.35 万亩，产量达到 983.85 万吨，占全省苹果产量的 83.01%。2021 年，陕西以推进果业高质量发展为主题，坚持稳定面积和提质增效，推进果树苗木整治、高质高效果园创建、果园有机质提升、果品产销对接和果园防灾减灾“五大行动”，全面优化陕北渭北苹果产区、陕南秦岭北麓猕猴桃产区和关中时令水果产区三大产区布局。这为 2022 年果业增产提质奠定了坚实的基础。但是霜冻、冰雹等自然灾害容易对苹果造成局部影响。展望 2022 年，水果产量仍可能保持稳定增长，灾害发生概率按上年计，预计 2022 年水果产量可达 1896.5 万吨。

（四）蔬菜产量可能保持平稳增长

设施蔬菜是陕西千亿级的农业产业，也是陕西生产效益好的农业产业。2021 年，继续实施“3 + X”特色优质产业提质增效工程，推动设施农业高质量发展。加快推进新品种引进示范、新型温室智能大棚、病虫害综合防治等技术创新与示范，解决产业发展“卡脖子”问题。建新改旧设施农业2万亩，支持上规模生产基地配套建设冷链加工体系。充分利用农机补贴政策，大力推广微耕机、移栽机等机械设备，不断提高机械化、标准化生产水平。同时，加大对新型经营主体和龙头企业的扶持力度，促进生产经营效益提升。这些措施将有利于2022年蔬菜产业实现持续稳定发展。但蔬菜产业仍面临市场价格波动、灾害等不利因素。预计2022年陕西蔬菜产量可能达2074.3万吨。

五 促进2022年农业农村经济发展的若干对策建议

（一）分类施策，差异化推进乡村振兴

针对陕西省北中南三大区域经济社会发展现状差异明显的现实，推进乡村振兴方面不能采用相同的标准、相同的路径和方法，应该区别对待、分类施策、差异化推进。尽管陕西已采取差异化的支持政策，制定出台《关于支持国家和省级乡村振兴重点帮扶县的实施意见》，重点支持11个国家乡村振兴重点帮扶县和15个省级乡村振兴重点帮扶县，但是全省区域差异明显，还需要采用更多差异化的对策措施。

把县域作为推进乡村振兴的主体。依据县域经济实力、城镇化率、基础设施条件等综合实力，制定各县域不同的发展目标和推进路径[①]。综合实力较强的县域对标发达地区，全域推进，推动高质量发展，率先实现乡村振兴；综合实力中等的县域对标国内先进地区，加快发展，全面推进，探索实施连片推进，加快实现乡村振兴；综合实力较弱的县域对标省内先进地区，补齐短板，实现跨越追赶，全力推进乡村振兴。对不同类型县区，在推进乡

① 易小燕、陈印军、向雁等：《县域乡村振兴指标体系构建及其评价》，《中国农业资源与区划》2020年第8期。

村产业、人才、文化、生态、组织等方面，采取差异化的要求。

推动错位发展，促进县域、村庄相互配合、共同发展。不同的县域、村庄要以产业链、价值链为纽带，形成相互配合、相互支持的错位发展格局。

（二）拓宽农民增收渠道，加快经营净收入和财产净收入增长

促进农民家庭经营净收入增长。加快产地现代农产品加工业发展，加大财政支持，支持新型农业经营主体开展精深加工，推动形成农产品加工产业集群，带动农村家庭种植业/养殖业发展。持续推进技术培训，提高农民特别是脱贫群众的生产经营能力，提高农民进行绿色化、标准化、品牌化生产的意识，增强农民合作社、家庭农场及企业对普通农民从事绿色有机产品生产的带动作用，促进农民生产提质增收。积极发展农村新业态，开发农业休闲体验、乡村旅游、农村民宿等农业多种形态，提升居民经营净收入。

拓宽农民财产性收入来源。深化农村集体产权制度改革，不断深化农村土地制度改革，盘活农村集体资源资产，让农民通过农用地、宅基地以及各类农产品的流动获得收入。坚守土地公有制性质不改变、耕地红线不突破、农民利益不受损的前提下，探索宅基地使用权的流转、抵押、自愿有偿退出、有偿使用。规范引导、盘活利用农村闲置房屋，由村集体经济组织采取作价回购、统一租赁或者农户入股合作等多种方式整合本村农民闲置房屋资源。鼓励金融行业拓宽农村居民理财投资渠道，增加低风险理财品种，提高农村居民富余资金盈利能力，实现资产保值增值。

（三）缓解猪周期波动，促进生猪产业持续健康发展

推动建立生猪生产逆周期调控机制。以能繁母猪存栏量变化率为核心调控指标，建立异常变化自动触发调控机制，鼓励生猪养殖场（户）加快补栏优种猪和淘汰低产母猪，促使能繁母猪存栏量回归合理区间。确保合理的能繁母猪存栏量和规模养殖场（户）保有量。

推进生猪产业现代化，加快生猪产业升级。“猪周期”很大程度上是市场规律作用的结果，但可以通过产业结构优化与升级，最大限度降低其负面

影响。协同推进规模养殖场和中小养殖场（户）发展，推动生猪养殖的规模化、标准化发展，提高养殖管理水平。加快淘汰部分低效母猪，改善饲料配方，降低养殖成本。

推进生猪价格保险。开发多样化的生猪价格保险，或者以猪粮比作为理赔触发参数，或者以官方发布的出栏肉猪价格作为理赔触发参数，或者以成本作为理赔触发参数。鉴于猪周期影响，生猪价格保险业务容易出现大起大落，探索“保险+期货”模式的生猪价格保险，不断通过机制体制的完善来平滑经营风险。

加大对生猪养殖户的补贴支持力度。对省上确定的生猪生产大县的养殖户，一次性发放能繁母猪临时饲养补贴；对国家确定的优良种猪场的养殖户，一次性发放公种临时饲养补贴。

（四）构建遏制耕地“非农化”、防止“非粮化”的长效机制

鼓励和支持粮食适度规模经营，促进种粮收益提高。稳定实施耕地地力保护补贴和种粮其他相关补贴，保障农民种粮的合理收益。在市场环境下，要推动粮食生产适度规模经营，通过鼓励和支持粮食类新型农业经营主体适度规模经营，打破粮食产业弱质的魔咒。要推动多种形式的粮食生产适度规模经营，加强土地流转价格调控，建立规模化种粮导向的财政奖补制度。

严格规范建设用地审批。严控占用耕地特别是永久基本农田，批地用地必须符合国土空间规划、土地利用年度计划、征地程序、安置补偿、产业政策、节约集约和耕地占补平衡等相关规定和要求。严禁地方政府通过擅自调整县乡国土空间规划规避占用永久基本农田。明晰土地产权状况。全面掌握粮食生产功能区内土地承包、租赁、利用现状等基本信息，建立详细台账。

加大高标准农田建设力度。将更多的农田，打造成集中连片、田间配套设施完善的旱涝保收、高产稳产的高标准农田。通过便利的交通条件、良好的田间生态环境，降低农民种粮成本，增加种粮收益，提高种粮意愿和积极性。

（五）提升农业气象灾害风险防范能力

在极端天气气候事件呈频发态势下，要强化农业灾害防治，提升农业气象灾害风险防范能力，有效地减少灾害损失，尽量减小农业灾害的危害程度。

强化高标准农田基础设施建设，充分考虑干旱和暴雨洪涝的多发影响，加强高标准农田的排灌系统、人工增雨和防雹能力建设，加大农田水土流失防治力度，提升防灾减灾能力。研发农业气象灾害防范实用技术。研发调整作物品种、适播期、复种指数，以及防霜保温、肥料缓释、节水减药增效等防灾抗灾技术，并加大基层推广应用力度。

加快扩大农业保险覆盖范围。提升传统农业保险精准投保、快速查勘定损和理赔水平，帮助农民灾后尽快恢复生产；大力推广天气指数保险，提高农民防范农业气象灾害的能力和主动性。

加强灾害防治效果评价。对农业灾害的防治效果进行评价，要以投入的资金和劳动力与减少的经济损失进行比较，在此基础上总结经验，改进防治措施，以实现以较小的代价达到最大限度减少农业灾害的目的。

B.3
2021年陕西工业经济形势分析与2022年预测*

班　澜**

摘　要： 2021年，全省疫情防控和社会经济发展成果不断巩固，全省工业经济运行良好，延续稳定恢复态势，工业投资结构改善，企业利润效益显著提升。总的来说，2022年，中国经济长期向好的基本面将持续显现，高技术制造业和装备制造业等新产业新动能将持续走强并进一步释放潜能，陕西自身新一代信息技术产业规模带动效益凸显，有利于陕西工业经济快速发展；但同时面临国际国内多重不利因素，能源供应偏紧和PPI仍将继续上涨对陕西工业经济的负面影响仍存在。本报告提出发展数字经济打造工业互联网生态体系、强化科技创新做强做优新兴支柱产业、推动产业融合加快工业转型升级等三个方面推动陕西工业稳增长的对策措施，并建议从优化资源配置、强化区域差异化布局、打造优势产业集群、深化工业金融有机融合等四个方面出发构建工业经济稳增长的支撑体系。

关键词： 陕西　工业经济　新兴产业

* 本报告系陕西省软科学项目“陕西省高质量发展的水平测度与驱动机制研究”（编号：2021KRM038）的阶段性成果之一。

** 班澜，博士，陕西省社会科学院经济研究所助理研究员，研究方向为区域经济高质量发展。

一　2021年陕西工业经济运行态势分析

2021 年，全省疫情防控和社会经济发展成果不断巩固，第一季度，全省规模以上工业运行良好，工业生产高位运行；第二季度以来，延续稳定恢复态势，增速逐步放缓，朝阳产业产量增速迅猛，带动非能工业快速增长，非能工业拉动增强，工业投资结构改善，工业企业利润效益显著提升。

（一）工业生产缓中趋稳

2021 年，陕西全省工业经济运行呈现缓中趋稳的积极态势，1～9 月，陕西全省规模以上工业增加值同比增长 7.2%，增速较上半年回落 4.4 个百分点，较第一季度回落 11.7 个百分点，增速下滑趋势放缓。2021 年 1～9 月，陕西全省规模以上工业增加值，比 2019 年增长 8.5%，低于全国平均水平 4.6 个白分点，两年平均增长[①] 4.2%，低于全国平均水平 2.2 个百分点，如图 1、图 2 所示。

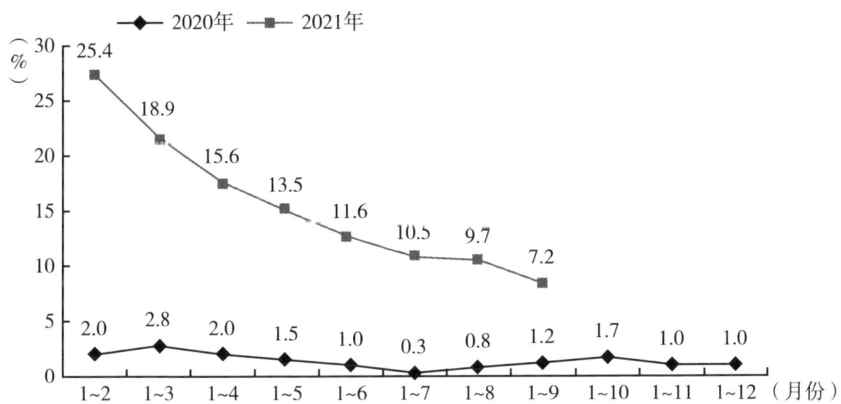

图 1　2020～2021 年陕西规模以上工业增加值累计值增长情况

① 通常用几何平均方法计算平均增长速度。

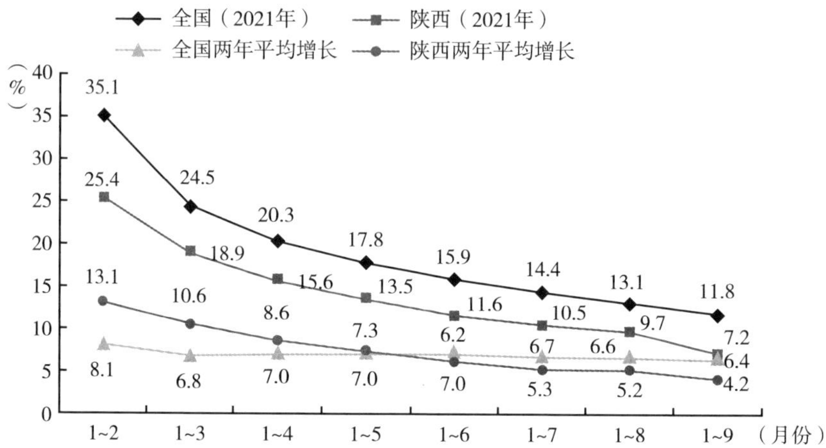

图2　2021年1~9月陕西和全国规模以上工业增加值累计增长情况及其两年平均增长情况

（二）朝阳产业产品产量增势迅猛

2021年，全省朝阳产业产品产量增势迅猛，带动非能工业增势企稳，1~9月，太阳能电池产量增长2.7倍，带动电气机械和器材制造业增长33.1%，两年平均增长20.7%；电子元件产量增长5.4倍，带动计算机、通信和其他电子设备制造业增长18.4%，两年平均增长29.2%；新能源汽车产量增长2.6倍，在受重型柴油车“国五切国六”影响的前提下，带动汽车制造业增长6.1%，两年平均增长5.5%；整体带动非能工业完成工业增加值同比增长8.6%，增速较上半年放缓2.7个百分点，较第一季度放缓6.2个百分点。整体来看，非能工业增速增势明显好于能源工业，2021年1~9月非能工业同比增速比能源工业增速快3.0个百分点；能源工业下行压力巨大，完成工业增加值同比增长5.6%（见表1），较上半年回落6.3个百分点，较第一季度回落17.4个百分点。

表1　2021年1~9月陕西规模以上能源工业和非能工业增加值累计增长情况

单位：%

工业分类	2021年1~9月同比增速	两年平均增速
规模以上工业增加值	7.2	4.2
其中:能源工业增加值	5.6	4.9
非能工业增加值	8.6	3.4
其中:电气机械和器材制造业增加值	33.1	20.7
计算机、通信和其他电子设备制造业增加值	18.4	29.2
汽车制造业增加值	6.1	5.5

（三）工业投资结构改善

2021年1~9月，全省工业投资稳定恢复，同比增长2.4%，高于全省投资增速5.5个百分点，低于全国工业投资增速9.8个百分点，两年平均增长3.2%，高于全省投资两年平均增速2.9个百分点。全省工业投资结构明显改善，工业投资稳定增长。结构明显改善主要表现在两个方面。一是创新引领，实现高技术制造业、工业技改投资双高增长。2021年1~9月，高技术制造业投资占工业投资的比重为18%；全省高技术制造业投资同比增长9.8%，两年平均增长20.1%，拉动工业投资增长1.6个百分点，其中70%以上资金投向电子通信设备制造业，带动新一代电子信息产业迅猛发展；全省工业技改投资2021年以来保持两位数的快速增长，1~9月为23.3%，两年平均增长33.1%。二是高耗能工业投资降幅扩大，非能源工业投资支撑有力。2021年1~8月，全省六大高耗能工业投资同比下降7.2%，降幅较1~8月扩大5.2个百分点，七成以上工业投资投向非能源工业，1~9月非能源工业投资同比增长1.1%，拉动工业投资增长0.8个百分点，是支撑工业投资增长的主要动力。

（四）工业企业效益表现亮眼

2021年1~8月，全省加快工业全产业链的发展，工业企业利润快速增长、效益显著提升，全省规模以上工业企业实现利润总额 2099.8 亿元，同比增长 98.2%，位居全国第 10，增速高于全国 48.7 个百分点，两年平均增长 24.8%，两年平均增速高于全国 5.3 个百分点。经营状况持续改善是工业企业利润快速增长的主要原因。经营状况持续改善主要表现在以下三个方面。一是资金使用效率提升，资产负债率明显下降，营业收入利润率大幅提升。2021 年 1 ~8 月，陕西规模以上工业企业资产负债率为 54.4%，同比下降 1.6 个百分点；营业收入利润率为 11.56%，同比提高 4.11 个百分点；资产负债率、营业收入利润率与全国平均水平相比，分别低于 2.0 个百分点和高于 4.55 个百分点。二是单位费用下降。2021 年 1 ~8 月，全省规模以上工业企业成本与费用（百元主营业务收入）合计为 85.35 元，同比下降 4.4 元，低于全国 6.73 元。三是企业亏损面缩小，2021 年 1 ~8 月，全省规模以上工业企业亏损 1484 家，占全部规模以上工业企业的 20.7%，较 1 ~7 月亏损面缩小 0.6 个百分点。营业收入规模提升也是工业企业利润快速增长的另一个重要因素，2021 年 1 ~8 月，全省规模以上工业企业实现营业收入 18169.7 亿元，同比增长 27.9%，增速高于全国 4.0 个百分点。

表 2　2021 年 1 ~8 月陕西与全国工业效益情况

对比状况	细分指标	绝对值/同比增速	陕西	全国
效益情况	营业收入	1 ~8 月(亿元)	18169.7	800000.0
		同比增长(%)	27.9	23.9
	利润	1 ~8 月(亿元)	2099.8	56051.4
		同比增长(%)	98.2	49.5
		两年平均增长(%)	24.8	19.5
经营状况	主营业务收入利润率	1 ~8 月(%)	11.56	7.01
		同比增减(百分点)	4.11	1.20
	资产负债率	1 ~8 月(%)	54.4	56.4
		同比增减(百分点)	-1.6	-0.4
	百元主营业务收入中成本费用合计	1 ~8 月(元)	85.35	92.08
		同比增减(元)	-4.40	-1.22

（五）大部分市（区）增速明显回升

2021 年 1 ~9 月，陕西 11 个市（区）规模以上工业增加值除杨凌示范区外全部实现正增长，尤其是 2020 年受疫情影响出现明显下滑的商洛市，增速大幅回升，2021 年 1 ~9 月商洛市同比增速为 13.7%，增速在 11 个市（区）排名第 1，增速回升 36.9 个百分点；2020 年增速出现小幅下滑的渭南市、延安市，增速也明显回升，2021 年 1 ~9 月渭南市、延安市同比增速分别为 13.6%、10.4%，增速在 11 个市（区）分别排名第 2 位、第 3 位，增速分别回升 13.9 个百分点、15.4 个百分点；咸阳市、榆林市、铜川市上年增速为正，受疫情影响增速很小，但增速也小幅回升，2021 年 1 ~9 月咸阳市、榆林市同比增速分别为 8.9%、7.4%，增速在 11 个市（区）分别排名第 4 位、第 5 位，增速分别回升 8.8 个百分点、1.4 个百分点；铜川市、西安市、汉中市、安康市、宝鸡市增速均为正，但低于全省平均水平，依次为 7.0%、6.8%、6.5%、4.0%、3.8%；杨凌示范区同比下降 3.6%，如图 3 所示。

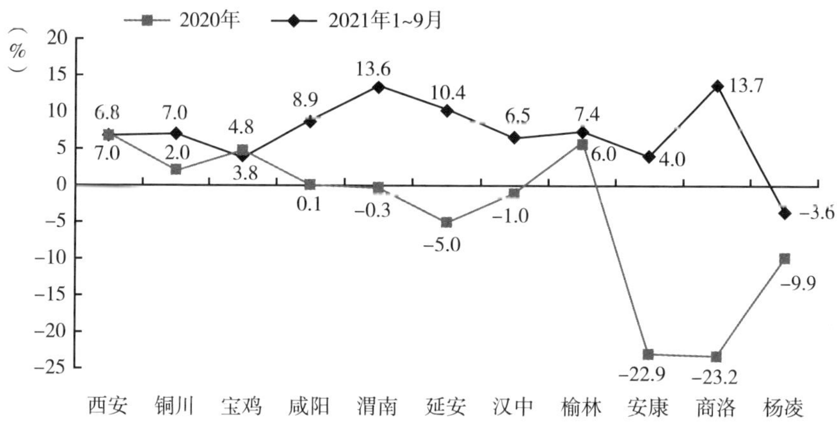

图 3　2020 年和 2021 年 1 ~9 月陕西各市（区）规模以上工业增加值增速比较

二　陕西工业经济运行的影响因素及2022年预测

2021 年，在全球新冠肺炎疫情继续蔓延、经济缓慢复苏、国际大宗商品价格持续走高等多重不利因素的影响下，我国经济持续增长、结构调整优化、发展效益提升、发展动能持续增强，经济稳中有进，2022 年中国经济长期向好的基本面将持续显现。对陕西工业经济运行来说，宏观经济的影响主要体现在新产业新动能持续走强、能源供应稳定恢复、生产领域价格持续上涨等三个方面。此外，陕西自身新一代信息技术产业迅猛发展，形成一定的规模带动效益。

（一）高技术制造业和装备制造业持续走强

全国高技术制造业和装备制造业持续走强。新兴产业发展向好。2021 年前三季度，全国规模以上工业增加值中，高技术制造业同比增长 20.1%，增速位列规上工业行业第 1 位，是平均增速的 1.7 倍；装备制造业同比增长 16.2%，是平均增速的 1.4 倍。在宏观经济趋势和政策的影响下，陕西高技术制造业和装备制造业发展也较快，创新引领带动作用日益凸显。2021 年前三季度，全省规模以上工业增加值中，高技术制造业和装备制造业均好于全部工业平均水平，高技术制造业同比增长 19.2%，是全省平均增速的 2.7 倍，仅低于全国高技术制造业增长率 0.9 个百分点，两年平均增长 18.2%，是全省两年平均增速的 4.3 倍；装备制造业同比增长 14.2%，约为全省平均增速的 2.0 倍，落后于全国高技术制造业增长率 2.0 个百分点，两年平均增长 14.0%，是全省两年平均增速的 3.3 倍。2022 年，随着经济结构调整优化，高技术制造业和装备制造业等新产业新动能将持续走强，对陕西工业的带动作用明显，再加上陕西研发投入强度不断加大，以 2020 年为例，全省规模以上工业企业研发经费支出 268.40 亿元，比 2019 年增长 11.5%，创“十三五”最快增长，其中全省高技术制造业研发投入强度比全省规模以上工业高近 2 个百分点，装备制造业投入强度比全省规模以上工业高 1.2 个百分点，未来将进一步释放潜能，引领带动陕西工业经济发展。

（二）能源供应稳定恢复

2021 年，国际能源价格大幅上涨，煤炭、天然气、原油价格也屡创新高，国内电力和煤炭供应偏紧，在多重因素制约下，部分地区有限电现象出现，从而影响工业生产。为应对能源供应不足的局面，国家迅速出台了一系列市场化改革和保供稳价措施，能源供应逐步恢复。2021 年前三季度，全国规模以上工业原煤、原油、天然气、电力生产均实现增长，同比分别增长 3.7%、2.5%、10.4% 和 10.7%，除了原煤同比增速比上年同期下降 0.1 个百分点，原油、天然气、电力增速较上年同期均加快，增速分别高于上年同期 0.8 个百分点、1.7 个百分点和 9.8 个百分点。陕西作为能源大省，能源稳定供应，继续发挥经济增长稳定器作用，2021 年前三季度，原煤、原油、天然气、电力均实现增长，同比分别增长 3.5%、0.1%、12.1% 和 15.3%，除了原煤、原油增速低于全国平均水平，天然气、电力增速分别高于全国平均水平 1.7 个百分点、4.6 个百分点。2022 年，随着国家相关措施的逐步落地见效，全国能源供应将稳定恢复，对于陕西工业经济的影响将逐步降低，再加上陕西通过煤矿建设和产能核增工作、提高煤炭中长期合同兑现率等多项政策，释放煤炭优质产能增产增供、加强供需调节稳质稳价，通过科学调度、精准管理、加强顶峰发电能力等多渠道，提升电力供应能力，通过加速构建天然气产供储销体系，全力推进天然气增产，未来陕西工业经济运行受能源供应偏紧局面的影响较小，但陕西工业经济的负面影响仍存在。

（三）生产领域价格持续上涨

2021 年以来，受国际大宗商品价格上涨冲击、能源需求旺盛叠加供应持续偏紧、疫情影响上年同期指数偏低等多重因素的影响，国内工业生产者出厂价格指数（Producer Price Index for Industrial Products，以下简称 PPI）持续上涨，前三季度 PPI 上涨 6.7%，涨幅较上半年扩大 1.6 个百分点，较第一季度扩大 4.6 个百分点，特别是 7 月以后，受到煤炭、钢铁、化工等相关行业价格上涨，PPI 同比涨幅大幅上升，9 月单月同比增长 10.7%，推动 1 ~9 月累计值居高不下。陕西作为煤炭大省，高耗能行业生产受限，同时供应压力巨大，PPI 持续大幅走高，2021 年 1 ~8 月 PPI 上涨 11.4%，涨幅较上半年扩大 2.8 个百分点，较第一季度扩大 9.1 个百分点，高于 1 ~8 月全国平均 PPI 5.2 个百分点（见图4），对于陕西部分工业经济影响较大，相关制造业成本提高，利润大幅下降，以汽车制造业为例，1 ~8 月，汽车制造业每百元营业收入中的成本为 92.39 元，同比增加 1.47 元，使利润同比下降 18.4%。2022 年，疫情蔓延风险仍较高，国际海运局面持续紧张，国际大宗商品价格上涨趋势不减，PPI 仍将继续上涨，给陕西工业经济带来不利影响，但随着陕西相关应对措施的加强和产业结构绿色化、新兴产业持续发展，对于陕西工业经济运行的不利因素将有所缓解，工业企业经营效益受影响有限。

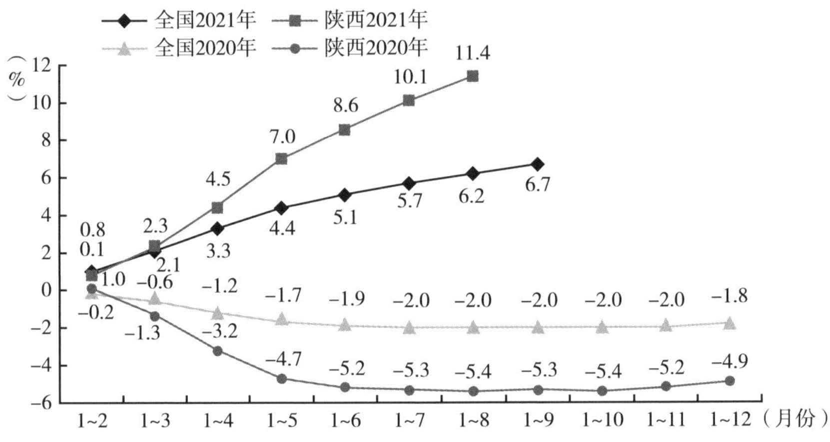

图 4　2020 年和 2021 年 1 ~8 月陕西和全国 PPI 累计增长情况

（四）新一代信息技术产业规模效应凸显

2021 年前三季度，陕西新一代信息技术产业在九大战略性新兴产业中占比仍居首位，新一代信息技术产业规模带动效应凸显。2021 年前三季度，陕西新一代信息技术产业占全部战略性新兴产业增加值的比重为 29.5%，较上年同期增长16.9%，两年平均增长14.4%，其中工业增加值部分（即计算机、通信和其他电子设备制造业战略性新兴产业增加值）较上年同期增长30.1%，增速都远高于全省规模以上工业增加值同比增速，对于陕西工业带动效应凸显。2022年，随着陕西工业“补链、强链、延链”行动推进，2021年9月陕西省与央企签约的85个新一代信息技术产业领域重点产业链项目（一共105个重点产业链项目，新一代信息技术项目数量占比接近81%）逐步落地实施，新一代信息技术产业对陕西工业的规模带动效应将进一步加强，有利于陕西工业经济快速发展。

总的来说，2022年，中国经济长期向好的基本面将持续显现，对陕西工业经济产生的有利影响是：随着经济结构调整优化，高技术制造业和装备制造业等新产业新动能将持续走强并进一步释放潜能，引领带动陕西工业经济发展；此外，陕西自身新一代信息技术产业迅猛发展，形成一定的规模带动效益，有利于陕西工业经济快速发展。但同时面临疫情蔓延风险仍较高，国际海运局面持续紧张，国际大宗商品价格上涨趋势不减等多重不利因素，其负面影响也仍存在：一是尽管随着国家相关措施的逐步落地见效，全国能源供应将稳定恢复，对于陕西工业经济的影响将逐步降低，但能源供应对于陕西工业经济的负面影响仍存在；二是PPI仍将继续上涨，但随着国内和陕西相关应对措施的加强和产业结构绿色化、新兴产业持续发展，陕西工业经济运行受到的负面影响不大。综合来看，2022年，陕西省工业新产业新动能持续走强，能源经济下行压力巨大，生产成本将继续上涨，规模以上工业增速将保持7.5%左右的水平。

三　推动陕西工业稳增长的对策措施

（一）发展数字经济，打造工业互联网生态体系

数字经济作为一种新的经济形态，在疫情防控常态化下，以非接触、形式灵活、辐射范围广等优势，对于中国经济高质量发展的助推作用逐渐显

现。随着陕西新一代信息技术产业规模带动效益凸显，数字经济对于全省工业稳定增长的作用越发突出，打造人才、资本、技术、平台、制度等多要素集成的工业互联网生态体系势在必行。

一是聚焦制造业研发模式、制造模式和服务模式变革，积极培育新产业新业态新模式。着力打造“双创”平台，推进研发设计模式变革；实施智能制造，推进制造模式变革；重点应在工业企业设备上云、共享工厂、“云+人工智能+5G+物联网”产业园、“无人经济”场景应用等方面，推进服务模式变革，培育新产业新业态。

二是夯实网络、大数据、工业云平台和工业软件基础支撑。加快发展自主可控的工业软件及行业系统解决方案，重点实施工业云、工业软件、企业管理能力提升三大支撑工程，鼓励区域级、行业级、企业级工业互联网平台建设，为数字经济与工业经济深度融合提供软件基础支撑。

三是系统构建园区、平台、企业融合的工业互联网生态体系。开展融合创新技术基地（园区）示范，打造机器人、3D打印新兴产业聚集区；开展企业融合发展整体能力示范，建设数字融合示范平台，全面推广应用工业云平台，带动行业产业链协同发展；加快建设西安、延安国家跨境电子商务综合试验区，探索开展数据要素跨境流通、数字贸易等试点，构建工业国际国内双循环格局。

（二）强化科技创新，做强做优新兴支柱产业

创新已经成为陕西的新名片，陕西应以全省创新驱动发展总平台秦创原为抓手，深入挖掘、利用丰富的科教资源，强化科技创新，做优做强高技术制造业、装备制造业、汽车制造业、新一代信息技术等新兴支柱产业。

一是发挥秦创原创新驱动平台作用，促进关中科技创新资源向全省辐射。实施一批跨区域重大科技项目、重大产业项目，引导陕南、陕北高新区在关中建设异地孵化、飞地园区、伙伴园区，形成西安带关中、关中带全省的发展格局。

二是深化“西安研发—异地转化”模式，强化高新区辐射带动作用。

设立关中高新区创新发展基金，深化“托管”和“飞地”机制，支持西安高新区在全省布局建设合作示范园区、创新共同体等创新平台，加强与省内其他高新区产业链创新链分工协作，赋能全省高新区发展。积极推动西安科学城建设，促进科研机构、科学装置、创新平台、科研人员聚集，打造创新策源地，支撑创建西安综合性国家科学中心。

三是优化科技创新产业布局，围绕产业链部署创新链，提升产业链核心竞争力。实施一批重点专项，支持组建一批创新联合体，布局建设一批共性技术研发平台，围绕产业链部署创新链，全面提升产业核心竞争力。

四是推动科技成果多渠道转化。创新“科技＋金融”服务平台，鼓励和支持硬科技企业平台上市，以基金扶持等方式降低科技企业信贷风险，深化科技金融有机融合，促进技术交流转化。以国家知识产权运营试点为依托，通过产业技术创新联盟、“技术市场＋”工程、科技成果转化股权激励机制、“一院一所”模式、开放实验室等方式，建立产学研协同创新长效机制，实现科技人才资源紧密对接，加快技术交流转化。

（三）推动产业融合，加快工业转型升级

在碳达峰、碳中和的政策背景下，能源化工等传统高耗能、高污染、高投入工业企业面临向绿色化、集约化、数字化转型升级，一方面，要加大技改资金扶持力度，从外部激励企业转型升级；另一方面，新能源、新材料、人工智能、信息技术等新兴产业迅猛发展，推动传统产业与新兴产业融合发展，能加快传统产业转型的步伐、降低传统产业升级的难度。产业融合是竞合压力下，提高产业生产率和竞争力的一种发展模式和产业组织形式。

一是引入资本重组、业态重组、结构重组、商业重组等多种模式，支持引导能源化工等传统工业企业和新兴产业企业重组融合，积极培育多产业融合发展的龙头企业。

二是加大对新兴渗透融合技术的支持力度，加速新能源技术、新材料技术、生物技术与信息技术、智能技术的渗透、融合，培育发展新能源无人驾驶汽车、纳米电子、生物芯片、机械仿生等融合产业，打破产业融合发展的

技术壁垒。

三是延伸拓展生产、制造产业链条，积极培育发展研发设计、系统集成、在线科技、智能制造、生态环保等产业，引导传统产业与新兴产业链延伸融合，加快企业智能化、集约化、绿色化转型升级。

四　构建工业经济稳增长的支撑体系

（一）优化资源配置机制

大力推行“亩均论英雄”改革，积极优化资源配置。通过建立评价机制，以“亩均效益”为杠杆，不断强化资源要素市场化配置和正向激励，重点支持效益好、带动强的龙头骨干企业的用地、用电、用水、用气、资金等需求，财政奖补政策也向高效益、带动强的龙头骨干企业倾斜，推动资源要素向高产区、高端产业、优质企业集聚，并通过技改扶持、置换流转、转让出租、并购重组、有序清退等方式，倒逼低端低质低效企业加快转型升级，有效拓展发展空间、提升要素投入产出效率，补齐短板，推动全省工业高质量发展。

（二）强化区域差异化布局

全图谱梳理产业链构成和产业融合载体分布情况，发现陕西新兴产业布局重点不突出、多个开发区定位重复等问题突出，如西安高新区与西安经开区重合度较高的产业有高端装备制造业，新能源产业与经开区汽车产业部分重合，与西咸新区高度重合的产业有人工智能、新能源汽车。陕西省应强化区域差异化布局：应重点支持西安高新区建设国家自主创新示范区和国家硬科技创新示范区，打造电子信息、高端装备、人工智能、生物医药、光子等硬科技产业链群；支持西安经开区发展航空、高端装备制造业；西咸新区重点发展人工智能；宝鸡高新区重点发展钛及钛合金材料、高端装备制造业；安康高新区突出发展生物医药、新材料产业；渭南高新区重点发展以工程机械和印刷机械为主的高端装备制造业；咸阳高新区重点发展电子显示、生物医药及医疗器械产业等。

（三）打造优势产业集群

要加大资源要素供给，聚焦“双链融合、科技自立自强”，加大“卡脖子”技术攻关；要积极引导参与国际市场化、专业化分工，建立行业标准；要强化“链主型”龙头企业的培育，打造优势品牌；最终将高技术制造业、装备制造业、汽车制造业、新一代信息技术等优势产业集群打造成世界级产业集群。

（四）深化工业金融有机融合

一是加大对重点企业的信贷支持，强化优势和资源支撑；二是创新产业链供应链金融产品和服务，降低企业综合融资成本；三是围绕重点产业链，聚焦“链主企业”制定供应链金融专项授信政策，增加中长期信贷支持，提高产业链整体运营效率和运转能力；四是推动各产业链核心企业积极与银行机构、保理公司、第三方供应链平台公司等开展合作，通过金融工具支持供应链上下游中小微企业，推动产业链资金链深度融合，助力陕西省重点产业链做大做强。

参考文献

《2021 年前三季度全省国民经济运行情况》，http：//tjj. shaanxi. gov. cn/tjsj/tjxx/qs/202110/t20211020_ 2194991. html，2021 年 10 月 21 日。

B.4
2021年陕西对外贸易发展形势分析与2022年预测*

刘晓惠**

摘　要： 2021年以来新冠肺炎疫情继续在全球肆虐，世界经济在艰难曲折中复苏，在经济刺激政策下，全球多国经济迎来强劲反弹，大部分国家经济逐渐恢复到疫情前的水平，但同时相关数据显示全球复苏的势头已经逐渐减弱，疫情的反复、大宗商品价格的高位运行、贸易摩擦、供应链的阻塞等因素给全球经济带来不确定性。2021年是我国"十四五"规划的开局之年，国内经济持续稳中向好，但存在不稳固、不均衡现象。陕西要积极落实习近平总书记9月来陕考察重要讲话精神，加快打造内陆改革开放高地，构建双循环发展格局，推动数字贸易发展，促进新兴贸易业态发展，壮大外贸主体队伍，支持民营企业发展，确保外贸外资持续向好，谱写陕西高质量发展新篇章。

关键词： 陕西　对外贸易　新兴贸易业态

一　2021年陕西对外贸易发展形势分析

（一）陕西对外贸易发展总体分析

2021年以来新冠肺炎疫情继续在全球肆虐，世界经济在艰难曲折中复

* 该报告系陕西省2021年"创新能力支撑计划"项目"全面开放格局下陕西对外贸易优化升级的路径与对策研究"（项目编号：2021KRM058）的阶段性成果。本文中未注明来源的数据均来源于国家统计局网站、中华人民共和国海关总署网站、陕西省统计局网站和西安海关网站。

** 刘晓惠，陕西省社会科学院经济研究所助理研究员，研究方向为区域经济。

苏，在经济刺激政策下，全球多国经济迎来强劲反弹，大部分国家经济逐渐恢复到疫情前的水平。2021 年是我国“十四五”规划的开局之年，在国内经济持续稳中向好的基础上，构建以国内大循环为主体、国内国际双循环相互促进的新发展格局，外贸整体发展表现亮眼。陕西积极融入“一带一路”建设，在全力打造内陆改革开放高地、扎实推进稳外贸外资工作下，确保全省外贸外资持续向好发展。1～9 月，陕西外贸进出口总值实现 3503.85 亿元，同比增长 25.44%，高于全国 2.74 个百分点。其中全省出口实现 1857.66 亿元，同比增长 32.39%，高于全国 9.69 个百分点；进口实现 1646.19 亿元，同比增长 18.42%，低于全国 4.18 个百分点。前三季度陕西累计实现贸易顺差为 211.47 亿元，创 2021 年以来最高；外贸进出口依存度为 16.53%，同比提高 1.59 个百分点，高于第一、第二季度。

1～9 月，陕西对共建“一带一路”国家进出口额实现 579.09 亿元，同比增长 26.57%，占同期全省进出口总值的 16.53%，同比提高 0.14 个百分点。其中，出口 404.71 亿元，同比增长 6.17%；进口 174.38 亿元，同比增长 59.79%。

从各月外贸进出口总额来看，5～9 月连续 5 个月全省进出口总额单月超过 400 亿元，其中 8 月最高，为 444.64 亿元；2 月进出口总额最少，为 298.69 亿元。从单月出口额来看，5～9 月连续 5 个月超过 200 亿元，其中 8 月全省出口量最大，为 267.47 亿元，2 月最小，只有 150.53 亿元；从单月进口额来看，5 月全省进口量最多，为 213.43 亿元，2 月最少，为 148.16 亿元；从各月贸易余额来看，除 3 月和 4 月以外，其他各月均实现贸易顺差，其中 8 月贸易顺差 90.29 亿元，为当年最高值，3 月和 4 月全省贸易逆差分别为 10.44 亿元、23.21 亿元，如表 1 所示。

表 1　2021 年 1～9 月陕西外贸月度发展情况

单位：亿元

指标	1 月	2 月	3 月	4 月	5 月	6 月	7 月	8 月	9 月
进出口值	318.03	298.69	363.52	392.51	426.91	431.35	423.18	444.64	405.00
出口值	163.99	150.53	176.54	184.65	213.48	232.84	240.05	267.47	228.11
进口值	154.05	148.16	186.98	207.86	213.43	198.52	183.13	177.18	176.89
贸易余额	9.94	2.37	-10.44	-23.21	0.05	34.32	56.92	90.29	51.22

根据省商务厅的统计，1～9 月陕西新设外商投资企业 234 家，同比增长 20%；合同外资 17.42 亿美元，同比下降 62.1%；实际利用外资 76.77 亿美元，同比增长 6.9%，如图 1 所示。从区域分布看，关中、陕北、陕南地区实际利用外资分别增长 4.49%、－16.82%、62.49%。从行业看，制造业实际利用外资 38.30 亿美元，同比下降 0.88%，占全省的 49.89%；服务业实际利用外资 15.27 亿美元，占全省的 19.89%。

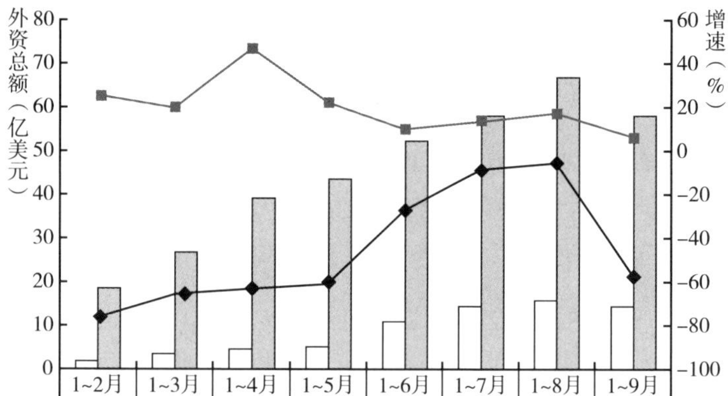

	1~2月	1~3月	1~4月	1~5月	1~6月	1~7月	1~8月	1~9月
合同利用外资总额	2.23	3.78	4.98	5.54	11.08	14.73	16.08	17.42
实际利用外资总额	18.9	27.42	39.52	43.95	52.68	58.55	67.20	76.77
合同利用外资增速	-74.5	-65.3	-63.0	-59.9	-26.7	-8.3	-5.1	-62.1
实际利用外资增速	25.5	20.3	47.3	21.9	10.5	14.8	17.8	6.9

图 1　2021 年 1～9 月陕西吸引外资情况

以高质量建设中欧班列集结中心为引领，中欧班列长安号持续开拓创新，积极融入国内国际双循环的对外开放新格局。2021 年以来上线运行的数字金融综合服务平台，提升了长安号的数字化、金融化水平，帮助解决企业融资难、融资周期长等问题，提高了中欧班列长安号运营效率；9 月海关总署推出的“铁路进出境快速通关”业务模式在西安率先启动，首列快速通关跨关区出口专列顺利发车；开行西安至土耳其、西安至英国伊明赫姆线路常态化线路，开行西安至芬兰、西安至丹麦、西安至巴黎至北非三国线路，首发海铁联运过境进口专列、日韩过境货物测试专列等，长安号不断提速、扩线，立体化物流大通道日趋完善。1～11 月，长安号开行数量 3520

列，开行量、重箱率、货运量继续稳居全国前列。

3 月 31 日，陕西省人民政府关于印发《中国（陕西）自由贸易试验区进一步深化改革开放方案》（陕政发〔2021〕6 号），充分发挥自贸试验区先行先试作用，探索更大范围、更宽领域、更深层次、更高水平的改革创新和对外开放新路径、新模式，将自贸试验区建设成全面改革开放试验田、内陆改革开放高地、“一带一路”经济合作和人文交流重要支点。① 上半年，陕西省自贸试验区新设市场主体 19176 家，同比增长 134.0%，其中新设企业 9999 家，同比增长 69.5%，外资企业 104 家，同比增长 246.7%。② 10 月 18 日，由陕西、江苏、安徽、河南等省 9 个自贸试验片区及霍尔果斯经开区、阿拉山口口岸两个重要口岸共同签署的新亚欧陆海联运通道自由贸易试验区联盟协议，有助于加快推动联盟成员联动发展、协同开放，积极融入新发展格局。

西安咸阳国际机场继续扩展“一带一路”互联互通大通道，进一步织密陕西国际货运航线网络，2021 年以来先后开通了西安—浦东、西安—东京、西安—新西伯利亚、西安 叶卡捷琳堡、莫斯科—西安—阿拉木图等 5 条全货运航线，累计开通货运航线 38 条，其中国际货运航线 19 条。1～8 月，西安咸阳国际机场航空货邮吞吐量 27.8 万吨，同比增长 27.2%，累计货量排名全国第九，累计增速位列全国十大机场第一。③

（二）陕西外贸发展的特点分析

1. 出口表现十分抢眼，外贸整体保持快速增长态势

受疫情影响，2020 年陕西外贸波动较大，2021 年以来陕西外贸进出口总值基本保持快速增长态势，从 5 月开始进出口累计值同比增幅均超过 20%，其中 8 月累计值增幅达到 2021 年以来最高值，为 25.92%，到 9 月略有下降，为 25.44%。出口表现亮眼，自 4 月开始，出口累计值同比增幅超

---

① 《陕西省人民政府关于印发中国（陕西）自由贸易试验区进一步深化改革开放方案的通知》，陕西省人民政府网站，2021 年 4 月 20 日。

② 《2021 年上半年陕西省商务运行情况》，陕西省商务厅网站，2021 年 7 月 30 日。

③ 《莫斯科 – 西安 – 阿拉木图国际第五航权全货运航线开通》，西安新闻网，2021 年 9 月 30 日。

过20%，尤其是进入7月以来，出口累计值增幅已经连续3个月保持在30%以上，在8月达到2021年以来最高值33.30%。进口累计值增幅在开年之初1~2月有一个短暂的下降后，在6月增幅达到2021年最高值21.00%，随后略有下降，如图2所示。

2. 一般贸易、保税物流高速增长，加工贸易占比下降

从贸易方式来看，一般贸易、保税物流大幅增长，加工贸易比重有所下降。2021年前三季度，陕西一般贸易进出口额963.08亿元，同比增长36.83%，占同期全省进出口总值的27.49%，提高2.36个百分点。保税物流进出口额462.89亿元，同比增长53.11%，其中出口298.98亿元，同比增长69.01%；进口163.91亿元，同比增长30.70%。加工贸易进出口额1832.08亿元，同比增长14.34%，占同期全省进出口总值的52.29%，下降5.13个百分点，其中出口1039.97亿元，同比增长23.64%；进口792.10亿元，同比增长4.06%，如表2所示。

表2 2021年1~9月主要贸易方式对外贸易情况

单位：亿元，%

指标	进出口		出口		进口	
	总值	同比增长	总值	同比增长	总值	同比增长
全省	3503.85	25.44	1857.66	32.39	1646.19	18.42
一般贸易	963.08	36.83	514.27	35.66	448.81	38.20
加工贸易	1832.08	14.34	1039.97	23.64	792.10	4.06
来料加工贸易	1167.32	16.34	659.96	27.17	507.36	4.74
进料加工贸易	664.75	10.99	380.01	17.95	284.74	2.88
保税物流	462.89	53.11	298.98	69.01	163.91	30.70
海关特殊监管区域进口设备	228.54	31.34	0	—	228.54	31.34

3. 民营企业、国有企业进出口额大幅增长，外商投资企业占比下降

从贸易企业类型来看，民营企业、国有企业贸易进出口额增速高于全省水平，所占比重上升；外商投资企业进出口仍占主导地位，但比重有所下降。前三季度，陕西外商投资企业进出口额2119.44亿元，同比增长15.87%，占同期全省进出口总值的60.49%，下降5.06个百分点。民营企业进出口额1110.49亿元，同比增长46.86%，占同期全省进出口总值的

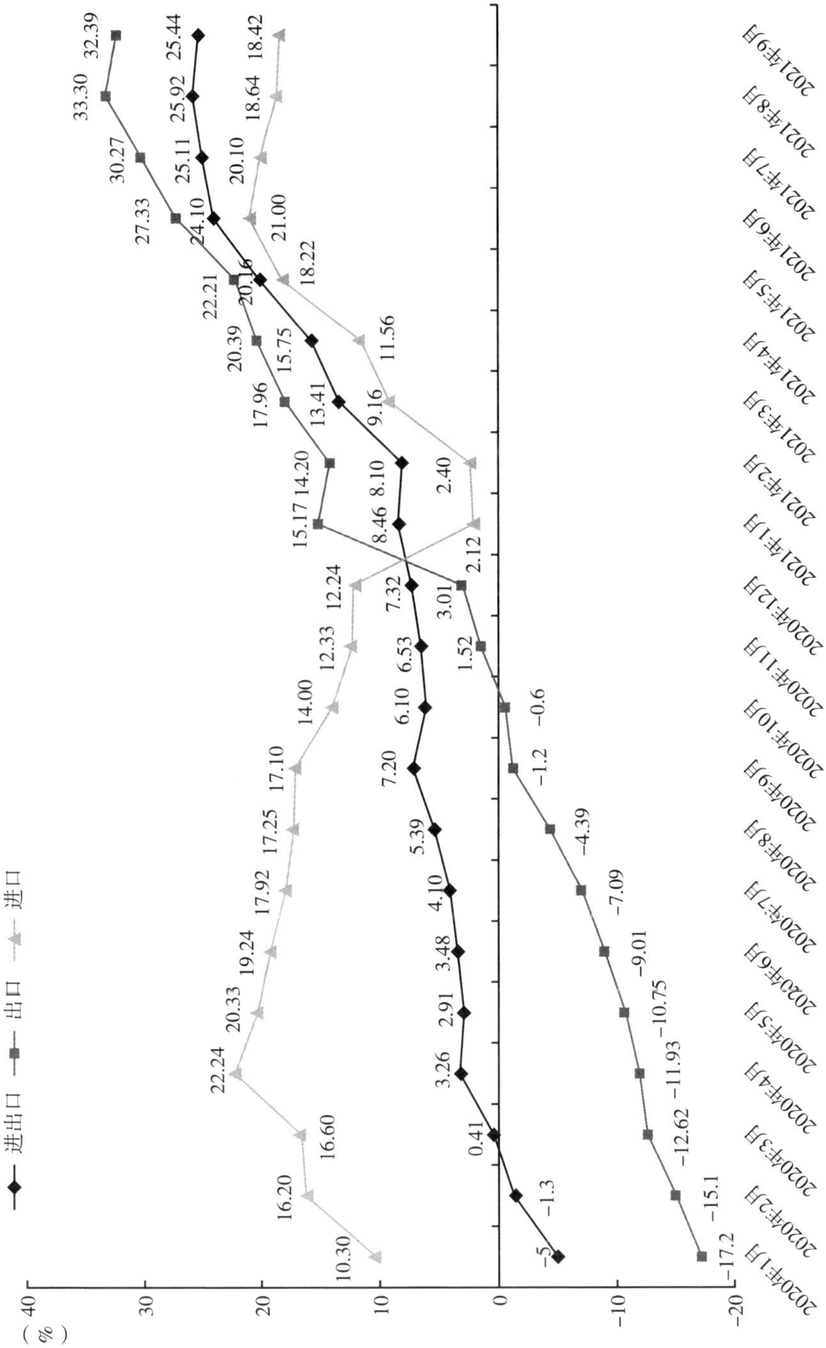

图 2　2020 年和 2021 年 1～9 月陕西对外贸易累计值同比增速比较

31.69%，提高4.76个百分点。国有企业进出口额267.23亿元，同比增长31.68%，占同期全省进出口总值的7.63%，提高0.4个百分点，如表3所示。

表3　2021年1~9月不同类型企业对外贸易情况

单位：亿元，%

指标	进出口		出口		进口	
	总值	同比增长	总值	同比增长	总值	同比增长
全省	3503.85	25.44	1857.66	32.39	1646.19	18.42
国有企业	267.23	31.68	113.59	11.77	153.63	51.65
外商投资企业	2119.44	15.87	1049.99	24.47	1069.44	8.51
民营企业	1110.49	46.86	693.35	51.73	417.14	39.42
其他企业	6.69	31.13	0.73	-28.62	5.97	45.99

4.对中国香港、美国、日本贸易高速增长，对韩国、中国台湾地区贸易比重减小

从主要贸易对象来看，中国陕西对中国香港、美国、日本贸易以高于全省平均水平的增速增长；韩国、日本仍然是陕西最大的贸易伙伴，但所占比重有所减小。前三季度，中国陕西对中国香港的进出口额为295.43亿元，同比增长54.56%；对美国的进出口额为290.10亿元，同比增长41.44%；对日本的进出口额为237.54亿元，同比增长39.04%，均高于全省平均水平。中国陕西对韩国的进出口额为742.56亿元，同比仅增长9.41%，占同期全省进出口总值的21.19%，比重下降3.13个百分点。中国陕西对中国台湾的进出口额为612.86亿元，同比增长12.88%，占同期全省进出口总值的17.49%，比重下降1.96个百分点，如表4所示。

表4　2021年1~9月中国陕西与主要贸易对象的贸易情况

单位：亿元，%

指标	进出口		出口		进口	
	总值	同比增长	总值	同比增长	总值	同比增长
中国陕西	3503.85	25.44	1857.66	32.39	1646.19	18.42
中国台湾	612.86	12.88	182.72	44.31	430.14	3.32
韩国	742.56	9.41	390.86	15.97	351.71	2.95

续表

指标	进出口		出口		进口	
	总值	同比增长	总值	同比增长	总值	同比增长
美国	290.10	41.44	142.72	37.63	147.39	45.33
中国香港	295.43	54.56	295.11	54.56	0.32	51.36
日本	237.54	39.04	37.50	24.35	200.04	42.19

5. 西安占比进一步扩大，铜川、榆林、汉中、咸阳、商洛、西安进出口额同比增速均高于全省平均水平

从各市贸易情况来看，西安外贸占比进一步扩大，6市进出口增速高于全省水平。前三季度，西安进出口额实现3248.35亿元，占同期全省进出口总值的92.71%，比重提升0.47个百分点。从增速来看，铜川、榆林、汉中、咸阳、商洛、西安进出口额同比增速均高于全省平均水平，分别为137.45%、111.95%、64.48%、49.42%、45.55%、26.11%；宝鸡进出口增速低于全省平均水平，为1.29%；杨凌、渭南、安康、延安进出口呈下降态势，同比分别减少6.30%、7.74%、45.34%、96.91%，如表5所示。

表5　2021年1~9月陕西各市（区）的贸易情况

单位：亿元，%

区域	进出口		出口		进口	
	总值	同比增长	总值	同比增长	总值	同比增长
陕西省	3503.85	25.44	1857.66	32.39	1646.19	18.42
西安市	3248.35	26.11	1712.98	32.61	1535.37	19.57
铜川市	9.85	137.45	0.22	-89.73	9.63	389.61
宝鸡市	61.51	1.29	29.92	5.70	31.58	-2.55
咸阳市	117.39	49.42	69.37	82.79	48.02	18.24
杨凌示范区	6.82	-6.30	5.34	12.04	1.48	-41.01
渭南市	11.09	-7.74	9.88	-0.32	1.20	-42.82
汉中市	18.04	64.48	13.56	59.17	4.48	82.96
安康市	3.90	-45.34	3.73	-45.61	0.17	-38.60
商洛市	17.85	45.55	6.67	-44.57	11.19	4553.50
延安市	0.76	-96.91	0.71	90.11	0.05	-99.81
榆林市	15.12	111.95	10.61	100.19	4.51	145.98

6. 机电产品出口增幅明显，农产品、纺织品出口呈下降态势

2021 年前三季度，陕西机电产品出口 1684.50 亿元，同比增长 35.67%，占全省出口总值的 90.68%。其中，集成电路出口 801.76 亿元，同比增长 31.84%；自动数据处理设备及其零部件 343.89 亿元，同比增长 15.42%；太阳能电池 180.15 亿元，同比增长 88.39%；汽车（含底盘）36.52 亿元，同比增长 89.29%；液晶显示板 31.89 亿元，同比增长 83.85%。此外，农产品出口 23.47 亿元，同比下降 20.73%；纺织纱线及制品 18.16 亿元，同比下降 16.78%；基本有机化学品 15.01 亿元，同比增长 6.33%；医药材及药品 7.42 亿元，同比增长 22.62%。

二　陕西对外贸易发展的环境分析

（一）国际环境

在新冠肺炎疫情冲击下，2020 年全球经济低迷。根据联合国公布的数据，2020 年全球经济萎缩 4.3%，几乎所有的经济体都受到新冠肺炎疫情的波及。进入 2021 年，新冠肺炎疫情仍在全球肆虐，世界经济在艰难曲折中复苏，为了刺激经济发展，大部分国家实行了宽松的财政和货币政策，疫情防控措施持续放松和解除，多国经济迎来强劲反弹，大部分国家经济逐渐恢复到疫情前的水平，疫情对主要发达国家经济活动的影响正在消退，但同时受抑制需求释放和大宗商品价格回升的影响，消费价格迅速上升，多国或地区出现了通货膨胀。

1. 美国

疫情以来美国使用加印美元，大幅发行美元和国债、降低利率到零等积极财政政策和货币政策刺激本国经济，减小疫情对经济的冲击。根据美国商务部发布的 GDP 统计报告：2021 年上半年，美国 GDP 为 11.07 万亿美元，同比增长 6.0%（见表 6），其中第二季度美国经济同比增长 12.5%，环比年化上涨 6.5%，环比年化增速比市场预期低 2 个百分点，原因在于美国国

内的通货膨胀非常严重，劳动力紧缺、劳动参与率增长太过缓慢等。9月消费者价格指数（CPI）同比增长5.4%，5个月连续超过5%，是13年来最高水平，涨幅超过市场预期，这主要归功于食品、汽油和租金的上涨。8月失业率环比下降0.2个百分点至5.2%，但非农业部门新增就业人数仅为23.5万，远不及预期。纽约联邦储备银行9月16日公布9月美国服务业活动指数下滑13点至14.4点，表明服务业增长放缓。

2. 欧元区

2020年欧盟推出总规模逾1.8万亿欧元的一揽子经济复苏计划，这是迄今为止欧盟最大的经济刺激方案，此次经济复苏计划重点关注绿色经济和数字化，这有助于加强欧元区经济可持续发展。2021年第二季度季调后GDP年率为13.7%，创纪录新高。其中，主要经济体中意大利和西班牙第二季度经济反弹最为强劲；法国第二季度GDP表现大幅好于预期。8月消费者价格指数同比上涨3%，涨幅较7月的2.2%继续扩大，为2011年11月以来最大涨幅。7月贸易顺差收窄至207亿欧元，其中出口增长11.4%。9月服务业PMI下降2.7至56.3，说明该区域经济活动增长大幅放缓，企业投入品成本迅速增长至21年来最高水平。

3. 英国

疫情以来，英国政府提出了投资总估值超过400亿英镑的基础设施建设、设立新的自由港、设立首个基础设施银行为绿色产业融资等举措刺激本国经济恢复。2021年上半年GDP实现1.52万亿美元，实际增长6.2%。其中第二季度GDP增长5.5%，高于最初预计的4.8%，主要归功于居民和政府消费的增长，第二季度居民家庭消费支出环比增长了7.3%，反映了新冠肺炎疫情限制措施放松后，被压抑的需求得到了报复性的增长；在教育和健康增长的推动下，政府消费支出环比增速也达到6.1%。7月贸易逆差扩大至31亿英镑，是自2020年12月以来最大的贸易逆差，其中进口增长1.1%，达到518.3亿英镑，为2021年以来的最高点。

4. 德国

依靠积极财政和货币政策，2021年上半年德国GDP实现20571.40亿美元，实际增长 2.7%，其中第二季度末季调 GDP 年率初值录得 9.6%，季调后季率为 1.5%；9 月 PMI 综合产出指数为 55.3，低于 8 月的 60.0，为七个月以来最低值，服务业和制造业 PMI 分别为 56.0 和 58.5。9 月消费者物价指数上涨 4.1%，近几个月不断提升。德国经济研究所预计 2021 年德国 GDP 增长调整至 2.1%，此前预期为 3.2%。

5. 日本

2021 年上半年日本 GDP 实现 2.51 万亿美元，实际增长 2.9%，第二季度增速才由负转正。8 月 CPI 同比缩减 0.3%，去除生鲜食品后的核心 CPI 下降了 0.2%，数据显示，2021 年各月 CPI 基本都是呈同比缩减。7 月日本央行下调 2021 财年 GDP 预测，为 3.8%，此前为 4.0%。

6. 金砖国家

2021 年 9 月 9 日金砖国家领导人第十三次会晤，习近平主席以视频方式出席并发表重要讲话，就推动金砖合作提出中国倡议、宣布务实举措，为金砖合作注入新动力，为促进全球经济复苏带来强大信心。[①] 在此前召开的第十一次经贸部长会议上金砖国家间达成《金砖国家多边贸易体制合作声明》《电子商务消费者保护框架》《〈金砖国家经济伙伴战略 2025〉贸易投资领域实施路线图》等成果文件，深化金砖国家之间的电子商务、服务贸易、知识产权、数字、绿色等领域务实合作。印度 2021 年上半年 GDP 为 1.47 万亿美元，其中，第一季度 GDP 同比增速为 1.6%，第二季度 GDP 同比增速高达 20.1%，创下自 1995 年以来单季度经济增速新高，低基期是同比大幅增长的主要原因，2020 年同期，印度处于全国封锁的状态，经济活动全面停摆。俄罗斯 2021 年上半年 GDP 为 7752.6 亿美元，实际同比增长 4.8%，7 月俄罗斯贸易顺差 232 亿美元，出口额较上年同期猛增 100.7%，达到 494.9 亿美元，为历史第二高水平。巴西 2021 年上半年 GDP 为 7782.1 亿美元，实际同比增长 6.4%。南非 2021 年第二季度 GDP 增长 1.2%，超出预期，经济连续第四个季度实现正增长。

---

① 《让金砖合作绽放更加闪亮光芒——习近平主席出席金砖国家领导人第十三次会晤解读》，光明网，2021 年 9 月 10 日。

表 6　2021 年上半年部分国家/地区生产总值和增速比较

单位：亿美元，%

国家/地区	GDP	实际增速	2 年平均实际增速
美国	110718.9	6.0	0.7
中国	82228.5	12.7	5.3
日本	25112.0	2.9	-1.7
德国	20571.4	2.7	-1.9
英国	15205.9	6.2	-3.1
印度	14726.9	9.3	-1.1
法国	14600.3	9.8	-1.8
意大利	10290.3	8.9	-2.2
加拿大	9443.0	5.3	-0.4
韩国	8861.7	4.0	1.6
澳大利亚	8141.1	5.4	1.3
巴西	7782.1	6.4	0.2
俄罗斯	7752.6	4.8	0.6
西班牙	7069.6	6.7	-3.6
墨西哥	6301.1	6.9	-1.9
印度尼西亚	5697.2	3.1	0.9
荷兰	5018.2	3.5	-0.7
瑞士	3960.9	3.4	0.0
沙特阿拉伯	3843.9	-0.7	-2.3
土耳其	3770.2	14.7	4.1

资料来源：《世界经济体 2021 年上半年前 20 强 GDP 全部出炉，排名变动较大》，2021 年 9 月 15 日。

从全球贸易发展形势来看，2021 年 10 月 4 日世界贸易组织（WTO）发布的《贸易统计及展望》指出上半年全球经济活动进一步复苏，商品贸易超过新冠肺炎疫情暴发前的峰值，因此上调了对 2021 年和 2022 年全球贸易的预测，2021 年全球商品贸易量将增长 10.8%，高于该组织 2021 年 3 月预测的 8.0%，2022 年将增长 4.7%，但在全球贸易总体强劲增长的背景下，各国之间存在显著差异，一些发展中地区远低于全球平均水平，并预测随着全球商品贸易接近疫情前的长期趋势，贸易增长应会放缓，半导体短缺和港口积压等供应侧问题，可能会给供应链带来压力，并对特定地区的贸易造成压力，但不太可能对全球贸易总量产生重大影响。[①]

（二）国内环境

2021 年全球疫情仍未得到有效控制，世界经济复苏不稳定、不平衡，国际产业链供应链布局深刻调整，中国外贸发展面临的外部环境仍然错综复杂。我国在国内经济稳中向好的基础上，构建以国内大循环为主体、国内国际双循环相互促进的新发展格局，多措并举稳外贸稳外资，加快发展外贸新业态新模式，外贸发展开局良好，增长势头亮眼。[②] 2021 年前三季度，我国外贸进出口总值实现 28.33 万亿元人民币，比 2020 年同期增长 22.7%；外贸进出口依存度为 34.42%，比 2020 年同期增长 2.44 个百分点，比 2019 年同期提高 1.59 个百分点。其中，出口 15.55 万亿元，同比增长 22.7%；进口 12.78 万亿元，同比增长 22.6%；贸易顺差 2.77 万亿元，同比扩大 19.91%。全国外贸发展呈现以下特点。

一是进出口增速呈逐月回落趋势。从图 3 可以看出，我国外贸进出口、出口的增速都呈现逐月回落态势，增速最高出现在 2 月，与 2020 年同期基数较低有一定关系；进口增速呈“Λ”变化，在 5 月、6 月增速最高。

二是一般贸易比重持续上升。前三季度，我国一般贸易进出口实现 17.51 万亿元，同比增长 25.6%，占我国进出口总值的 61.8%，同比增加 1.6 个百分点。其中，出口增长 25.5%，进口增长 25.7%，贸易方式结构持续优化。

三是与主要贸易伙伴贸易额保持快速增长。前三季度，我国对东盟、欧盟、美国、日本、韩国进出口分别为 4.08 万亿元、3.88 万亿元、3.52 万亿元、

① 世界贸易组织：《贸易统计及展望》，2021 年 10 月 4 日。

② 《中国对外贸易形势报告》，中国商务部，2021。

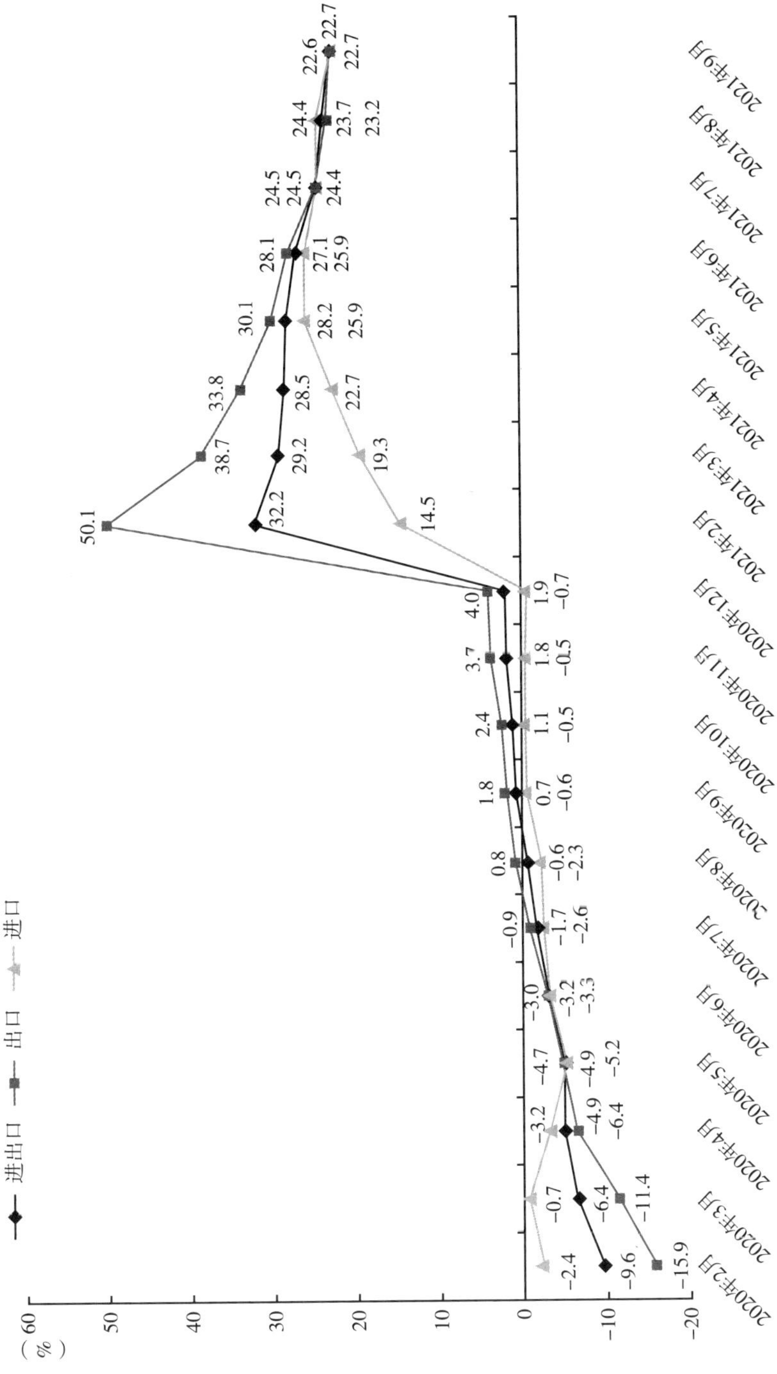

图3 2021年2~9月和2020年全国对外贸易累计值（人民币）同比增速比较

1.78 万亿元、1.70 万亿元，同比分别增长 21.1%、20.5%、24.9%、11.2%、17.3%，对五个国家或地区外贸合计占我国进出口总值的52.8%。

四是与共建“一带一路”国家贸易快速增长。前三季度，我国对共建“一带一路”国家进出口总值为8.32 万亿元，同比增长 23.4%，高于全国外贸进出口增速 0.7 个百分点，占全国进出口总值的 29.37%，同比提高 0.17 个百分点。

五是民营企业占比进一步加大。前三季度，民营企业进出口实现 13.65 万亿元，同比增长 28.5%，占我国进出口总值的 48.2%，同比上升 2.1 个百分点。[①]

面对错综复杂的外部环境，为了稳外贸稳外资，加快构建双循环新发展格局，2021 年我国实施的部分政策和措施如下。①4 月 20 日《国务院关于同意在天津、上海、海南、重庆开展服务业扩大开放综合试点的批复》（国函〔2021〕37 号）发布，同意四省市进一步推进服务业改革开放，大胆实践，开展差异化探索，在加快发展现代产业体系、建设更高水平开放型经济新体制等方面取得更多可复制可推广的经验，为全国服务业的开放发展、创新发展发挥示范带动作用。②7 月 9 日《国务院办公厅关于加快发展外贸新业态新模式的意见》（国办发〔2021〕24 号）发布，从五个方面部署 20 项重点工作，深化外贸领域“放管服”改革，推动外贸领域制度创新、管理创新、服务创新、业态创新、模式创新，拓展外贸发展空间，提升外贸运行效率，保障产业链供应链畅通运转，推动高质量发展。③9 月 3 日《国务院印发关于推进自由贸易试验区贸易投资便利化改革创新若干措施的通知》（国发〔2021〕12 号）发布，从提升贸易便利度、投资便利度、国际物流便利度、金融服务实体经济便利度，探索司法对贸易投资便利的保障功能五个方面出发提出 19 项措施，推进自贸试验区贸易投资便利化改革创新。④9 月 16 日，我国正式提出申请加入《全面与进步跨太平洋伙伴关系协定》，

① 《海关总署 2021 年前三季度进出口情况新闻发布会》，中华人民共和国海关总署网站，2021 年 10 月 13 日。

该协定是迄今为止最高水平的经贸自由机制。我国的加入意味着将在更多领域加大改革开放和执行力度，有利于我国进行产业链转型，减少贸易纠纷，建设更高水平开放型经济新体制，并促进与各成员国的经济贸易往来，为我国带来更多的发展机会。

三　2022年陕西省外贸形势预判

2021 年 10 月国际货币基金组织（IMF）发布最新一期《世界经济展望》认为，受疫情影响，2021 年全球经济有望持续复苏但势头放缓，预计全年经济将增长 5.9%，较 7 月预测值下调 0.1 个百分点，并预计 2022 年全球经济将增长 4.9%。其中，《世界经济展望》预测发达经济体经济 2021 年将增长 5.2%，2022 年将增长 4.5%；新兴市场和发展中经济体经济 2021 年将增长 6.4%，2022 年将增长 5.1%。美国经济 2021 年将增长 6.0%，2022 年将增长 5.2%；欧元区经济 2021 年将增长 5.0%，2022 年将增长 4.3%；日本经济 2021 年将增长 2.4%，2022 年将增长 3.2%；中国经济 2021 年将增长 8.0%，2022 年将增长 5.6%；印度经济 2021 年将增长 9.5%，2022 年将增长 8.5%（见表 7）。国际货币基金组织首席经济学家戈皮纳特（Gita Gopinath）表示："全球复苏仍在继续，但受疫情影响，复苏势头已经减弱。受疫苗获取能力及政策支持力度差异等因素影响，各经济体经济前景出现分化，这是全球经济复苏面临的主要问题。供需失衡带来的通胀压力也将加剧经济复苏风险、加大政策应对难度。"①

另外，经济合作与发展组织在 2021 年 9 月发布的《全球经济展望》报告中预测中国经济在 2021 年与 2022 年的增长率将分别达到 8.5% 和 5.8%，与经济合作与发展组织 5 月公布的增长预期持平，高于国际货币基金组织的预测。

① 国际货币基金组织：《世界经济展望》，2021 年 10 月。

表 7　国际货币基金组织对主要经济体增速预测比较

单位：%

国家/地区	2020 年增速	2021 年增速预测	2022 年增速预测
世界产出	-3.1	5.9	4.9
发达经济体	-4.5	5.2	4.5
美国	-3.4	6.0	5.2
欧元区	-6.3	5.0	4.3
德国	-4.6	3.1	4.6
法国	-8.0	6.3	3.9
日本	-4.6	2.4	3.2
英国	-9.8	6.8	5.0
加拿大	-5.3	5.7	4.9
新兴市场和发展中经济体	-2.1	6.4	5.1
中国	2.3	8.0	5.6
印度	-7.3	9.5	8.5
俄罗斯	-3.0	4.7	2.9
巴西	-4.1	5.2	1.5
南非	-6.4	5.0	2.2

资料来源：根据 2021 年 10 月《世界经济展望》整理。

从前三季度经济发展各指标来看，当前我国经济发展稳中向好，在加快构建双循环发展格局下，外贸增长势头亮眼。同时，疫情给全球发展带来的影响虽然还未消散，但已经逐渐减弱，国际市场需求正在恢复。但疫情的反复、大宗商品价格的高位运行、贸易摩擦、供应链的阻塞等因素也给全球经济带来不确定性。因此，虽然前三季度陕西外贸进出口和出口以高于全国水平的增速发展，但同时面对复杂的外部环境，陕西要继续全面深化改革开放，加快构建内陆改革开放高地，充分发挥自贸试验区先行示范作用，实现更高质量的开放。预计 2022 年陕西外贸继续保持快速增长态势。

四　促进陕西外贸发展的对策建议

2021 年 9 月习近平总书记来陕西考察时强调陕西要解放思想、改革创新、再接再厉，谱写陕西高质量发展新篇章。因此陕西要积极应对复杂的外部环境和疫情带来的危机，全力打造内陆改革开放高地，加快构建双循环发展格局，扎实推进稳外贸外资工作，推动数字贸易发展，促进新兴贸易业态发展，壮大外贸主体队伍，支持民营企业发展，确保外贸外资持续向好发展。

（一）加快推动数字贸易发展

世界经济正在向数字化和信息化转变，随着信息技术快速发展，传统贸易的产业结构、生产方式、运输和交付形式都发生了深刻变化。新冠肺炎疫情的全球蔓延在一定程度上加速了数字化的发展，根据世界贸易组织发布的报告，面对疫情，全球约有 115 个国家推出了新的产业政策，如“工业4.0”和“数字化转型”计划等，鼓励企业开展技术升级、数字化生产和数字创新，数字贸易将是国际贸易发展的新趋势和新引擎。习近平主席在 2021 年中国国际服务贸易交易会全球服务贸易峰会发言中提道：“我们将加强服务领域规则建设，支持北京等地开展国际高水平自由贸易协定规则对接先行先试，打造数字贸易示范区。”① 北京率先于 10 月 14 日印发了《北京市关于促进数字贸易高质量发展的若干措施》，广州等地也纷纷响应。陕西应抓住这一机遇，大力推动数字贸易发展。一是引进和培育数字贸易领域的标杆企业、龙头企业，鼓励企业开发原创精品 IP，提升服务外包价值链地位，促进外包产业链上下游企业供需对接，夯实陕西省数字贸易产业基础，提升数字贸易核心产业竞争力。二是搭建数字贸易综合服务公共平台，为企业提供“走出去”信息共享、政策咨询、政策匹配、项目对接等基础服务，以及专业翻译、法律咨询、数据合规咨询等专业化服务。三是推动数据跨境流动，对陕西省的数据中心进行全面升级改造，在全省布局物联网、工业互联网等信息基础设施，对重点领域的数据进行分级分类，建立和完善重要数据目录、数据出境安全评估等制度。②

---

① 《习近平在 2021 年中国国际服务贸易交易会全球服务贸易峰会上宣布重大举措》，中华人民共和国中央人民政府门户网站，2021 年 9 月 2 日。

② 《北京提出 20 项措施，打造“数字贸易示范区”》，《新京报》2021 年 10 月 14 日。

（二）促进新兴贸易业态发展

2021 年以来，我国跨境电商、市场采购贸易等新兴贸易业态蓬勃发展，贸易方式结构进一步优化。陕西要大力支持跨境电商等新业态有序发展。一是全面落实海关总署关于推广跨境电商出口商品退货监管措施，优化跨境电商零售进口退货措施，建立高效、安全、便捷的退货通道，培育“无忧购、无忧退”，解决出口企业“痛点”问题，实现跨境电商商品出得去、退得回，提升消费者购物体验，支持跨境电商出口企业“卖全球”。二是支持西安海关跨境电商企业对企业（B2B）出口试点建设，为企业提供一次登记、一点对接、允许转关、优先查验、便利退货管理等优惠政策，全程通关无纸化，申报更加便捷，既降低物流成本和人工费用，又提升通关时效。大力支持企业建设海外仓、拓展出口海外仓业务，积极发挥海外仓物流成本低、送达时效高、售后服务好等优势，助力商家出口海外。三是积极争创市场采购贸易方式国家级试点。目前全国市场采购贸易方式试点总数达到 31 家，覆盖东、中、西部 15 个省（区）。陕西要积极推动传统商品市场转型升级，构筑对接国际市场的便利通道，带动更多中小微企业参与对外贸易，有效解决散货“出口难、出口慢、出口贵”问题，激发中小微企业生产潜力。

（三）壮大外贸主体队伍

一是提升外贸企业竞争力。围绕陕西优势产业，培育一批具有较强创新能力和国际竞争力的外贸龙头企业；实施中小外贸企业成长行动，支持境外专利申请、商标注册、产品认证和境外营销网络建设，推动中小外贸企业走“专精特新”国际化道路；鼓励龙头企业搭建资源共享平台，促进中小企业深度融入外贸供应链。二是强化外贸载体建设。健全外贸融资担保、风险补偿机制，加快培育外贸供应链企业，推动新型材料、机电产品等优势外贸产业集群发展，努力形成一批外贸强市。推动县域外贸特色产业集群发展，围绕县域优势产业、主推品种，做强延长外贸产业链，提高附加值，培育一批重点外贸强县。三是优化外贸服务。建立健全外贸服务协调联动机制，探索创新外贸综合服务支持政策和管理模式，加快平台建设，完善咨询、退税、物流、报关、信保、融资等一站式全流程服务。推进园区外贸综合服务中心建设，逐步实现省级以上园区全覆盖。完善海外风险评估和安全预警体系，健全贸易摩擦应对机制。

（四）支持民营企业外贸发展

前三季度，陕西民营企业进出口额1110.49亿元，同比增长46.86%，高于全省外贸平均水平21.42个百分点，占同期全省进出口总值的31.69%，提高4.76个百分点。在陕西外贸发展中，民营企业发挥着越来越重要的作用，所以要积极为民营企业外贸发展营造良好的环境。一是提高通关效率，优化口岸营商环境。推行进出口货物“提前申报”，优化进口“两步申报”通关模式，完善“两段准入”业务改革，进一步简化通关流程，持续压缩进出口货物整体通关时间，降低企业通关成本。二是切实将减税降费措施落实落细。及时发布进出口税收优惠政策，加强政策解读，引导和帮助企业用足用好优惠政策。对疫情影响导致经营困难无法按期缴纳税款的企业，延长缴款期限、减免滞纳金；认真落实加工贸易企业暂免征收缓税利息和内销选择性征税扩大试点政策。三是建立重点外贸企业联系制度。深入企业开展调查研究，进行“一对一”精准对接帮扶。主动深入企业开展调研，切实了解企业需求和困难，在政策允许范围内，尽最大努力为企业提供税款支付、信用管理、通关便利等方面的帮助，实施精准帮扶。

参考文献

中华人民共和国商务部：《中国对外贸易形势报告》，2021。

国际货币基金组织：《世界经济展望》，2021年10月。

《陕西省“一带一路”建设2021年行动计划》，陕西省人民政府，2021。

综 合 篇

Comprehensive Reports

B.5

陕西共同富裕水平的测度研究*

陕西省社会科学院经济研究所课题组**

摘 要： 共同富裕既包含富裕实现的过程，又包含富裕共享的程度，其以经济高质量发展为基础，强调发展的平衡性、协调性、包容性，通过缩小收入、区域、城乡差距，共建共治生态环境，推动公共服务均等化，最终促进全体人民实现物质和精神生活共同富裕。根据共同富裕的内涵，本文从经济高质量发展、缩小差距、公共服务均等化三个维度构建了共同富裕指标评价体系，采用熵值法测度了全国26个省份的共同富裕水平，结合陕西经济发展现状，得出以下结论，陕西共同富裕水平整体呈现不断上升趋势，且上升幅度较大，但仍然存在经济增长缓慢、经济质量效益较低、城

* 本文为陕西省哲学社会科学重大理论与现实问题研究项目（项目编号：2021ZD1033）的阶段性成果。

** 课题组组长：裴成荣，陕西省社会科学院经济研究所所长，二级研究员，研究方向为区域经济。课题组成员：宫汝娜、张馨、顾菁、赖作莲；执笔：宫汝娜，陕西省社会科学院经济研究所助理研究员，研究方向为区域经济、数量经济。

乡区域发展不平衡、居民整体收入水平相对较低、就业矛盾突出、公共设施不完善问题。最后根据陕西共同富裕水平评价结果提出了相应的对策建议。

关键词： 陕西　共同富裕　高质量发展

一　引言

习近平总书记指出："现在，已经到了扎实推动共同富裕的历史阶段。"推动共同富裕是一个全新的时代课题，是社会主义的本质要求，是中国式现代化的重要特征。2020 年 10 月，党的十九届五中全会对全面建成小康社会之后我国全面建设社会主义现代化国家新征程做出重大部署，提出到 2035 年"全体人民共同富裕取得更为明显的实质性进展"的远景目标。2021 年 8 月，中央财经委员会第十次会议提出，要正确处理效率和公平的关系，构建初次分配、再分配、三次分配协调配套的基础性制度安排，扩大中等收入群体比重，促进社会公平正义，坚持以人民为中心的发展思想，促进人的全面发展，在高质量发展中促进共同富裕，使全体人民朝着共同富裕目标迈进。2021 年 10 月，习近平总书记进一步强调分阶段实现共同富裕的目标，到"十四五"末，全体人民共同富裕迈出坚实步伐，居民收入和实际消费水平差距逐步缩小。到 2035 年，全体人民共同富裕取得更为明显的实质性进展，基本公共服务实现均等化。到 21 世纪中叶，全体人民共同富裕基本实现，居民收入和实际消费水平差距缩小到合理区间。习近平总书记强调，要在高质量发展中促进共同富裕，提高发展的平衡性、协调性、包容性。在具体工作中，要完整、准确、全面地把握新发展阶段、贯彻新发展理念、构建新发展格局，以创新发展解决发展动力问题，以协调发展破解发展不平衡问题，以绿色发展解决可持续问题，以开放发展解决"双循环"问题，以共享发展解决获得感问题，用高质量发展闯出共同富裕的新路。

二　共同富裕的理论内涵与测度遵循

充分理解共同富裕理论，全面掌握陕西共同富裕水平的现状，才能针对陕西经济社会发展提出针对性的对策建议，使发展成果普及共享，助推陕西实现高质量发展。基于现有的政策文件和研究成果，厘清新时代共同富裕的内涵，首先要从概念出发，“共同”是指让发展的成果更多公平地惠及全体人民，不断促进人的全面发展。共同不等同于同等、同步，允许实现共同富裕时间和程度的差异，基于历史条件、地理环境、现实基础等不同，区域、城乡、行业之间必然存在实现时间和富裕程度上的差异，而且由于个人的体力、智力、能力之间存在差异，不同社会成员在富裕程度上存在量的差别；“富裕”是指使得经济、社会实现高质量发展，达到总体富裕，其涵盖了经济、政治、文化、生态等多个涉及人民美好生活需求的领域，包含物质富裕和精神富裕。总体来看，共同富裕既包含富裕实现的过程，又包含富裕共享的程度，其以经济高质量发展为基础，强调发展的平衡性、协调性、包容性，通过缩小收入、区域、城乡差距，共建共治生态环境，推动公共服务均等化，最终促进全体人民实现物质和精神生活共同富裕。

基于共同富裕的基本内涵，本文提出共同富裕水平测度指标体系的构建思路应遵循以下思想及统计原则，以建立科学、可靠的指标评价体系，更加准确评价陕西共同富裕水平。

（一）思想遵循

共同富裕的发展性。习近平总书记在党的十九大报告中强调“必须坚定不移把发展作为党执政兴国的第一要务，坚持解放和发展生产力”。不断发展的生产力是共同富裕的基础，新时代的共同富裕最重要的实现标准为社会生产力高度发展，人民物质生活水平得到极大提高，进步缓慢的生产力无法支撑新时代共同富裕的目标，唯有发展才能满足人民日益增长的物质文化需要。新时代的共同富裕不仅是物质生活的丰裕，还要满足人民群众除物质之外的、丰富多样化的需求，包括环境宜居、社会和谐、公共服务等多个维度。区别于过去外延式的经济发展，高质量发展以新发展理念为指导，是囊括创新、协调、绿色、开放、共享的综合性发展，因此，做大社会财富"蛋糕"，实现经济高质量发展，是实现共同富裕的内在要求和先决条件。

共同富裕的共享性。改革开放以来，受国情和政策的影响，一部分地区和人民先富了起来，使国家贫富两极分化，自 2003 年以来，我国基尼系数一直在 0.46 左右，超过国际警戒线 0.4，城乡、区域、贫富差距较大。党的十九大报告指出，我国的社会主要矛盾已经转变为人民日益增长的美好生活需要和不平衡不充分发展之间的矛盾，尽管 2021 年，我国已经取得脱贫攻坚战阶段性胜利，消灭绝对贫困，但是脱贫不是终点，如何建立解决相对贫困的有效机制仍然任重道远。党的十九届五中全会进一步指出，我国发展不平衡不充分问题仍然十分突出，不仅制约经济的持续发展，还使得人群间的财富差距通过代际传递进一步扩大，降低社会阶层流动性。如何共享发展的果实是实现共同富裕的核心问题，必须围绕解决发展不平衡、不充分的问题，持续推动城乡、各地区协同发展，缩小城乡、区域差距，提高中等收入群体比重，进而共建共享富裕，实现全面全民富裕。

（二）统计原则

1. 科学系统性

指标体系设计和具体指标的选取应该科学系统，指标体系的设计应从共同富裕的内涵出发，能全面、综合地反映各省共同富裕的状况和特征，尽可能多地选取可以概括共同富裕各个层面特征的指标，具体指标要选取权威具有意义且能够有效反映评价对象的指标。可以将共同富裕视为一个包含多层子系统的复合系统，其中经济高质量发展、缩小差距、公共服务均等化分别为其子系统，子系统又有若干层次组合而成，设置相应的具体指标进行评价。

2. 数据可得性

共同富裕涉及的层次多，包含的内容广泛，既包括可观测的物化转化，又包括不可量化的无形转化，因此，在选择指标时要考虑指标的可获得性和可比性。根据指标评价体系的特点，在横向比较各省份共同富裕水平时，要选取相对指标而不是总量指标，如人均收入等，主观感受等难以获得数据的指标通过客观指标等将其转化量化，总之，指标的选取要建立在信息数据便于采集、可获得的基础上，尽可能利用现有的统计资料直接获得或者从有关权威部门获得，一些特别的指标可以通过抽样调查等获得，一些难以直接获得的数据可以用其他相关指标的原始数据替代或进行推导。

3. 独立简明性

近年来，国内外在构建评价指标体系时，逐渐由复杂向精简转变。共同富裕评价指标体系涉及多个层面、众多因素，反映各个层面的具体指标繁杂庞大，会降低重要指标的权重，降低评价指标体系的科学性和可靠性。因此，在进行指标体系构建时，要高度精炼有代表性的要素，避免指标过于繁杂、冗长，在避免指标体系因过于简单而遗漏重要信息，在保证指标体系完备性的情况下，尽可能地精炼简化指标，指标之间应该具有逻辑性，保持相对独立，不能重复。

4. 动态性

实现共同富裕既是一个目标又是一个过程，这就要求指标体系应该具有动态性的特点，既要有动态指标又要有静态指标。共同富裕的焦点随着国情省情、人民的需求目标转变而相应转变，因此，在具体指标选择上应该顺应陕西的发展，强调经济发展质量、生态和谐、人民对于美好生活的追求等理念，同时体现陕西发展的特点及未来一段时期内推动共同富裕的方向，当经济实现高质量发展、进入新的阶段之后，共同富裕的重点要相应改变。

三　共同富裕指标体系的构建

（一）指标体系构建及指标说明

习近平总书记关于“扎实推动共同富裕”重要论述中提出：要在高质量发展中推进共同富裕，要提高发展的平衡性、协调性、包容性，扩大中等收入群体规模，促进基本公共服务均等化，规范调节高收入，促进农民农村、人民精神生活共同富裕的总体思路。浙江省提出推进实现共同富裕的具体目标，可以概括为经济高质量发展、收入分配、公共服务、城乡区域协调发展、公共文化、生态文明、社会治理等七大类指标。一些学者初步构建了共同富裕指标体系，如陈丽君等从发展性、共享性、可持续性三大维度来构建共同富裕指标模型，刘培林等提出从总体富裕程度和发展成果共享两个维度构建共同富裕的测度指标体系，但部分指标难以获得，且均未进行具体的测度。

对共同富裕水平进行定量测算，必须将“共同”和“富裕”有机统一，以习近平共同富裕思想为指导，根据共同富裕的内涵，综合以往文献，同时遵循发展性、共享性、科学系统、独立简明、可操作性、动态性等原则，本文拟从经济高质量发展、缩小差距、公共服务均等化三个维度进行指标选取。最终构建的共同富裕水平评价指标体系由经济高质量发展、缩小差距、公共服务均等化 3 个一级指标（子系统），经济活动、创新驱动、质量效益、生态文明、收入差距、区域差距、城乡差距、教育、医疗、就业、社会保障、公共设施、社会治理共 13 个二级指标，人均 GDP、劳动生产率等 29 个三级指标构成，如表 1 所示。

表 1　共同富裕水平评价指标体系

一级指标	二级指标	三级指标	属性
经济高质量发展	经济活力	GDP 增长指数	正向
		人均 GDP	正向
	创新驱动	万人专利授权量	正向
	质量效益	劳动生产率	正向
		地方财政收入	正向
		产业结构高级化	正向
	生态文明	单位 GDP 电耗	逆向
		单位生产总值二氧化硫排放量	逆向
		生活垃圾无害化处理率	正向
		森林覆盖率	正向

续表

一级指标	二级指标	三级指标	属性
缩小差距	收入差距	初次分配中劳动者报酬占比	正向
		城镇人均可支配收入	正向
		农村人均可支配收入	正向
		人均工资收入	正向
	区域差距	地区人均 GDP 差距	逆向
		地区人均可支配收入差距	逆向
	城乡差距	城乡居民人均可支配收入比	逆向
		城乡人均消费比	逆向
		城乡居民财产性收入比	逆向
		城乡医疗差距	逆向
公共服务均等化	教育	人均教育支出	正向
	医疗	单位人口拥有卫生技术人员数	正向
	就业	失业率	逆向
	社会保障	基本养老保险参保比例	正向
	公共设施	单位人口拥有公交数量	正向
		人均公园绿地面积	正向
		人均公共图书馆藏书	正向
	社会治理	每万人拥有社会组织数	正向
		人均公共安全支出	正向

1. 经济高质量发展

共同富裕生产领域密切相关，只有选择适当的发展路径与发展方向，营造良好的发展环境，充分调动社会成员的积极性与创造性，持续增加社会财富，才能从最根本的途径上提高人民群众的生活水平。因此经济高质量发展是实现共同富裕的基础，反映社会的总体富裕程度，根据新发展理念，用经济活力、创新驱动、质量效益、生态文明 4 项二级指标来衡量。经济活力代表在一定时期内经济总供给和总需求的增长速度及潜力，经济规模越大、经济增长速度越快，要素集聚速度和流动速度更快，包含人均 GDP 和 GDP 增长指数 2 项三级指标；创新驱动指经济发展由传统的要素驱动向创新驱动转变，具体指标选取万人专利授权量衡量；质量效益是指基于一定经济成本获得的经济收益，也是对一个地区经济运行是否合理有效的一种测度，从投入产出角度讲，是使得投入最小产出最大，具体指标选取劳动生产率、地方财政收入、产业结构高级化 3 项三级指标，其中产业结构高级化用第三产业产值比重来测算；生态文明体现经济发展的可持续性和协调性，在经济生产过程中以生态环境为约束性条件，加快转变经济发展方式，保证经济发展的同时，节约资源、保护环境，具体指标选取单位 GDP 电耗、单位生产总值二氧化硫排放量、生活垃圾无害化处理率、森林覆盖率共 4 项三级指标，分别衡量资源的利用率、经济生产造成的环境污染程度、居住环境的绿化程度及污染整治程度。

2. 缩小差距

共享富裕是实现共同富裕的关键，收入差距、区域差距、城乡差距是地区发展不平衡、不充分，社会两极分化的重要原因，用收入差距、区域差距、城乡差距 3 项二级指标衡量，反映经济发展成果普惠共享程度及城乡、区域、收入差距程度。收入差距包含初次分配中劳动者报酬占比、城镇人均可支配收入、农村人均可支配收入、人均工资收入 4 项三级指标，用以度量经济发展成果是否惠及人民，使得人民的收入提升；区域差距包含地区人均 GDP 差距、地区人均可支配收入差距 2 项三级指标，反映省内不同地区间的发展、收入差距，2 项区域差距指标均使用各省地级市指标数值的标准差进行测算；城乡发展不平衡是制约经济均衡发展的重要因素，涉及收入等多个层面，城乡差距包含城乡居民人均可支配收入比、城乡人均消费比、城乡居民财产性收入比、城乡医疗差距 4 项三级指标，充分反映城乡间的收入、消费、投入、财富积累差距，其中城乡医疗差距用城乡单位医疗机构比进行测算。

3. 公共服务均等化

基本公共服务均等化是我国政府面向全体公民提供的社会服务，对于提升公众支付能力、促进共同富裕具有至关重要的作用。党的十九大明确提出，到 2035 年要实现基本公共服务均等化。基本公共服务体系建设由第十七届五中全会提出，旨在构建全民均等享有的基本公共服务体系，促进社会公平公正、维护社会和谐稳定、确保人民共享发展成果。公共服务包含范围较广，包括教育、卫生、文化、交通、就业、社会保障、社会服务、社会福利等多项内容，故用教育、医疗、就业、社会保障、公共设施、社会治理共6项二级指标进行衡量。教育用人均教育支出来衡量；医疗用单位人口拥有卫生技术人员数来衡量；就业用失业率来衡量；社会保障是保障群众的基本生活，建立社会保险、社会救助、社会福利相衔接的社会保障体系，用基本养老保险参保比例指标进行衡量；公共设施包含单位人口拥有公交数量、人均公园绿地面积、人均公共图书馆藏书数量3项三级指标，反映交通、文化、绿化等公共设施建设水平；社会治理包含每万人拥有社会组织数、人均公共安全支出2项三级指标，衡量地区社会管理、维护社会和谐安定的能力。

（二）测算方法和数据来源

指标体系确定之后，需要对评价指标进行权重分配，评价指标的权重体现了指标在整体评价中的重要程度，确定评价指标的重要等级，各项指标得分按照权重加权最后反映共同富裕的综合指数。本文采用文献通用的熵值法进行赋权，熵值法是根据各指标值的变异程度来确定指标权数，指标的离散程度越大，所包含的信息量越大，权重越高。鉴于本文采用的是面板数据，采用普通的熵值法难以确定统一的权重，在此基础上采用全局熵值法进行赋权，首先对指标进行标准化处理，然后计算各指标熵值及权重，最后得出共同富裕水平综合指数及二级指标和三级指标的得分及排序，评价步骤如下所示。

（1）若存在 P 个评价指标，n 个评价对象，时间维度为 T 年，则每一年存在截面数据表 X^T，引入全局思想将 T 张截面数据按照时间顺序排序，构成全局熵值评价矩阵：

$$X = (X^1, X^2, \cdots, X^T) \tag{1}$$

（2）采用极值标准差法对数据进行处理，消除量纲影响，为了避免取值为0，将 a 取0.99。

正向指标：

$$x_{ij}^{'} = \frac{x_{ij} - \min x_{ij}}{\max x_{ij} - \min x_{ij}} \times a + (1 - a), 1 \leqslant i \leqslant nT, 1 \leqslant j \leqslant p \tag{2}$$

逆向指标：

$$x_{ij}^{'} = \frac{\max x_{ij} - x_{ij}}{\max x_{ij} - \min x_{ij}} \times a + (1 - a), 1 \leqslant i \leqslant nT, 1 \leqslant j \leqslant p \tag{3}$$

（3）计算第 j 个指标下第 i 个地区在该指标中所占比重

$$f_{ij} = \frac{x_{ij}^{'}}{\sum_{i=1}^{nT} x_{ij}^{'}}, 1 \leqslant i \leqslant nT, 1 \leqslant j \leqslant p \tag{4}$$

（4）计算第 j 个指标的信息熵

$$e_j = k \sum_{i=1}^{nT} f_{ij} \ln f_{ij}, 1 \leqslant i \leqslant nT, 1 \leqslant j \leqslant p, k = \frac{1}{\ln nT} \tag{5}$$

（5）计算差异系数

$$g_j = 1 - e_j \tag{6}$$

（6）计算各指标权重

$$w_j = \frac{g_j}{\sum_{j=1}^{p} g_j} \tag{7}$$

（7）计算综合评价值

$$F_i = \sum_{j=1}^{p} w_j x_{ij}^{'} \tag{8}$$

鉴于2020年受疫情影响，各省经济均有较大浮动，且统计数据存在滞后性，故主要采用2008～2020年陕西省的数据来评价陕西共同富裕综合水平及各维度水平，其余各省采用2008～2019年数据。由于指标体系中区域差距指标采用各地级市之间人均GDP和人均可支配收入差距来进行测算，故样本不包含北京、天津、上海、重庆4个直辖市，由于西藏缺失数据较多，鉴于数据的可得性，样本不包含港澳台及西藏，最终样本选择我国26个省份。数据均来源于2008～2020年的《中国统计年鉴》、《中国城市统计年鉴》、《中国城市建设统计年鉴》、各省统计年鉴、EPS 数据库、中经网数据库及 CEIC 数据库。对于缺失值较少的指标使用均值插值法进行插补，对于异常值进行剔除并通过现有数据计算数值增长率进行替补，对于部分缺失值较为严重的重要指标，采用其他类似指标进行替代。

四　陕西共同富裕水平综合评价

（一）陕西共同富裕水平的动态演化分析

整体来看，2008～2020 年陕西共同富裕水平一直呈现上升趋势。如表 2 所示，2020 年共同富裕综合指数达到最高值为 0.4612，2008 年共同富裕综合指数最低值为 0.1520。共同富裕综合水平整体上升幅度较大，2020 年共同富裕水平是 2008 年的 3.03 倍，其中 2008～2013 年，共同富裕综合指数增长较快，增长率在 10% 以上，2013～2014 年增长较慢，增长率为 4%，其余年份增长率均保持在 4% 以上，共同富裕综合指数曲线波动相对平稳（见图 1）。

表 2　2008～2020 年陕西省共同富裕指数

年份	共同富裕综合指数	经济高质量发展	缩小差距	公共服务均等化
2008	0.1520	0.0688	0.0375	0.0457
2009	0.1760	0.0769	0.0425	0.0565
2010	0.1996	0.0887	0.0457	0.0651
2011	0.2369	0.0975	0.0539	0.0855
2012	0.2648	0.1043	0.0609	0.0996
2013	0.2932	0.1110	0.0757	0.1065
2014	0.3048	0.1179	0.0764	0.1105
2015	0.3318	0.1308	0.0848	0.1162
2016	0.3602	0.1416	0.0935	0.1251
2017	0.3771	0.1392	0.0994	0.1385
2018	0.4092	0.1540	0.1060	0.1492
2019	0.4341	0.1590	0.1148	0.1604
2020	0.4612	0.1708	0.1246	0.1657

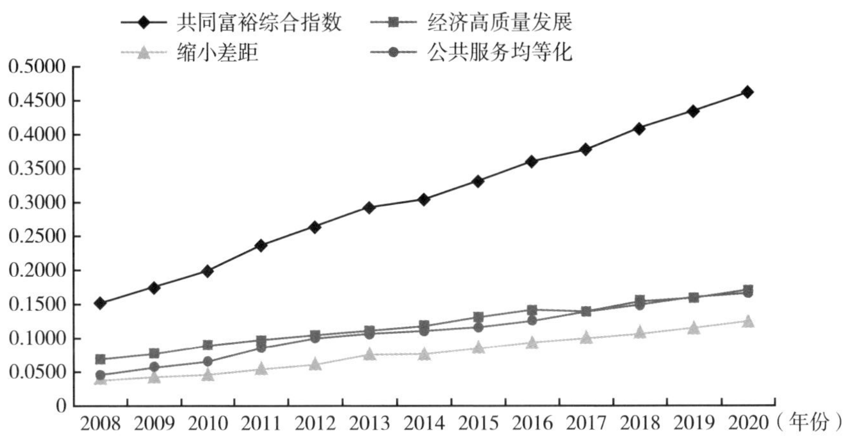

图1　2008～2020 年陕西省共同富裕水平变化趋势

分维度来看，陕西经济高质量发展指数表明，2008～2020 年陕西经济高质量发展水平呈现不断上升趋势，但上升幅度不大。其中，2020 年经济高质量发展指数达到最高值为 0.1708，2008 年经济高质量发展指数最低值为 0.0688。具体来看，二级指标得分中，经济活力、创新驱动、质量效益、生态文明均实现不同程度的增长，其中创新驱动上升幅度最大，经济活力、生态文明上升幅度较小。

缩小差距方面，2008～2020 年陕西缩小差距指数呈现不断上升趋势。其中，2020 年缩小差距得分达到最高值为 0.1246，2008 年缩小差距得分最低值为 0.0375。具体来看，二级指标得分中，收入差距、城乡差距得分均实现不同程度的增长，区域差距得分呈现小幅度下降。其中，收入差距得分上升幅度最大，说明居民整体收入水平不断提升。城乡差距得分上升幅度有限，区域差距得分缓慢下降，表明陕西省仍然面临比较严重的区域、城乡发展不平衡的问题，尤其是区域差距呈现扩大态势，发展的均衡性有待提升。

公共服务均等化方面，2008～2020 年陕西公共服务均等化水平呈现不断上升趋势，且上升幅度最大。其中，2020 年公共服务均等化指数达到最高值为 0.1657，2008 年得分最低为 0.0457。具体来看，二级指标得分中，教育、医疗、就业、社会保障、公共设施、社会治理也均实现不同程度的增长，其中社会治理水平上升幅度最大，就业水平整体上升幅度较小，受政策调整和国际贸易限制等影响，2019 年相比 2018 年，就业水平略有下降，受疫情等影响，2020 年相比 2019 年，失业率升高，就业水平大幅下降，继续促进经济发展、扩大就业创业、提高就业率是促进公共服务均等化、保障民生的关键。

（二）陕西共同富裕水平的横向比较分析

通过测算 2008 ~2019 年 26 个省份共同富裕指数发现，目前陕西共同富裕水平处于中游。如表 3 和图 2 所示，2019 年，陕西共同富裕指数为 0.4341，排名第 13，略低于排名第 12 的安徽省。2019 年共同富裕综合水平排名依次为浙江、广东、江苏、福建、山东、海南、湖北、四川、江西、辽宁、湖南、安徽、陕西、新疆、内蒙古、吉林、广西、青海、河南、云南、河北、黑龙江、宁夏、贵州、山西、甘肃，东部沿海经济发达省份的共同富裕水平相对更高，中西部省份共同富裕水平相对较低，陕西省共同富裕水平在西北地区中位居首位，高于青海、甘肃等省份。

表 3　2019 年部分省份共同富裕指数

省份	排名	共同富裕综合指数	经济高质量发展	缩小差距	公共服务均等化
浙江	1	0.7725	0.3197	0.1947	0.2580
广东	2	0.6898	0.3371	0.1554	0.1973
江苏	3	0.6812	0.2898	0.1683	0.2231
福建	4	0.5636	0.2408	0.1534	0.1694
山东	5	0.4874	0.1922	0.1447	0.1505
海南	6	0.4824	0.1479	0.1362	0.1983
湖北	7	0.4741	0.1867	0.1397	0.1476
四川	8	0.4562	0.1697	0.1372	0.1493
江西	9	0.4555	0.1777	0.1266	0.1512
辽宁	10	0.4478	0.1528	0.1328	0.1623
湖南	11	0.4404	0.1741	0.1301	0.1362
安徽	12	0.4403	0.1685	0.1356	0.1363
陕西	13	0.4341	0.1590	0.1148	0.1604

续表

省份	排名	共同富裕综合指数	经济高质量发展	缩小差距	公共服务均等化
新疆	14	0.4281	0.0935	0.1344	0.2003
内蒙古	15	0.4210	0.1290	0.1354	0.1565
吉林	16	0.4155	0.1254	0.1254	0.1647
广西	17	0.4140	0.1459	0.1345	0.1336
青海	18	0.4089	0.0866	0.1284	0.1939
河南	19	0.4072	0.1509	0.1302	0.1261
云南	20	0.4063	0.1551	0.1245	0.1266
河北	21	0.4061	0.1484	0.1296	0.1281
黑龙江	22	0.4053	0.1209	0.1312	0.1532
宁夏	23	0.3963	0.0958	0.1200	0.1805
贵州	24	0.3830	0.1388	0.1229	0.1213
山西	25	0.3617	0.1110	0.1242	0.1265
甘肃	26	0.3535	0.0911	0.1005	0.1619

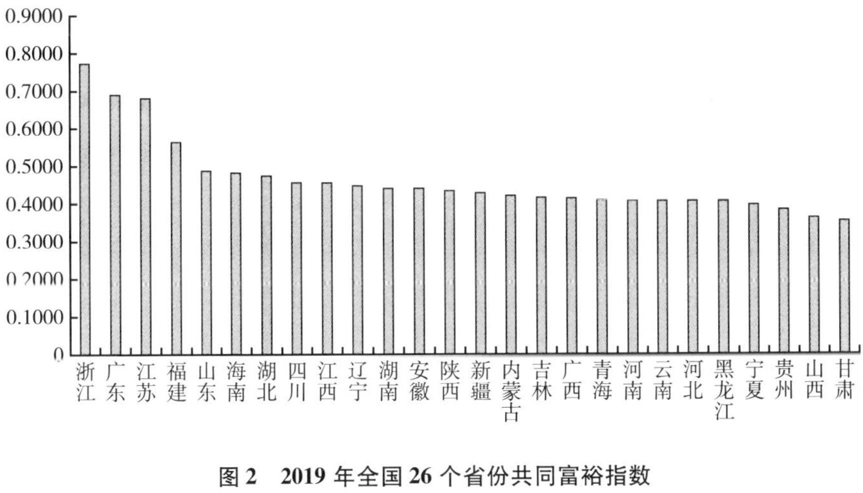

图 2　2019 年全国 26 个省份共同富裕指数

陕西共同富裕一级指标得分及排名可以进一步说明共同富裕综合指数排名高低的原因。如表 4 所示，2019 年陕西经济高质量发展和公共服务均等化得分均处于中游，分别排名第 11 和第 12，缩小差距得分较低，排名第 25。共同富裕综合水平排名最高的浙江、广东、江苏三省份三项一级指标得分较高，排名靠前，发展相对均衡；排名较前的山东、湖北、四川三省份经济高质量发展和缩小差距指标得分较高，排名相对靠前，公共服务均等化指标得分排名相对靠后，海南省的缩小差距和公共服务均等化得分排名靠前，经济高质量发展得分排名相对靠后。上述分析表明，缩小差距指标已经成为制约陕西实现共同富裕的掣肘，只有缩小三大差距，提高居民收入和消费水平，才能进一步提高陕西共同富裕水平。

表4　2019年全国26个省份一级指标得分排名

省份	经济高质量发展	缩小差距	公共服务均等化
浙江	2	1	1
广东	1	3	5
江苏	3	2	2
福建	4	4	8
山东	5	5	16
海南	16	8	4
湖北	6	6	18
四川	9	7	17
江西	7	19	15
辽宁	13	13	10
湖南	8	16	20
安徽	10	9	19
陕西	11	25	12
新疆	24	12	3
内蒙古	19	10	13
吉林	20	20	9
广西	17	11	21
青海	26	18	6
河南	14	15	25
云南	12	21	23
河北	15	17	22
黑龙江	21	14	14
宁夏	23	24	7
贵州	18	23	26
山西	22	22	24
甘肃	25	26	11

根据各省共同富裕二级指标得分及排名进一步分析陕西经济高质量发展、缩小差距、公共服务均等化方面存在的优势和短板。如表5所示，经济高质量发展方面，2019年陕西经济活力、创新驱动、质量效益、生态文明指标分别排名第8、第9、第17、第9，经济活力、创新驱动及生态文明排名靠前，质量效益排名相对靠后，说明陕西依靠自身的科教资源优势，坚持以创新引领高质量发展，在创新投入、创新产出、科技成果转化等方面保持良好态势，同时以资源环境为约束，在生态文明建设下促进经济持续增长，但是经济发展质量效益仍然有待提升，产业结构需进一步优化；缩小差距方面，2019年陕西收入差距、区域差距、城乡差距指标分别排名第25、第12、第22，收入差距和城乡差距指标相对较差，说明尽管陕西居民整体收入水平有较大提升，但相比其他省份，仍然存在差距，省内发展不平衡，城乡差距较大，区域差距有待收敛；公共服务均等化方面，陕西教育、医疗、就业、社会保障、公共设施、社会治理指标分别排名第13、第1、第18、第12、第20、第11，医疗指标相对较高，教育、社会保障、社会治理指标相对居中，就业、公共设施指标相对较差，说明陕西公共医疗水平位居全国前列，但是产业吸纳就业能力有限，就业水平有待提升，公共设施有待改善。

表5　2019年全国26个省份共同富裕二级指标得分排名

省份	经济活力	创新驱动	质量效益	生态文明	收入差距	区域差距	城乡差距	教育	医疗	就业	社会保障	公共设施	社会治理
浙江	2	1	3	4	1	20	1	2	2	6	1	1	2
广东	4	2	1	7	3	26	21	5	18	4	7	5	10
江苏	1	3	2	22	2	25	2	6	3	13	3	2	1
福建	3	4	11	1	4	21	13	10	22	22	16	4	9
山东	6	5	4	20	5	24	12	16	5	20	14	11	19
海南	13	25	19	5	8	1	16	3	12	3	10	8	5
湖北	5	8	5	12	6	15	10	19	14	5	13	18	17
四川	11	10	6	14	13	7	6	20	11	21	4	14	21
江西	16	7	15	2	23	6	7	11	25	11	18	10	15

续表

省份	经济活力	创新驱动	质量效益	生态文明	收入差距	区域差距	城乡差距	教育	医疗	就业	社会保障	公共设施	社会治理
辽宁	12	11	14	15	7	19	18	26	13	26	2	6	12
湖南	10	13	7	8	14	23	20	24	10	10	19	21	18
安徽	9	6	9	16	11	14	11	22	26	8	25	9	23
陕西	8	9	17	9	25	12	22	13	1	18	12	20	11
新疆	15	26	21	25	12	10	15	4	9	1	6	19	3
内蒙古	7	23	13	21	9	22	8	8	6	24	11	23	7
吉林	24	17	22	13	24	9	4	18	15	15	8	7	13
广西	23	24	16	3	15	4	14	15	19	7	24	22	20
青海	19	20	26	26	17	2	19	1	4	2	15	16	6
河南	14	12	10	18	18	8	9	21	20	17	17	17	26
云南	17	22	12	6	10	16	24	14	16	19	26	24	16
河北	21	14	8	17	20	11	5	23	23	16	22	13	25
黑龙江	25	18	23	10	19	18	3	25	24	23	5	12	14
宁夏	18	15	24	24	21	13	23	9	7	25	9	3	8
贵州	20	16	18	11	16	5	25	7	8	14	21	26	24
山西	22	21	20	19	22	3	17	17	17	9	20	25	22
甘肃	26	19	25	23	26	17	26	12	21	12	23	15	4

总体来看，2008～2019 年，陕西共同富裕水平的变化幅度较大，2008 年共同富裕指数在 26 个省份中排名第 17，2019 年上升至第 13，这主要是因为 2008～2019 年，陕西经济高质量发展水平及公共均等服务化水平均有一定程度的提升，经济高质量发展水平由第 14 上升至第 11，公共服务均等化水平由第 16 上升至第 12，拉动了陕西共同富裕水平，缩小差距水平排名始终靠后，是陕西推动实现共同富裕的短板。从各省份得分及排名变化来看，2008～2019 年，广东、浙江、江苏三省共同富裕水平始终位居前列，甘肃、贵州等地区排名始终靠后，东部经济发达地区的共同富裕水平整体优于中西部地区。

表 6　2008 年全国 26 个省份共同富裕指数和一级指标得分排名

省份	共同富裕指数	经济高质量发展	缩小差距	公共服务均等化
浙江	1	1	1	1
广东	2	2	4	7
江苏	3	4	3	3
辽宁	4	7	5	2
福建	5	3	2	14
山东	6	10	9	8
海南	7	9	6	10
湖北	8	13	11	9
江西	9	5	16	17
湖南	10	6	8	20
吉林	11	16	10	11
广西	12	8	7	23
四川	13	12	19	18
青海	14	23	18	6
新疆	15	24	22	4
黑龙江	16	19	20	12
陕西	17	14	26	16
内蒙古	18	18	17	19
宁夏	19	26	24	5
云南	20	11	25	24
河南	21	20	12	21
河北	22	17	14	22
安徽	23	15	13	25
山西	24	22	15	13
甘肃	25	25	21	15
贵州	26	21	23	26

（四）结论

本文从经济高质量发展、缩小差距、公共服务均等化三个维度构建共同富裕水平指标评价体系，通过定量分析与横向比较各省份共同富裕综合指数和各维度指数，得出如下主要结论。

纵向来看，陕西省共同富裕水平整体呈现不断上升趋势，且上升幅度较大，经济高质量发展指数、缩小差距指数及公共服务均等化指数均实现了不同程度的增长。

横向来看，各省份共同富裕水平差距较大，陕西共同富裕综合水平处于中游，一级指标经济高质量发展和公共服务均等化指数排名居中，缩小差距指数排名靠后，二级指标经济质量效益水平存在较大上升空间，居民整体收入水平相对较低，城乡差距相对较大，区域差距有待收敛，就业水平和公共设施建设水平有待提升。

另外，从2021年前三季度经济数据来看，前三季度，陕西实现国内生产总值21193.18亿元，在全国31个省份中排名第15；GDP实际增速7.0%，在全国排名第30，低于全国增速9.8%；居民人均可支配收入21665元，低于全国居民人均可支配收入26265元。加快追赶超越，继续促进经济增长，做大“蛋糕”，夯实共同富裕的经济基础，提高人均可支配收入，仍然是陕西推进实现共同富裕的重点和难点。

五　对策建议

基于以上结论，针对陕西发展存在的优势和不足，提出陕西推动实现共同富裕的对策建议。

（一）聚焦提质增效，不断提升经济增长的动力与活力

1. 促进传统产业转型升级

利用陕西省科技创新优势，以实体经济为根本，健全科技创新与产业发展协同对接机制，建立以市场为导向的产学研深度融合的科技创新体系，加大传统产业企业设备更新和技术改造力度，坚持淘汰与改造提升并举，引导传统产业向高端化、智能化、绿色化发展；进一步推动数字经济和实体经济深度融合，深化新一代信息技术在传统产业领域的创新应用，提升传统产业智能化水平；推动传统制造业和能源产业绿色改造升级，注重生态保护和新

技术应用，提高资源开发利用效率，实现传统产业高效发展。

2. 推动战略性新兴产业发展

牢牢把握战略性新兴产业发展的政策和市场导向，积极融入国家战略性新兴产业集群发展工程体系，大力发展高端装备、新能源、新材料、新一代信息技术、人工智能、节能环保等战略性新兴产业。具体来看，发挥龙头企业带动作用，做大做强本土高新技术企业，引进行业新进企业和人才，提高本地配套率；依托本地航空产业优势，积极发展金属材料、医用材料等高端装备制造业，壮大航空产业规模；依靠西安交通大学人工智能与机器人研究所等科研平台，推动关键技术突破，拓展人工智能在智能制造等领域的应用场景，提高生产效率。

3. 继续深化国企改革，有效支持民营企业发展

根据市场的发展变化对国有企业的职能进行完善和改造，紧紧围绕技术创新，发展国有企业的生产技术，提升企业的全要素生产率，不断地对产品进行更新，促进产品适应市场的发展；在国有企业生产发展过程中，树立良好的企业文化，建立明确的奖惩机制和职权划分，约束国有企业管理人员行为，将人才培养和市场相匹配，创新国有企业管理模式；有效支持民营企业发展，通过财政支持等方式，破解民营企业融资难题，继续优化营商环境，保护民营企业的合法权益，完善对民营企业的政策服务，建立民企政务服务协同机制，大力提高民营经济比重，激发市场主体活力。

（二）围绕缩小差距，加快促进区域与城乡协调发展

1. 健全区域协调发展体制机制

充分利用区域内各地区发展优势，突破行政规划限制，优化要素资源配置，创新协同治理，进行产业合作共建，推动关中、陕北、陕南协调发展。具体来看，积极融入国家共建“一带一路”、黄河流域生态保护和高质量发展等重大战略，深化与各省市战略合作，加强人文交流合作，实现资源共享、通道共建；以关中产业布局一体化为目标，引导西安市非中心城市核心功能向关中地区转移，加强产业合作配套；加快推进陕北资源型城市转型升

级，加强能源资源一体化开发利用；进一步挖掘陕南绿色生态优势，打造绿色产品、旅游休闲品牌，实现经济生态化和生态经济化。

2. 全面推进乡村振兴战略

积极推动城乡融合发展，坚持新型城镇化与乡村振兴战略一体推进，通过多业态融合发展，推动城乡要素流动，建立城乡产业协同发展平台；大力发展农村地区现代农产品加工业，打造农产品加工产业集群，支持新型农业经营主体开展精深加工，拉长产业链条，以“互联网 + 农业”为抓手，整合农产品生产、加工、流通、销售全产业链，为农民创收增收；盘活集体资产资源，支持引导农村集体经济组织与工商资本合作，利用闲置地和闲置农房等建设种植养殖田园综合体等新兴业态，为都市农业、乡村旅游、养老休闲等产业的发展提供平台；建立社会资本与农民的利益联结机制，引导大中型龙头企业与贫困地区对接，建设订单基地，通过联贫带贫的新模式，助力农村农业致富。

3. 多方改善收入分配格局

加大收入分配调节力度，坚持经济发展和居民收入同步，提高初次分配中劳动者报酬比重，建立企业和机关事业单位职工工资增长长效机制和支付保障机制，努力实现劳动者报酬增长速度不低于经济发展速度；根据当期经济增长及物价水平，适时调整最低工资标准；加强企业工资的调控和指导，发挥工资指导线、劳动力市场价位、行业人工成本信息对工资水平的引导作用；通过完善法律法规、全面实行劳动合同制度和工资集体协商制度，确保工资按时足额发放；另外，尽量拓宽居民财产性收入渠道，使发展成果普惠共享。

（三）瞄准短板弱项，积极促进公共服务均等化

1. 积极拓宽就业渠道，充分吸纳就业

在国内大循环为主体、国内国际双循环新发展格局下，继续扩大内需，积极发展新型消费产业，以此带动就业需求，实现更充分的就业；支持小微企业发展，强化政府资金的引导作用，对于能吸纳大学生就业的小微企业

尤其是科技型小微企业应加大财政、金融扶持力度，适当增加贷款贴息额度，降低贷款利息及实行税收减免，积极引导小微企业集聚，建立小微企业与大中企业的合作机制，增强小微企业吸纳就业的能力；鼓励城乡居民创业，为劳动者创业增收创造机会、搭建平台、提供财政资金支持及相应的中介服务。

2. 健全就业公共服务体系

建立劳动关系协调衔接机制，统筹协调城乡就业政策体系，优化保障服务，完善就业服务体系，搭建就业服务平台，帮助企业引进和借用外部的技术和人才资源，实现就业资源精准对接；有效推进和优化大中小微企业及个体企业用人机制，鼓励市场主体客观合理地调整用人结构和挖掘人力资源潜力，合理适度推进生产性与服务性就业人员调配；另外，加强对下岗失业困难人员、残疾人、零就业家庭成员等重点群体的就业支持，扩大城镇建设与治理中公益性岗位安置比重，积极落实补贴政策，强化失业保险功能，完善社会保障制度；完善劳动者技能培训制度，建立适应时代需要的职业技能培训制度体系，加快提升劳动者技能素质并优化其知识结构，推进按需培训的终身职业技能培训制度优化和完善，不断增强就业群体适应时代发展所需的新知识、新能力。

3. 强化基础设施建设

加强交通等传统基础设施建设，尤其是偏远农村等相对贫困地区的基础建设，改善人居环境，将交通融入旅游产品体系，为经济持续发展提供基础；充分利用国家发展5G、工业互联网等重点领域的时机，聚焦经济社会发展的重大需求，积极推进新型基础设施建设，加快推进5G部署，在重点产业集聚区实现全面覆盖，加强大数据中心规划建设，改造升级工业互联网，深化行业应用。

4. 完善公共文化设施建设

公共文化设施是开展群众文化活动、促进群众精神富裕的基础条件，政府应根据群众的需求，以公共文化服务设施标准化、均等化为导向，不断加快文化基础设施建设，尤其是农村地区的文化设施完善；充分利用互联网，以智能化、信息化的方式进行文化普及，打造一体化公共文化服务平台，依托大数据技术实现公共文化服务的精准供给。

参考文献

习近平：《扎实推动共同富裕》，http：//www. qstheory. cn/dukan/qs/2021 - 10/15/c_1127959365. htm。

沈斐：《“美好生活”与“共同富裕”的新时代内涵——基于西方民主社会主义经验教训的分析》，《毛泽东邓小平理论研究》2018 年第 1 期。

潘红、王志建：《邓小平共同富裕思想的科学内涵及其现实意义》，《邓小平研究》2017 年第 3 期。

邱海平：《共同富裕的科学内涵与实现途径》，《政治经济学评论》2016 年第 4 期。

郁建兴、任杰：《共同富裕的理论内涵与政策议程》，《政治学研究》2021 年第 3 期。

刘培林、钱滔、黄先海、董雪兵：《共同富裕的内涵、实现路径与测度方法》，《管理世界》2021 年第 8 期。

陈丽君、郁建兴、徐铱娜：《共同富裕指数模型的构建》，《治理研究》2021 年第 4 期。

B.6

陕西推动创新链产业链深度融合发展研究*

陕西省社会科学院经济研究所课题组**

摘　要： 创新链与产业链融合有利于优化科技资源配置，构建区域创新体系，推进经济高质量发展。首先，在分析创新链与产业链融合机理的基础上，分析了陕西"双链"融合的现实基础。其次，从创新链不完整，产业链结构失衡；创新成果的产业化通道不畅，产业链处于价值低端；创新服务水平不高，"双链"融合生态环境有待优化；企业创新地位不突出，创新能力有待提升四个层面分析了陕西创新链产业链深度融合发展存在的主要问题。最后，从以双链式"链长制"引领"双链"融合、做实"双链"对接的平台载体、建设共建共享的工作格局、强化企业创新主体地位和创新人才发展体制机制五个方面提出了陕西推动创新链产业链深度融合的发展策略。

关键词： 产业链　创新链　高质量发展

* 本文为陕西经济社会发展重大研究课题"陕西省推动创新链产业链深度融合发展"（编号：21SXZD09）、2019年国家社科基金项目"新亚欧大陆桥经济走廊区域协同发展新机制研究"（立项号：19XJL009）的阶段性研究成果。

** 课题组组长：裴成荣，陕西省社会科学院学术委员会副主任、经济研究所所长、二级研究员，研究方向为区域经济、城市经济。主要成员：顾菁，陕西省社会科学院经济研究所助理研究员、博士，研究方向为城市经济；屈晓东，陕西省社会科学院经济研究所副研究员，研究方向为营商环境；吕芬，陕西省社会科学院经济研究所助理研究员、博士，研究方向为数字转型。

“十四五”时期是陕西迈入高质量发展的重要阶段，亟须大力推动区域创新体系建设，打通科技成果转化路径，打造技术供需均衡的现代化经济体系，提升产业链现代化水平。2020 年 4 月，习近平总书记在陕考察时提出，陕西“要围绕产业链部署创新链，围绕创新链布局产业链，推进经济高质量发展迈出更大步伐”，加强创新链与产业链的精准对接，推动创新模式由吸收引进向自主创新转换，为创新发展提供内生动力，对陕西经济高质量发展意义重大。

一 “双链”融合是陕西经济高质量发展的重要抓手

（一）“双链”融合是创新驱动高质量发展的必然结果

近年来，在区域创新体系框架下，学者们针对创新集群与产业集群在一定地理空间内的深度融合展开了积极的探讨，探究创新链与产业链的融合过程和融合效应。产业链与创新链的融合立足于创新组织的优化以及产业组织的升级（见图 1）。创新主体通过基础理论、技术开放创新、政策管理、产品设计、体质机制等各类创新活动，实现创新技术资源在产业链中的优化配置，促进产业链的升级，使产业链和创新链中的主体互利共赢，促进了创新体系与生产体系的协调发展。创新链是整个生产过程中创新活动的职能集合，是产业链的知识表现，因此，“双链”的深度融合打通了从科技强到产业强、经济强的通道，解决了从“科学”到“技术”再到“产品”的转变。尤其是“双链”融合过程中所产生的知识创造、知识共享、知识流动、知识转化，为产业发展带来了新技术、新产品和新市场，大大提升了产业链价值。此外，创新主体取得的创新成果能有效满足产业链升级的技术需求，从而提升产业竞争力，促进区域产业结构升级。

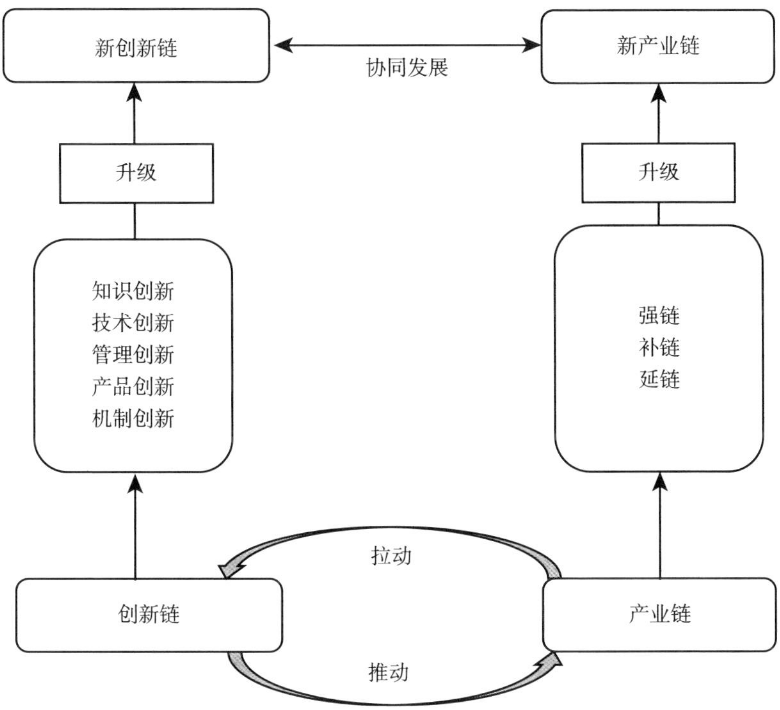

图1　创新链与产业链的融合机理

（二）“双链”融合发展面临很多严峻的挑战

创新链中创新思维的产生和创新成果的产业化离不开产业链的引领；产业链中新产品的开发和价值增值需要更多的创新支持。在理想的市场下，利润和竞争将推动创新链与产业链自发地结合，从而为技术创新和产品研发提供内生动力。但是，在现实中，创新主体与产业主体的主要目标不一致，这会导致创新主体偏重于学术的基础和理论性研究，产业主体更关注技术转化的短期回报率。与此同时，创新存在较大的风险和偶然性，市场对产业的需求普遍存在一定的确定性，这种差异也使创新链和产业链在协同发展中存在断点。

二　陕西创新链和产业链融合发展现状

（一）科技优势显著，“双链”融合潜力巨大

1. 科创实力不断提升

陕西是国家创新型省份建设试点，在科技创新、产业创新、创新体系建设、成果转化等方面成效显著，正由过去的招商引资、要素互补为主要发展方式的阶段转入产学研一体化合作、协同创新驱动的发展阶段。科技创新驱动高质量发展的作用进一步凸显。截至2020年底，陕西综合科技创新水平指数由2015年的65.66%上升至68.39%，全国排名保持在第9位。科技活动产出指数由2015年的75.6%上升至75.97%，全国排名保持在第4位；全社会R&D经费共投入584.58亿元，高于2015年的191.44亿元；投入强度2.27%，高于2015年0.09个百分点，为近10年最高水平，居全国第7位。科技进步贡献率达到59.2%，高于2015年3.2个百分点；技术交易额高达1533.66亿元，高于2015年811.9亿元。

2. 基础研究优势显著

截至2020年底，陕西共有院士66人、科技部中青年科技创新领军人才84人、科研从业人员14.13万人，创新人才结构逐渐年轻化。全省共有高新区21个，包括7个国家级高新区和14个省级高新区，拥有26个国家重点实验室、172个省级国家重点实验室，科研机构质量不断提升。全省科研年度支持经费增至1亿元，基础研究多元化投入，实施“陕煤”“引汉济渭”企业联合基金165项，获国家自然科学基金项目数量保持在全国第一梯队，产出了大批原创性成果。

（二）企业创新主体地位逐渐提升，“双链”融合初现规模

1. 企业主体地位稳步提升

陕西支持以企业为核心打造创新联合体。2020年已经部署了四大重点

科技项目，包括先进金属材料、高端集成电路和先进半导体器件、新能源和智能网联汽车、苹果产业转型升级。专项项目达到6个，立项33个科研项目；27个重点产业创新链和274个创新点启动。陕西企业R&D经费支出额同比增长10.2%，企业R&D经费占全省的52.5%，较2019年提升了1个百分点。

2. “双链”融合进程逐步推进

2020年，陕西成立了先进稀有金属材料技术创新中心，建立了20个“四主体一联合”R&D新型平台。建成国家双创示范基地8个、科技企业孵化器95个，其中，国家级科技企业孵化器39个。全省中小企业注册R&D机构430家，科技型中小企业已达8069家。高技术企业数同比增长41.8%，突破6100家；高技术企业R&D投入强度高于全国平均水平0.41个百分点。省属科技成果转化基金的子基金数量达到20只，募集规模44.32亿元，财政资金的放大效应达11.37倍，累计投资科技型企业304家。

（三）坚持统筹融合，“双链”融合政策支撑不断强化

1. 政策体系逐渐完善

陕西已成立创新驱动发展和秦创原建设两个领导小组，统筹推进各项创新战略纲要各项任务实施。出台了《创新驱动引领高质量发展的若干政策措施》，聚焦提升企业创新能力、高新区创新发展、打造双创“升级版”等方面出台“硬核”举措。贯彻落实《科学技术进步法》和《陕西省科学技术进步条例》，印发了《关于进一步加强高校科技成果转化的若干意见》，并首次将国防领域涉密科技成果纳入省科技奖励体系。2021年5月，陕西印发《实施“两链”融合加快构建现代化产业体系三年行动方案（2021—2023年）》以及《秦创原创新驱动平台建设三年行动计划》，制定发布了新区优化营商环境18条、打造宜居宜业环境10条、支持秦创原总窗口建设15条政策措施，连同省级70条政策包、金融10条、人才10条和西安市拟出台的42条政策形成了较为完善的秦创原政策体系，积极推进“两链”融合。在陕西省财政科技计划中实行项目经费“包干制”，赋予科研人员更大

的人、财、物支配权，并强化了法律、知识产权等专业服务支撑。

2. 重点专项全面实施

按照“围绕产业链部署创新链、围绕创新链布局产业链”的思路，着眼于推动科技和经济紧密结合、科研对接产业规划，陕西将围绕高端机床、半导体与光子、先进金属材料、新能源汽车和集成电路等领域，梳理产业链和产业融合载体的具体布局，据此部署实施一批重点专项，支持组建一批创新联合体，布局建设一批共性技术研发平台，全面提升产业核心竞争力。在产业链规划方面，以创新链为核心，以成果高质量转化为目标，积极培养关联企业。着重扶植 AI、量子通信、智能云、工业智能体等前沿新兴产业，加强核心技术的布局和培育，推动基础研究、应用研究、成果转化、产业化融合，培育壮大新产业新业态。

（四）全面部署研发及服务平台，优化“双链”融合环境

1. 整合优化科技资源配置

陕西围绕国家战略科技力量总体布局，着力创建国家重大科技基础设施、国家工程研究中心等重大科技创新平台。布局建设陕西实验室，争创国家实验室，首个空天动力领域陕西实验室即将正式挂牌运行；高水平建设国家新一代人工智能创新发展试验区、中科院西安科学园、硬科技创新示范区等重大载体，启动建设国家超算西安中心；布局完善省级重点实验室、工程技术研究中心、临床医学研究中心等省级创新平台体系，培育建设国家级重大研发平台。陕西通过国家重大创新平台建设，突破一批关键“卡脖子”核心技术，培育了一批新兴产业，并以西部科技创新港为突破口，打造科技成果转化“特区”，科技成果转化效益明显提升。例如，陶瓷基复合材料国家工程研究中心通过实施在刹车和航空发动机领域的产业化项目，提升了陶瓷基复合材料大型复杂构件设计和制备能力，同时也带动了在光伏电子和核电领域的产业化应用；激光快速成型国家工程研究中心开发了大尺寸双激光同步烧结快速成型、桌面型 3D 打印等系列设备，推动了我国增材制造技术不断创新。

2. 组建共性技术研发平台

陕西围绕重点产业链需求，实施核心技术攻关。聚焦省内 23 条重点产业链，梳理建立企业资源、创新资源和关键核心技术“三张清单”，支持领军骨干企业、高校、科研院所通过合作、共享等方式组建共性技术研发平台。推进 896 个省级重点产业链创新项目、6 个省科技重大专项、34 个重点课题；省级财政资金支持 10.33 亿元，用于解决 87 项关键核心技术和 19 项“卡脖子”技术，填补国内空白 11 项，部分成果已进入产业化阶段。目前，已首批组建 4 家共性技术研发平台；获批国家增材制造创新中心和 41 个国家级企业技术中心；布局建设省级制造业创新中心 11 个、企业技术中心 405 个。

3. 优化科技创新生态环境

陕西实施创新人才推进计划、深化科技体制机制创新，营造“两链”融合创新生态。连续多年加大创新财政投入力度，以满足高质量发展的战略需求为前提，全面打造以增强创新财政资金使用效益为导向，以新创新发展理念为指引，以企业技术创新投入为主体，以银行信贷、资本市场融资、风险投资等多种形式为支撑的多元科技投入体系。

（五）建设秦创原创新驱动平台，打造创新驱动发展新引擎

1. 将秦创原打造为创新驱动平台总窗口

为了打破科教实力强于科研实力的现状，克服科研转化效率低、创新驱动不足等具体问题，陕西于 2021 年 3 月开启了秦创原创新驱动平台的建设。秦创原创新驱动平台目前是陕西最大的创新产品转化平台，以西部创新港和西咸新区为总窗口、各高新区为重要组成部分，是政府和科研院所、高校、企业和金融机构共同参与建设的综合型“两链”融合促进器。秦创原创新驱动平台着眼建设立体联动“孵化器”、科技成果产业化“加速器”和“两链”融合“促进器”，着力打造面向全国的市场化、共享式、开放型、综合性高水平创新驱动平台，推进“两链”融合项目有序落地。

2. 秦创原创新驱动效应初现

截至2021年9月，已有65家单位向秦创原创新驱动平台提出人才、技术等方面需求227项，有85项通过“揭榜挂帅”成功匹配团队。秦创原创新驱动平台所形成的机制也带动了陕西全省的科技成果转化水平提升，目前在秦创原总窗口已落地的142家企业中，“专精特新”企业达95%。2021年上半年，陕西入库科技型中小企业同比增长70.86%，技术合同成交额同比增长40%。

三　陕西创新链和产业链融合发展存在的主要问题

陕西是科教大省，“十三五”以来，创新驱动发展步伐加快，高新技术产业、战略性新兴产业年均增长16.5%和11.1%，科技创新已是陕西的发展优势。但是，迅速发展的背后仍然存在很多问题。其中，创新链与产业链失衡、创新链发展不完善、科技成果转化能力薄弱及转化体制机制不畅、企业创新能力有待提升等问题较为突出。

（一）创新链不完整，产业链结构失衡

1. 产业链和创新链发展不完善

部分产业链和创新链自身存在断裂现象，使“双链”融合过程中创新链和产业链难以精准对接。陕西产业发展多处于中端水平，许多技术问题缺乏关键性突破，自主创新能力不强，存在被“卡脖子”的重大风险。陕西创新链技术服务渠道不通畅，创新链过短，既无法保证产业链提升产业价值的创新需求，也很难通过技术突破拉长创新链，导致“双链”对接在实践过程中技术供需不均衡、融合效率不高。

2. 产业链和创新链对接不准

部分产业存在“创新孤岛”现象，创新与产业存在“两张皮”的问题。例如，随着全球制造业产业结构深入调整，产业链供应链加速重构，科技创新与产业创新深度联动，国内涌现了一批具有区域特色的制造业产业集群，

如长三角、环渤海、珠三角地区制造业集群。陕西制造业传统成本优势不再，新的竞争优势尚未全面形成，产业链缺乏韧性和安全保障，制造业核心技术对外依存度高等现象依然存在。这种创新链无法支持产业链发展的问题在陕西已经成为普遍现象，影响了整个区域创新体系的循环发展，导致部分地方产业缺乏前沿技术，处于价值链的偏低位置，很难满足新发展阶段的竞争需求。

（二）创新成果的产业化通道不畅，产业多处于价值链低端

科技存量资源与科技成果转化机制不畅。陕西科技投入不断增大与可转化成果产出不足的矛盾日益突出，科技成果转化率不高，产业处于价值链中、低端环节，面临产业“高端失守”的困境。

1. “双链”融合过程中利益分配机制不完善

陕西目前缺乏有效的利益共享机制和监督制约机制，技术在协同创新和转化过程中很难完全展示其价值，协同创新与转化的积极性受到抑制，阻碍了各主体对优势资源的持续投入和创新能力的有效发挥，导致成果转化效益不高。2020 年陕西省内转化项目成交额仅占全省总成交额的 35.89%。

2. 成果转化配套服务体系不完整

科技转换流程部分环节缺失。例如，中试环节具有长期性、不确定性、高投入、高风险性等特点，是科技成果向现实生产力转化的关键环节。经过中试环节的科技成果，产业化的成功率可达 80%，而没有经过中试的科研成果只有 30% 能转化。中试成为科技成果转化的“死亡之谷”。目前，陕西关于中试环节的政策仅为陕政办发〔2014〕49 号《陕西省加强科技成果转化中试环节工作方案》，政策出台较早，政策更新较慢，已不能满足科技成果转化的需要。加大中试环节政策支持力度，对加快秦创原平台发展、促进科技成果转化与产业化具有重要意义。因此，亟须中试政策更新，对科技成果转化进行精准支持和引导。

3. 创新体系结构亟须优化

陕西当前协同创新的主要模式是共同开发和委托开发，R&D 活动虽然

相对密集，但是以技术服务作为输出的主要方式，共建实体和重大项目联合攻关方面尚存在不足，科技成果转化效率较低，制约了创新链支撑产业升级的效率。

（三）创新服务水平不高，“双链”融合生态环境有待优化

1. 高水平的跨行业复合型人才稀缺

陕西人才结构严重失衡，人才发展与产业创新，尤其是高技术类产业发展的结合不够紧密，人才资源优势没有很好地转化为经济优势，高层次创新型人才和高技能人才不足，人才发展的体制机制障碍依旧存在。人力资源和社会保障部的统计数据显示，虽然陕西教育资源排在全国前列，可是就业人员教育程度却与科教强省的身份不符，2019 年，陕西本科学历的就业人员占到总人数的 9.4%，低于全国平均水平（9.7%），研究生学历的就业人员仅占总人数的 0.9%，低于全国平均水平（1.1%）。

2. 融资来源受限

“双链”对接需要大量基础科研和市场推广投资，但是陕西多元化、多层次的投融资机制尚不健全，特别是民营企业和中小企业融资难、融资贵问题未能有效解决，一定程度上制约了“双链”融合的速度，造成了一定的技术埋没及浪费。

3. 产业链与创新链有效对接的相关机制不健全

政策规划在具体实施部署、细化分工、明确职责、系统推进、实时监控方面仍有不足。同时，缺乏有效推动各创新和生产主体开展协同发展的引导和激励机制；鼓励创新、包容失败的创新氛围尚未形成；产业标准体系和市场准入制度缺失或落后。

（四）企业创新地位不突出，创新能力有待提升

1. 企业创新引领地位不明确

创新活动是企业获得持续竞争优势的内生动力。陕西普遍缺乏成为协同创新主体的龙头企业，从而引起“双链”融合的需求对接不匹配和不精

准。从创新决策的角度来看，陕西企业在创新目标和方案设计、创新需求导向、创新方案实施等方面均未处于领先地位。从创新投入的角度来看，陕西企业在科研经费、科技会员和科研基础设施等方面的投入比例仍然不足，2020 年企业 R&D 经费增长 10.2%，低于全国企业 R&D 经费增长 10.4%，企业 R&D 经费支出占全社会 R&D 经费支出的比重为 52.5%，远低于全国平均水平（76.6%）。

2. 缺乏以企业为主的创新平台

从科研组织的角度来看，陕西企业很少主导创新平台建设、创新组织的管理、创新体系和结构设计。大多数陕西企业未能成为成果转化、创新收益和利益分配的主体。据《中国区域创新能力评价报告》，陕西企业创新能力自 2012 年起持续提升，2020 年全国排名第 9。但是，陕西的创新优势主要集中在政府对资金的投入、科研项目、发表论文等方面，在产学研合作、技术转化、国际合作等方面仍有不足。从数据上看，近十年来，陕西创新绩效显著提升，但企业创新成果远远不足，具备科研雄厚实力的龙头企业偏少，企业在创新方面的影响力不高，需要进一步加强产学研合作、提升企业创新能力。

四　陕西推动创新链产业链深度融合的发展策略

立足供给侧改革目标要求，抢抓经济高质量转型发展的战略机遇，面向优势特色产业链上、中、下游技术创新需求，打造及完善优势特色创新链，推动产业高质高效发展，为陕西经济社会发展注入新的动能势在必行。要以习近平新时代中国特色社会主义思想为指导，贯彻落实省委、省政府部署要求，深入实施创新驱动发展战略，以推动“两链”融合为主线，以深化科技计划管理改革为牵引，以增强企业技术创新能力为重点，以提升产业链核心竞争力为目标，以建设秦创原创新驱动平台为总平台，以营造良好创新生态为保障，系统布局技术研发和集成创新任务，以双链式“链长制”引领产业链与创新链的对接，优化“两链”融合中的资源配置机制，统筹配置项目、平台、人才、资金等创新资源，推动“政产学研金”有机结合，着力攻克一批关键核心技术，培育壮大一批科技型企业，推动重点领域产业链创新链紧密融合，建设发展一批创新型产业集群，形成科技创新全面融入、支撑经济高质量发展的新格局。

（一）以双链式“链长制”引领“双链”融合

1. 打破阻碍要素流动的制度壁垒

充分发挥“链长”对资源和要素的组织协调作用，以“双链”结合为基本点，精准破除要素市场壁垒。在充分发挥产业链长“穿针引线”的作用下避免“全能政府”的陷阱，明晰“链长制”的行政边界，打造“责权清单”，厘清“链长”引领下各个部门的权力及责任边界，防止出现因为职责边界模糊出现的推诿扯皮等问题。进一步设立“追责清单”，建立实时反馈越界违规信息的绿色通道，对违规行为及时处理并追究责任。以管理机制改革清除要素流动进程中的机制障碍，降低各类政策壁垒，降低企业交易的制度性成本，增强产业链韧性。引导公共服务从点状的产业分布发展成链状的产业生态，为“链主”参与市场竞争营造公正透明的市场环境。

2. 精准引导“双链”对接

以顶层设计为出发点，阶段性加大对基础研究和关键共性技术、前瞻技术、战略性技术研究等领域的投入力度，加快构建以高技术产业、战略性新兴产业、现代化生产性服务业等为核心的新型基础设施。发现、培育和保护陕汽、法士特、康明斯等现有或具有“链主”潜质的龙头企业，以此类龙头企业为核心打造上下游关联产业集群，优化产业链布局，完善产业链配套服务，打造良好的产业发展生态。“链长”应掌握供应链的主要结构和核心节点，围绕产业的战略性发展目标，积极引进和设立产业研究机构，充分发挥高端创新资源的辐射效应，引导企业与产业研究机构联合开展技术攻关，最终实现创新与产业协同发展。

（二）做实“双链”对接的平台载体

1. 打造完善的技术服务平台

紧盯国家战略导向，围绕集成电路、人工智能、航空航天、生物技术等重点领域，充分发挥企业、高校、院所创新优势，搭建产业发展与科技创新的桥梁，谋划建设一批国家工程研究中心，开展产品研发、技术创新和联合攻关，建成较为完善的产业技术基础服务体系，弥补产业基础的短板。引领产业发展迈向中高端。提升现有国家工程研究中心创新能力，加快实施一批创新能力建设项目，突破关键核心技术和重大装备等瓶颈，推进科技成果工程化产业化。探索建立跨地区的创新发展联盟，打造关中协同创新走廊，推动城市间共同设计创新议题、互联互通创新要素、联合组织技术攻关，支持区域互动互补发展和错位发展，形成科技创新、项目孵化、产业推广等服务平台和资源的共建共享。

2. 以数字化服务平台建设

加强大数据中心、软件、服务平台等新型网络基础设施规划布局，加强公共数据采集，尽早实现重点领域数据面向社会和企业开放共享。主动建立沟通平台，打破关联企业和不同部门间的信息壁垒，推动关联产业链的联动。加速生产网络的形成，用以整合、检索、交互产业和技术信息，建设信息家园。依托重大科技基础设施建立“沿途下蛋”机制，设立对应的研究院所，边研究、边产出、边应用，打造面向世界科技前沿的“航母级”研究平台。

（三）打造共建共享的工作格局

1. 构建协同合作的组织结构

以链群共建为目标完善组织领导机制，打通各个市区的联动通道，明确责任到人的工作机制，负责战略规划，下设载体建设、科创生态、机制创新等专班，建立周例会、月点评工作制度。构建全省协同机制。发挥“总窗口”作用，省科技厅、发改委等省直部门建立联合办公、定期会商等信息交互制度，与高校和科研院所联合成立创新成果转化专岗，引入技术转化、人才扶持、创新创业等发展基金，积极发挥社会资本的作用，打造链群共建的综合服务平台、区域合作联盟、核心技术和重要科研项目等。同步加强各地市之间的对接合作，大力推进全省上下协同创新。

2. 完善“双链”融合的配套政策

坚持科技创新和体制机制创新“双轮驱动”，大力破除束缚创新驱动发展的体制机制障碍，为科技创新营造良好科研环境。运用创新驱动、科技体制改革、成果转化、财政政策、税收政策等政策手段，优化创新资源保障供给和配套支撑，提高政府集聚高端资源、推进科技创新和技术攻关的能力。大力推动高校创新创业，激发创新创业活力，提升创业服务水平，打造支持创新创业金融生态，提升科研人员创新创业的积极性。健全科技成果转移的监管制度，并不断探索分配制度和知识产权管理制度。打造全周期人才政策体系，制定“技术创新—应用研发—工程转化—产品创新－能力升级”全周期的综合集成的人才扶持政策。

3. 以数字化治理推动“双链”融合

在生产过程中，推动信息共享，打造系统化多层次的“双链”融合“信息云”体系。利用“信息云”等数字信息系统，进一步强化对技术创新链和产业链信息的监控，实时监控产业链发展进程中技术、人员、资金等具体需求，及时识别影响“双链”融合的“堵点”，分析技术供需的匹配情况，实现全流程的风险监测，降低信息不对称的严重程度，全面梳理卡点，打通堵点，对重大风险做出合理识别与警示，优化“双链”融合的安全进程。在市场环境中进一步优化数字化营商服务环境，建立更加开放透明的新经济新业态市场准入管理模式和灵活的市场退出机制。优化陕西数字金融监管模式，提升服务水平，打造良性的“双链”融合生态体系，有效推动产业链转型升级和高质量发展。

（四）强化企业创新主体地位

1. 推动创新要素向企业集聚

加大企业研发的支持力度，建立创新技术评估机制，对具有市场需求或技术引领的企业创新行为，通过评估给予更多的财政支持。发挥企业“出题者”的作用。省级科研课题除基础研究外，要积极响应企业需求。支持企业承担科技计划项目，编制指南征求企业需求，项目论证邀请企业参与。发挥企业出资者作用。鼓励省属企业带头加大研发投入，将省属企业研发投入纳入考核指标，同时将研发投入视同利润按一定比例加回；建设中小企业研发服务中心，加大创新券投入补贴，为中小企业提供研发及创新服务，促进企业创新发展。瞄准产业链的高价值环节，扶持龙头骨干企业牵头建立产学研联系紧密的重大关键技术研发和创新平台。

2. 以企业为核心打造创新平台

发挥企业组织者作用，引导用高校、科研院所的科技资源，联合研发活动，使研发活动直接面向市场需求。建立企业与高等院校、科研院所联合工作机制，建设“科学家 + 工程师”队伍。支持行业领军企业联合高校、科研院所和行业上下游、中小微企业组建创新联合体，共同承担科技计划项目，带动中小企业联合创新，发挥企业评价者作用，实现一个产业拥有一个或多个研发平台，加快实现产业高端发展。各企业积极参与项目路演和推介活动，促进创新成果与资本、产业有效对接。推进科技成果转化行动，积极建设国家技术转移西北中心，加大投入省科技成果转化引导基金，发展专业化科技服务机构，建立梯次化培育机制。

（五）创新人才发展体制机制

1. 拓展人才培养机制

实施青年创新人才推进计划特支计划等，紧抓“缺”字，全方位培养人才。在打造人才链时要实现三个转向：从学科导向转为产业导向，从专业分割转向跨界交叉，从被动适应产业发展转向主动服务产业升级。建立科研机构、高校创新人才向企业流动的机制。紧抓“高”字，全链条服务人才。从人才“引、用、留、育”全链条发力，做大人才总量、优化人才结构、提升人才质量，全面提高人才的集聚度、活跃度、贡献度。加速集聚科技领军人才、创新型企业家、高技能人才、青年创业人才。围绕产业链有的放矢引进“高峰”人才。从破题高端人才有“高原”无“高峰”的现状入手，重点引进前沿科技领域成果转化的企业家、从事前瞻性基础研究有突破成果的科学家。柔性引进制造业高端人才。集中力量推进重点产业引才引智，以点带面、全面开花。以开展产学研究、专题讲座、技术咨询、现场指导、项目合作等方式服务制造业发展。引进能够突破制造业关键核心技术、带动传统优势产业升级和促进产业链高端化的人才，强化对制造业关键领域、关键环节、关键产品的支撑保障能力。

2. 优化人才服务政策措施

做好企业经营管理人才队伍建设，适当提高企业经营管理人才在群团组织的兼职比例。根据重点企业的贡献度实施差异化的人才支持政策，放宽人才政策条件、优化补贴内容和发放方式。学习东南地区挖掘技术人才的高级化方式，在人才住房补贴货币化、老人养老便利化和子女教育贴心化等方面做实做细。改进科技人才评价机制。组织开展“四唯”清理专项行动，把创新能力、成果质量、实际贡献作为评价核心指标，树立鲜明导向。

参考文献

倪君、刘瑶、陈耀：《“两链融合”与粤港澳大湾区创新系统优化》，《区域经济评论》2021 年第 1 期。

江曼琦、梅林：《产业“链”簇关系辨析与协同发展策略研究》，《河北经贸大学学报》2018 年第 1 期。

匡茂华、李海海：《创新链和产业链双向融合路径探析》，《人民论坛》2020 年第 15 期。

洪银兴：《围绕产业链部署创新链——论科技创新与产业创新的深度融合》，《经济理论与经济管理》2019 年第 8 期。

胡乐明：《产业链与创新链融合发展的意义与路径》，《人民论坛》2020 年第 31 期。

张其仔、许明：《中国参与全球价值链与创新链、产业链的协同升级》，《改革》2020 年第 6 期。

匡茂华、邓宜娇、刘青：《长株潭城市群创新链与产业链融合发展的路径研究》，《城市学刊》2021 年第 1 期。

B.7

陕西“亩均效益”综合评价研究*

陕西省社会科学院课题组**

摘　要： 本报告分析了“亩均效益”评价内涵机理，归纳梳理了国内部分省区市的实践探索经验，在借鉴成功做法的基础上，从省域、开发区（高新区）等不同层面对陕西进行“亩均效益”综合评价，评价显示：一是陕西省建设用地相对紧张、亩均经济产出增速放缓、亩均税收贡献相对较高、亩均能耗相对偏高，投资驱动经济增长模式尚未根本改观；二是陕西省“亩均效益”综合效率全国排位靠后；三是陕西省开发区（高新区）“亩均效益”差异明显。分析提出，陕西推行“亩均效益”综合评价面临数据共享能力不足、区域行业差异较大、配套政策机制建设滞后、低产低效企业改造提升制约较大等突出问题。最后，以问题为导向，提出陕西全面推行“亩均效益”综合评价的对策建议。

关键词： 陕西　亩均效益　综合评价

随着经济发展，土地、环境容量等资源要素瓶颈问题将越来越突出。

---

* 本报告系陕西省社会科学院重大项目“陕西‘亩均效益’导向综合评价体系研究”（项目编号为21SXZD10）的阶段性成果之一。

** 课题组组长：吴刚，陕西省社会科学院经济研究所副所长、研究员。课题执笔：班斓，陕西省社会科学院经济研究所助理研究员。课题组成员：刘晓惠，陈光，分别为陕西省社会科学院经济研究所助理研究员。

部分低端产能、低效企业占据了大量土地、设备等生产要素，而高效益、高成长性企业资源要素保障需求得不到及时满足。推行“亩均效益”综合评价是提高资源要素综合利用效率、加快破解经济结构性矛盾、推动高质量发展的有效之策。本报告从省域、开发区（高新区）等不同层面对陕西省“亩均效益”综合效率进行评价测度，分析面临的突出问题，提出相应的破解之策。

一 “亩均效益”评价机理及实践探索

（一）“亩均效益”评价的内涵机理

“亩均效益”是将农业生产领域的“亩均”概念延伸到经济领域，通过建立评价机制，以“亩均效益”为杠杆，不断强化资源要素市场化配置和正向激励，推动资源要素向高产区、高端产业、优质企业集聚，倒逼低端低质低效企业加快转型升级。“亩均效益”，指单位土地上投入产出效益，既算土地投资账、产出账、税收账，也统筹考虑企业对土地的利用强度、对环境的污染排放等。一般的，用单位土地固定资产投资强度、经济产出、税收贡献、研发投入、劳动生产率、能源消耗、排放等指标反映土地亩均效益值。“亩均效益综合效率”，指单位面积土地投入与产出在经济、社会与生态环境等方面综合变化效果，即表征土地“亩均效益”综合变化效率，体现土地集约利用的综合效能。

（二）“亩均效益”评价的实践

目前，国内浙江、上海、山东、四川等省市在这方面进行了富有成效的实践探索，并形成了一些可复制推广的经验，对陕西推进“亩均效益”评价有一定的借鉴作用。

1. 浙江省

2005 年浙江绍兴县率先提出了“亩产论英雄”的发展理念，以提高

“亩产效益”为核心，围绕节约集约用地、节能降耗减排等重点，公布企业效益“排行榜”，探索建立导向、准入、制约、激励“四大机制”，试行与“亩产效益”紧密挂钩的城镇土地使用税、排污费等激励和倒逼政策，引导企业转型升级，促进经济结构调整和发展方式转变，为先进制造业基地建设奠定了重要的政策和制度供给。2015 年浙江省印发《关于全面推行企业分类综合评价加快工业转型升级的指导意见（试行）》，开始在全省推广“亩产论英雄”改革。主要以质量和效益为目标，强化“亩均效益”综合评价，从项目准入、激励倒逼、搭建数据平台、配套政策等方面制定相应举措，有效促进土地集约节约利用，提升资源要素综合效率。

2. 上海市

2018 年上海市出台《关于促进资源高效率配置推动产业高质量发展的若干意见》《关于我市全面推进土地资源高质量利用的若干意见》，提出“以亩产论英雄、以效益论英雄、以能耗论英雄、以环境论英雄”，从把住“入口”、推动“腾笼换鸟”、建立“标尺”三方面入手，构建资源利用效率评价制度，以用地、用能、劳动效率、科技创新、污染排放等为核心，推进建设产业准入、技术改造、电价、环保等差别化配置机制；严格推行项目准入和产业结构调整，引导产业园区在产出效率、创新创业、品质品牌、投资环境等方面对标国际一流。

3. 山东省

2019 年山东省政府发布《关于开展“亩产效益”评价改革工作的指导意见》，以县（市、区）为主体，推进“亩均效益”评价改革。主要采用建立企业分类综合评价机制、实施资源要素差别化配置政策、创新企业管理和服务方式、推行企业投资项目承诺制 + 标准地、建立健全评价改革工作专班推进机制等不断提高全要素生产率，促进新旧动能转换和高质量发展。

4. 四川省

2020 年，四川省自然资源厅、省经济和信息化厅联合发布《关于实施“亩均论英雄”改革开展园区及工业企业评价工作的通知》，以园区评价和工业企业评价为主体，推行“亩均论英雄”改革。通过推进“亩均效益”评价、归集利用数据资源、实施差别化政策措施、建立产业提质增效长效机制、强化工作机制建设等提高园区及工业企业单位面积产出效益，优化资源要素配置，推动产业高质量发展。

总结分析浙江、上海、山东、四川 4 省市推行“亩均效益”评价，主要有以下启示。

一是推进实施分类评价。浙江省对规上工业企业、规上服务业企业、规下工业企业进行分类“亩均效益”综合评价，并在各县（市、区）、特色小镇、经济开发区、高新区、小微企业、服务业等分领域分行业开展“亩均效益”综合评价；上海对各区县进行经济密度评价；山东省以县（市、区）为主体，在全省启动“亩产效益”评价改革，加快建立以质量和效益为导向的工业企业分类综合评价机制。四川省以园区和工业企业为主体推进亩均效益分类评价。

二是强化配套政策建设。针对评价结果，浙江将企业分为优先发展类、鼓励提升类、帮扶升级类和倒逼整治类四大类，并对企业在用地、用电、用水、用气、排污等方面实施差别化政策，鼓励资源利用效益高的企业发展，倒逼资源利用效益低的企业改革，逐步淘汰粗放型、低效益产能。上海在产业准入、技术改造、土地供应、财税、电价、环保、金融服务等方面深化差别化政策指导，扶优汰劣，协同推进资源合理配置。山东省将企业归为优先发展类、支持发展类、提升发展类、限制发展类，对企业实施差别化的价格、用地、用能和排放、产能利用、信贷政策，鼓励得分高、档位高的企业优先优惠获得相应资源并发展。

三是加快亩均效益大数据平台建设。亩均效益评价的基础在数据，难点也在数据。浙江将亩均效益大数据平台纳入数字政府重大项目建设盘子，有序推进省、市、县、园区、企业联动共享的大数据平台建设。山东、四川等省份，建设“亩均论英雄”评价信息系统，归集园区及工业企业评价数据、工业企业基础调查数据信息等。

二　陕西“亩均效益”现状分析

本文选取亩均经济产出、亩均税收、亩均能源消耗、亩均固定资产投资等四个指标，分析陕西省亩均效益现状①。

（一）亩均经济产出增速放缓

陕西省亩均经济产出从 2015 年的 12.68 万元增长到 2020 年的 17.29 万元，2020 年比全国亩产经济贡献均值高出 0.87 万元；全国排位由 2015 年的第 10 位上升到 2020 年的第 9 位（见图 1），在西部排名第 2 位，仅次于重庆；陕西省亩均经济产出有所提高，但年均增速低于全国水平 0.1 个百分点，增速放缓，落后于全国整体上升趋势。

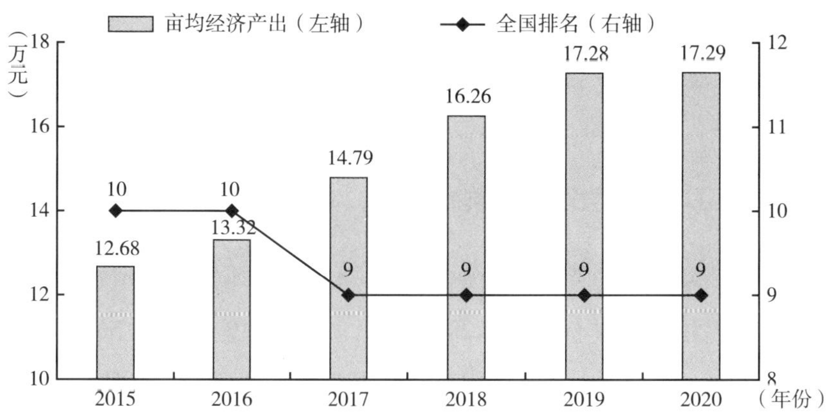

图 1　2015～2020 年陕西省亩均经济产出与全国排名比较

（二）亩均税收贡献波动上升

陕西省亩均税收从 2015 年的 0.91 万元增长到 2020 年的 1.16 万元，

① 数据来源与本文第三部分陕西省域“亩均效益”综合评价相同，具体见该部分数据来源介绍，本部分略。

2020 年比全国亩均税收收入均值低 0.05 万元；全国排位从 2015 年的第 12 位上升到 2020 年的第 9 位（见图 2），在西部排名第 2 位，仅次于重庆。“十三五”期间，陕西省亩均税收收入波动上升，且年均增速高于全国水平 2.57 个百分点。

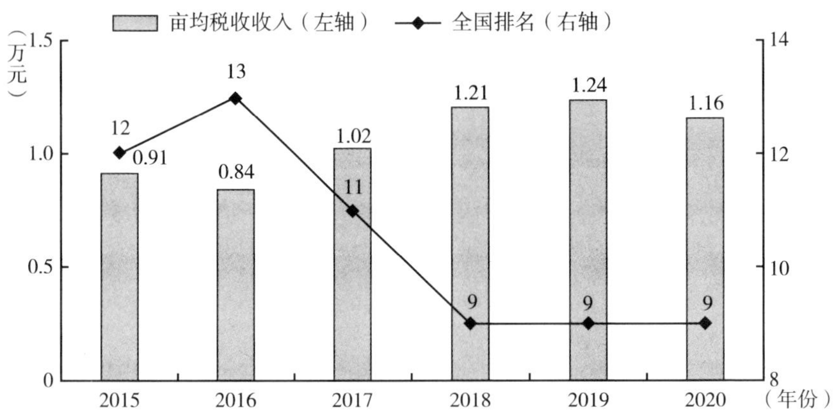

图 2　2015～2020 年陕西省亩均税收收入与全国排名比较

（三）亩均能源消耗相对偏高

陕西省亩均能源消耗（或简称“能耗”）从 2015 年的 8.61 吨标准煤上升到 2020 年的 8.93 吨标准煤，2020 年比全国亩均能耗高 0.56 吨标准煤，是全国亩均能耗最低的海南的 2.13 倍，西部排名第 4 位，是西部亩均能耗最低的甘肃的 1.59 倍，仍处在一个能耗偏高的位置；陕西省亩均能耗一直呈现波动上升态势，但全国排名从 2015 年的第 14 位下降至 2020 年的第 16 位（见图 3），说明陕西省经济增长对能源的依赖度相对有所下降。

（四）投资驱动经济增长模式尚未根本改观

陕西省亩均固定资产投资（或简称“固投”）增长较快，从 2015 年的 12.91 万元上升到 2020 年的 16.14 万元，2020 年比全国亩均固投高出 5.61

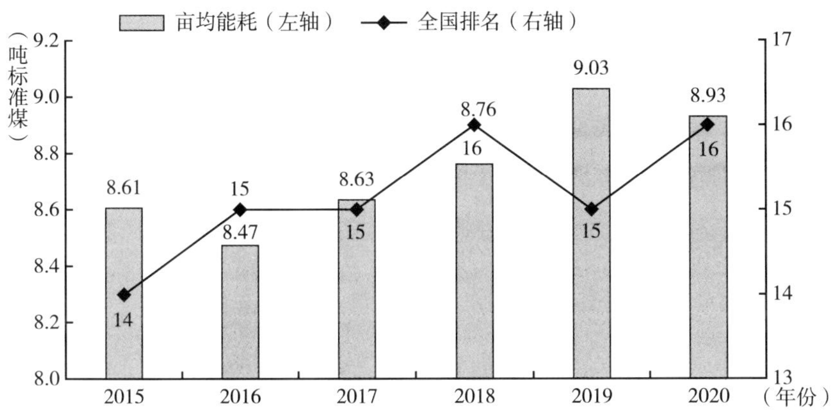

图 3　2015～2020 年陕西省亩均能耗与全国排名比较

万元；全国排位从 2015 年的第 8 位上升到第 3 位（见图 4），始终保持在西部第 2 位。从亩均投入产出分析来看，陕西省亩均固投位列全国第 3，但亩均经济产出位列全国第 9，投入与产出尚不匹配，高投入没有带来相应的高产出，投资驱动经济增长模式尚未根本改观。

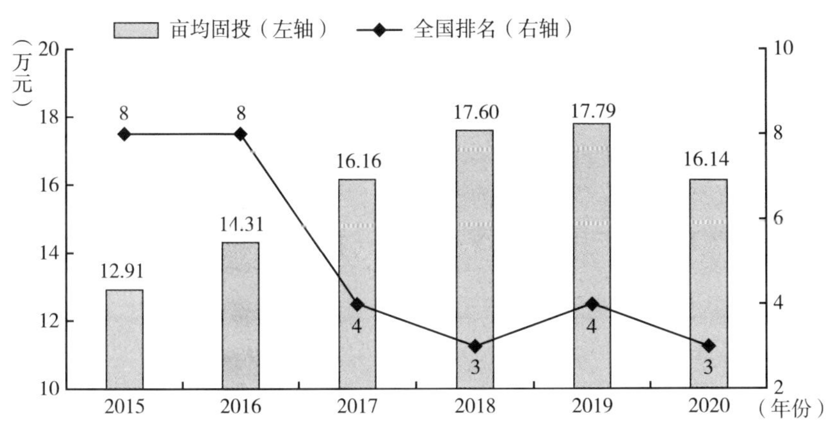

图 4　2015～2020 年陕西省亩均固投与全国排名比较

三 陕西省域“亩均效益”综合评价

（一）指标选取

选用年度亩均经济产出（GDP）、亩均固定资产投资、亩均能耗、亩均税收等评价指标，具体指标计算方法：①亩均 GDP = 地区生产总值/建设用地面积；②亩均税收 = 税收收入/建设用地面积；③亩均固定资产投资 = 全社会固定资产投资/建设用地面积；④亩均能源消耗 = 能源消耗总量/建设用地面积；⑤亩均电耗 = 耗电量/建设用地面积。构建的“亩均效益”综合评价指标体系如表 1 所示。

表 1 “亩均效益”指标体系

目标	指 标	指标解释	指标属性
产出指标	亩均税收	= 税收收入/建设用地面积	正向相关
	亩均 GDP	= GDP/建设用地面积	正向相关
投入指标	单位固投 GDP	= GDP/固定资产投资	正向相关
	单位能耗 GDP	= GDP/能源消耗量	正向相关

借鉴浙江、山东等省份在测度“亩均效益”综合效率时对各个指标赋值，亩均效益指标权重，如表 2 所示。

表 2 “亩均效益”指标权重

目标	权重	指标解释	指标属性
产出指标	50%	亩均税收	30%
		亩均 GDP	20%
投入指标	50%	单位固投 GDP	30%
		单位能耗 GDP	20%

（二）数据来源

建设用地面积。各省（区、市）建设用地面积数据来源于《中国环境统计年鉴》（2015～2018年），由于目前2019年、2020年《中国环境统计年鉴》并未公布2018年、2019年各省（区、市）数据，因而各省（区、市）2018年建设用地数据基于各省（区、市）2015～2017年3年间建设用地平均增速和2017年建设用地面积进行估算，2019年、2020年建设用地数据采用2018年估算值。

亩均经济产出、亩均税收。2015～2019年各省（区、市）经济产出（即地区国内生产总值）、地方财政税收数据来源于国家统计局国家数据库网站，按照我国国民经济核算数据修订制度和国际通行做法，在第四次全国经济普查后，对2018年及以前年度的地区生产总值历史数据进行了系统修订，故采用其最新修订数据。

亩均能耗。2015～2019年各省（区、市）能源消耗数据来源于《中国能源统计年鉴》（2016～2020年），由于2020年能源消耗数据国家并未公布，因而各省（区、市）2020年能源消耗数据基于各省（区、市）2020年能源消耗增速数据及2019年能源消耗数据测算，各省（区、市）2020年能源消耗增速数据来源于《2020年分省（区、市）万元地区生产总值能耗降低率等指标公报》。

亩均固定资产投资。2015～2017年各省（区、市）固定资产投资总额数据来源于国家统计局国家数据库网站。由于2018年、2019年、2020年国家只公布各省（区、市）固定资产投资增速，没有绝对量，因而2018年、2019年、2020年各省（区、市）固定资产投资数据基于各省（区、市）2017年固定资产投资总额以及相应增速测算而来。2020年各省（区、市）固定资产投资增速见各省（区、市）2020年国民经济和社会发展统计公报。

（三）结果分析

根据表1计算亩均税收、亩均GDP、单位固投GDP、单位能耗GDP等指标数值，标准化后，基于表2权重计算综合效率值，算得“十三五”期间全国各省（区、市）“亩均效益”综合效率及排序。从表3数据分析显示，“十三五”以来，陕西省“亩均效益”综合效率稳步提升，2015~2020年陕西省“亩均效益”综合效率提升了0.03，2020年全国排名保持在第17位，“亩均效益”综合效率全国排位靠后。

表3 “十三五”期间全国31个省（区、市）“亩均效益”综合效率及排序

亩均效益综合值	2015年	2018年	2020年	5年均值	排名	2015年	2018年	2020年	5年均值
北京	0.59	0.78	0.83	0.72	北京	2	2	2	2
天津	0.20	0.21	0.21	0.21	天津	7	9	12	8
河北	0.07	0.08	0.10	0.08	河北	24	25	24	24
山西	0.06	0.16	0.17	0.12	山西	25	19	19	22
内蒙古	0.05	0.08	0.06	0.07	内蒙古	26	26	27	27
辽宁	0.10	0.21	0.22	0.19	辽宁	20	10	9	10
吉林	0.08	0.10	0.11	0.10	吉林	22	23	23	23
黑龙江	0.07	0.08	0.08	0.08	黑龙江	23	27	26	25
上海	0.64	0.84	0.87	0.78	上海	1	1	1	1
江苏	0.25	0.32	0.35	0.30	江苏	5	5	4	5
浙江	0.26	0.33	0.35	0.31	浙江	4	4	6	4
安徽	0.13	0.19	0.21	0.17	安徽	15	13	13	14
福建	0.23	0.31	0.35	0.29	福建	6	6	5	6
江西	0.14	0.18	0.20	0.17	江西	12	15	14	15
山东	0.15	0.16	0.18	0.16	山东	11	18	18	16
河南	0.12	0.17	0.19	0.16	河南	17	16	15	17
湖北	0.15	0.21	0.24	0.20	湖北	9	8	8	9
湖南	0.15	0.19	0.22	0.18	湖南	10	12	10	11
广东	0.33	0.39	0.43	0.39	广东	3	3	3	3
广西	0.11	0.13	0.14	0.13	广西	19	22	22	20
海南	0.14	0.18	0.19	0.17	海南	13	14	16	13
重庆	0.19	0.24	0.27	0.23	重庆	8	7	7	7
四川	0.13	0.19	0.21	0.17	四川	14	11	11	12
贵州	0.10	0.13	0.15	0.13	贵州	21	21	21	21

续表

亩均效益综合值	2015 年	2018 年	2020 年	5 年均值	排名	2015 年	2018 年	2020 年	5 年均值
云南	0. 11	0. 15	0. 17	0. 14	云南	18	20	20	19
西藏	0. 01	0. 02	0. 04	0. 02	西藏	31	30	31	31
陕西	0. 13	0. 17	0. 18	0. 16	陕西	16	17	17	18
甘肃	0. 04	0. 09	0. 10	0. 08	甘肃	27	24	25	26
青海	0. 01	0. 02	0. 04	0. 02	青海	30	31	30	30
宁夏	0. 03	0. 05	0. 05	0. 04	宁夏	29	29	29	29
新疆	0. 03	0. 07	0. 05	0. 05	新疆	28	28	28	28

四　陕西开发区（高新区）“亩均效益”综合评价

（一）指标选取

选取亩均税收、亩均增加值、研发经费支出占营业收入比重、全员劳动生产率、综合容积率五大指标构建“亩均效益”评价体系，并采取加权指数法测算“亩均效益”综合效率；其中，亩均税收权重为 40%，亩均增加值权重为 30%，研发经费支出占营业收入比重权重为 10%，全员劳动生产率权重为 10%，综合容积率权重为 10%。

（二）数据来源

安康高新区、宝鸡高新区、渭南高新区、西安高新区、西咸新区、西安经开区、榆林经济技术开发区等 7 个开发区（高新区）的亩均税收、亩均增加值、综合容积率等 3 个指标来源于调研数据；安康高新区、宝鸡高新区、渭南高新区、西安高新区、榆林经济技术开发区等 5 个区域的营业收入数据、年平均从业人数、研发经费支出数据来源于火炬年鉴 2020 年，据此计算研发经费支出占营业收入比重 = 研发经费支出/营业收入，劳均营业收入 = 营业收入/年平均从业人数，全员劳动生产率根据劳均营业收入估算；

西咸新区全员劳动生产率、研发经费支出占营业收入比重等2个数据来源于《西咸新区国民经济和社会发展第十四个五年规划和二〇三五年远景目标纲要（第三版）》（内部资料，未公开发布）；西安经开区全员劳动生产率、研发经费支出占营业收入比重等2个数据根据西咸新区和西安高新区数据的均值估算。

（三）结果分析

基于开发区（高新区）亩均调研数据分析评价，陕西省开发区（高新区）“亩均效益”差异较大，如表4所示。

表4　2020年陕西省部分省级以上开发区“亩均效益”均值评价结果

开发区	亩均税收（万元/亩）	亩均增加值（万元/亩）	综合容积率	全员劳动生产率（万元/人）	研发经费支出占营业收入比重(%)	综合效率	排名
西安高新区	131.35	661.67	1.85	21.2	2.85	0.962	1
西安经开区	45.00	400.00	1.20	20.0	2.67	0.578	2
安康高新区	10.06	63.64	0.77	13.9	0.12	0.008	7
榆林经济技术开发区	30.00	422.98	0.96	26.4	0.20	0.385	3
西咸新区	22.00	280.00	1.20	12.8	2.50	0.318	4
宝鸡高新区	20.00	150.00	1.00	13.5	1.32	0.187	5
渭南高新区	15.00	100.00	1.00	22.1	0.50	0.130	6

1.关中地区开发区（高新区）亩均效益相对较高

亩均税收数据显示，调研开发区（高新区）亩均税收为39万元/亩，其中，西安高新区为131.35万元/亩，位列第一，远高于安康高新区10.06万元/亩；亩均固投数据显示，调研园区亩均固投为286.8万元/亩，其中，西安高新区为661.67万元/亩、榆林经济技术开发区为422.98万元/亩、西安经开区为400万元/亩，分列前三位，远高于安康高新区；研发经费支出占营业收入比重数据显示，西安高新区、西安经开区、西咸新区、宝鸡高新区远高于榆林经济技术开发区、安康高新区。

2. 成熟度较高的开发区（高新区）“亩均效益”综合效率较高

“亩均效益”综合效率测算结果显示，西安高新区为0.962，排第1位，西安经开区为0.578，排第2位，第3到7位依次为榆林经开区0.385、西咸新区0.318、宝鸡高新区0.187、渭南高新区0.130、安康高新区0.008。西安高新区、西安经开区成熟度相对较高，“亩均效益”综合效率远高于其他园区。综合容积率、全员劳动生产率各区域差距不大。

五 陕西推行“亩均效益”综合评价面临的问题

“亩均效益”综合评价涉及数据较多，评价是基础，运用是关键，加快形成良性的资源要素市场化配置机制，亟待破解一些突出问题。

（一）“亩均效益”数据共享能力不足

“亩均效益”综合评价部分指标数据、信息采集难度大。目前，推行“亩均效益”综合评价，数据底子不清，存在“一企多地”“一地多企”“一户多表”“一表多户”的情况，数据无法获取或不准确。以西咸新区空港新城为例，调研的258家企业中，数据完全有效的企业只有168家，数据有效率不足65.1%。“亩均效益”信息数据共享共用水平较低，相关数据采集效率低下，成本较高。

（二）“亩均效益”区域、行业差异较大

从调研情况来看，陕西省“亩均效益”具有区域、行业差异。一是区域差异。从亩均税收来看，关中地区的西安高新区为131.35万元/亩，远高于其他区域开发区，是陕南地区的安康高新区；二是行业差异。以空港新城为例，从规模以上工业企业亩均税收来看，最高的行业是最低行业亩均税收的90多倍。

（三）“亩均效益”导向配套政策机制建设滞后

“亩均效益”评价的目的是建立资源要素差别化配置机制，以“亩均效益”为杠杆，正向激励和反向倒逼，促进资源要素高效配置。从实际调研情况来看，多数开发区未建立项目准入的“亩均效益”标准；“亩均效益”导向的用地、用能、污染排放等资源要素差别化配置政策尚未建立。

（四）低产低效企业改造提升制约较大

以“亩均效益”为导向，推进低产低效企业改造提升、低效土地“腾笼换鸟”，才能有效拓展发展空间、提升要素投入产出效率。目前，低产低效土地认定较为困难，现行的法律条文没有对低产低效土地、企业改造提升的明确规定。通过司法拍卖、政府收储、企业转让等改造提升低产低效企业存在的合法依据不足。政府采取协议收储低产低效土地，或引导市场兼并重组低产低效企业成本较高，阻碍较大。

六　陕西推行“亩均效益”综合评价的政策建议

推行“亩均效益”综合评价是一项系统工程，要强化力量统筹，建立高效有序的推进机制。2020 年 8 月 13 日，陕西省印发《关于推行“亩均论英雄”综合改革的指导意见》，标志着陕西省“亩均效益”综合评价进入全面实施阶段，本文依据评价分析结果和问题，提出相应的对策建议。

（一）强化项目投资“亩均效益”准入引导

加快出台陕西省工业项目投资“亩均效益”指南，设定准入门槛，引导资源要素向优势区域、产业、企业集中。一是亩均税收，省级园区工业项目不低于 15 万元/亩，国家级园区工业项目不低于 20 万元/亩；二是亩均增加值强度，省级园区工业项目不低于 100 万元/亩，国家级园区工业项目不低于 150 万元/亩；三是亩均固定资产投资强度，省级园区工业项目不低于

250 万元/亩，国家级园区工业项目资不低于 400 万元/亩；四是全员劳动生产率，省级园区工业项目不低于 13 万元/人，国家级园区工业项目不低于 18 万元/人；五是单位能耗增加值，省级园区工业项目不低于 1 万元/吨标准煤，国家级园区工业项目不低于 2 万元/吨标准煤；六是单位排污增加值各开发区根据自身情况出台主导行业标准；七是研发投入强度，省级园区工业项目研发投入强度不低于 1.5%，国家级园区工业项目研发投入强度不低于 2.0%。

（二）推进实施“亩均效益”分类评价

一是制定分类评价办法。选取亩均增加值、亩均税收、亩均固投、全员劳动生产率、单位能耗增加值、单位排污增加值、研发投入强度等关键指标，并设置绿色发展、技术升级、科技创新等加分项。制定实施规上工业企业、规上服务业、省级以上开发区（高新区）、县域集中区、市县域“亩均效益”分类评价办法。指导分行业、分区域评价。二是加快推进综合评价。建立台账清单，分类施策，加快推进“亩均效益”评价，核清全省基数，规划目标任务。三是优化评价方式。合理设置指标权重，完善评价体系，对鼓励类高新技术企业、战略性新兴产业、扶贫产业等，经济效益指标可适当有所侧重。推进评价过程的数字化、公开化，强化评价结果的公信力。

（三）推进实施“亩均效益”对标工程

一是研究制定“亩均效益”领跑者行动方案。省政府相关部门要分别制定实施工业、服务业、高新区、经开区、县域工业集中区“亩均效益”领跑者行动方案，发布“领跑者”名单。二是研究制定相应的激励政策。对“亩均效益”领跑者要叠加扶持政策，让领跑者有更多的获得感和幸福感。三是加强典型案例的分享示范。总结梳理“亩均效益”突出的市县、开发区、企业、县域集中区典型做法，引导对标先进、补齐短板，推动高质量发展。

（四）建立和完善“亩均效益”导向差异化政策举措

依据“亩均效益”评价结果，建立土地供给、企业融资信贷、财政支持等差异化政策以及用地、用电、用水、用气、排污等差别化价格政策。一是推进差别化的土地使用政策。制定相关用地政策，盘活存量用地或用地指标，重点支持优先发展类、鼓励提升类开发区或企业的用地需求。新增用地严控向帮扶升级类、倒逼整治类开发区或企业供给。二是推进差别化的企业融资政策。引导金融机构在信用评级、贷款授信和利率优惠中对优先发展类、鼓励提升类开发区或企业给予优先支持；对帮扶升级类开发区或企业，建议谨慎把控信用评级、贷款规模；对倒逼整治类开发区或企业，鼓励金融机构不得新增信贷规模，并相应上浮贷款利率。三是推进差别化的用能政策。对帮扶升级类和倒逼整治类开发区或企业实行年度用电、用水、用气以及排污等总量控制，并且实施相应加价资源要素配置政策。四是推进差别化的财政政策。建立与企业“亩均效益”绩效挂钩的财政激励约束机制，重点支持优先发展类、鼓励提升类开发区或企业享受财政奖补政策；帮扶升级类、倒逼整治类开发区或企业的财政支持资金可按照逐年递减的办法，倒逼其提升资源要素利用效率。

（五）分类施策，推进低产低效企业改造提升

以“亩均效益”评价为导向，分类施策，推进低效企业改造提升。一是追加投资。支持引导低产低效企业通过“零地技改”、增加设备等方式追加投资，提高土地单位产能。二是转让出租。支持引导低产低效企业对其部分长期未开发利用的土地和厂房依法进行转让、出租，盘活用地。三是整合改造。支持引导低产低效企业兴建孵化器、建多层厂房或实施厂房改造加层增加建筑容积率，提高“亩均效益”。四是置换流转。探索带建筑储备、以楼换地、以股换地、以合并竞争等方式置换用地政策制度，引导低产低效企业有序退出用地。五是并购重组。支持引导低产低效企业通过引进嫁接、股权优化等方式进行重组，整合优化资源要素，推动产业升级。六是有序清

退。强化环保、安全、用能等方面指标评价考核，对达不到相关标准的企业，加大整治力度，有序引导企业关停并转。

（六）建设“亩均效益”大数据平台

强化信息数据归集、共享，推进建设省、市、县（区）、园区四级联动“亩均效益”大数据平台。一是整合部门数据资源，建设亩均数据平台。依托“企业上云”、国土空间基础信息平台建设等工程实施，加大整合归集发改、自然资源、工信、税务、商务、科技、生态环保、统计等部门数据资源，建设标准对接、及时更新和共享的亩均大数据平台。二是建立与“亩均效益”评价相匹配的可视化、可及性政策体系。以实景陕西为底图，以“亩均效益”数据为中心，可视化、自动化和实时化展示用地、用能、融资、科创、人才等差别化政策，助力数字陕西建设。三是依据“亩均效益”综合评价指标数据变化情况，生成企业、行业、区域体检表，建立预警模型，并利用系统平台，提供决策参考预警服务。

B.8

陕西建设高水平国际贸易通道研究*

冉淑青　陈 光　刘晓惠**

摘　要： 本报告在总结陕西国际贸易通道建设现状的基础上，探讨了陕西国际贸易通道建设面临的国内外发展形势，总结得出陕西当前国际贸易通道建设存在物流枢纽地位不强、基础设施无法满足现实需求、相关配套服务无法满足业务增长、开放型经济发展不足等问题。在此基础上提出陕西建设高水平国际贸易通道的实施路径，一是从“集结中心”向“内陆国际物流枢纽”转变，二是从“物流优势区”向“贸易生态高地”转变，三是从“经济通道”向“通道经济”转变。为了保障上述实施路径实现，提出了加强顶层设计、强化财政支撑、优化土地保障、夯实项目支撑、大力引培专业人才、营造开放氛围等对策建议。

关键词： 陕西　国际贸易　通道经济

在新冠肺炎疫情防控常态化背景下，国际贸易通道发展形势发生了深刻变化，海运出口通道受到疫情严重影响，以中欧班列为代表的陆路运输通道

---

* 本报告为2019年国家社科基金项目“新亚欧大陆桥经济走廊区域协同发展新机制研究”（编号为：19XJL009）、陕西省2021年“创新能力支撑计划”项目“全面开放格局下陕西对外贸易优化升级的路径与对策研究”（编号为：2021KRM058）的阶段性成果；本报告数据来源于《陕西统计年鉴（2021）》及西安国际港务区官方网站。

** 冉淑青，陕西省社会科学院经济研究所副研究员，主要研究方向为城市经济学；陈光，陕西省社会科学院经济研究所助理研究员；刘晓惠，陕西省社会科学院经济研究所助理研究员。

成为国际贸易争夺的主战场。当前关于国际贸易通道建设理论研究已经远远落后于实践操作。因此，站在新的历史起点上，总结陕西国际贸易通道建设取得的成就，并结合当前国内外发展形势，解放思想，开拓创新，提出相应的实现路径及对策建议对于陕西建设高水平国际贸易通道具有重要的理论和现实意义。

一　陕西国际贸易通道建设情况

（一）中欧班列“长安号”辐射带动作用不断增强

2013 年 11 月 28 日，在各级政府的大力支持下，西安国际港务区向西开行了中欧班列“长安号”。近年来，中欧班列“长安号”紧抓“一带一路”建设重大机遇，以建设对外开放大通道为使命，创造了开行量、重箱率、货运量等核心指标位居全国前列的好成绩，成为西安对外开放的标志性符号以及丝绸之路经济带上的新使者。“长安号”建立之初，2013 ~ 2014 年共开行 46 列，线路为西安至中亚五国；2015 年全年共开行 95 列，尽管发车数量不多，每周仅为 1 ~ 2 列，但基本实现了常态化运行；2016 年全年共开行 151 列，线路包括西安至中亚五国、华沙、汉堡、莫斯科等 4 条干线，实现每周 3 列常态化运行；2017 年全年，“长安号”线路扩展至中亚五国、华沙、汉堡、莫斯科、布达佩斯、科沃拉等 6 条干线，实现每周 4 列常态化运行；2018 年，“长安号”开行数量飞速扩张，全年开行 1235 列，重箱率达到 100%；2019 年“长安号”开行总量达到 2133 列，其中欧洲方向 1222 列，包括去程 581 列、回程 641 列；2020 年，“长安号”运行实现了高质量发展和跨越式增长，全年共开行 3720 列，位列全国第一，同比增长 1.7 倍，运送货物总重 281.1 万吨，是上年的 1.6 倍，成为全国中欧班列中运输时效最快、智能化程度最高、线路辐射最广、服务功能最全、综合成本最低的班列（见图 1）。

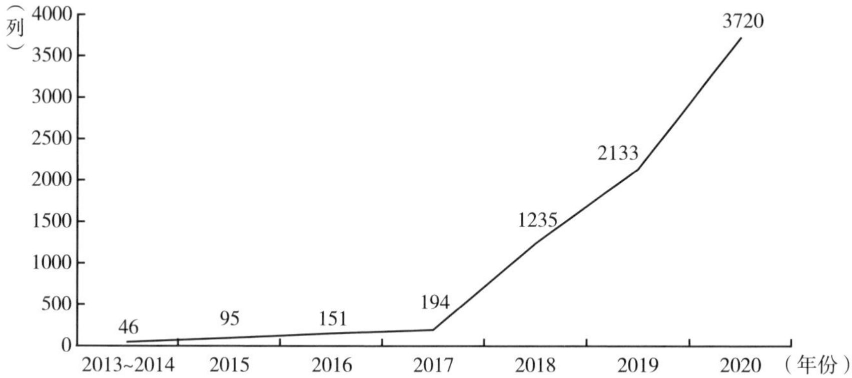

图 1　中欧班列“长安号”开通以来历年运行班次

（二）中欧班列（西安）集结中心地位快速提升

2019 年 3 月 25 日，在中欧班列西安集结中心合作论坛上，西安国际港务区与沿边口岸、沿海港口及境内外物流企业，共同发布了《共建“一带一路”陆海联运大通道的倡议》。中心成立以来，西安国际港务区与青岛港、宁波港、唐山港等国内多个港口建立合作关系，通过与中远海运、中国邮政等大型央企合作，相继开行了“襄西欧”“徐西欧”“蚌西欧”“冀西欧”“厦西欧”“唐西欧”“永西欧”“渭西欧”等 12 条“ + 西欧”集结线路，实现了与长江经济带、粤港澳大湾区、京津冀、晋陕豫黄河金三角等地区的互联互通，充足的货源供给为“长安号”稳定重载和高质量发展提供了重要保障。央企合作方面，“长安号”与中铁集装箱公司合作开行了中欧班列长安号公共班列，实现了每天开行 2 去 2 回，加强与招商局集团、中远海集团、中林集团等央企合作，进一步降低企业物流成本，提升综合服务效率。国际合作方面，“中欧班列”加强与列宁格勒港、穆克兰港合作，在境外实现了海铁联运，到德国从过去 18 大降到 12 天左右，大幅提升了班列运行时效，并应土耳其、立陶宛、斯洛伐克等国来函申请，加密开行了相关合作班列。

（三）航空口岸辐射带动能力持续增强

西安咸阳国际机场是西北地区最大、北方地区第二大的机场，是中国民航局规划建设的八大区域性枢纽机场之一和国内重要的航空港以及国际定期航班机场。西咸新区空港新城已经建成进境食用水生动物、进境水果、进口冰鲜水产品、进口肉类、进口药品等五个指定口岸；拥有陕西西咸保税物流中心、跨境电商综合试验区等外向型产业承载平台。西安成为西北五省区第一个获得并使用第五航权的城市。2020 年 6 月 7 日陕西首条洲际第五航权全货运航线顺利开通，为陕西进出口企业提供每年近 1 万吨的航空运力。坐落于西咸新区空港新城的西北最大的航空总部基地，不仅汇聚了国航、东航、南航、深航等多家航空公司，更吸引了飞机维修、物流运输、生物医药、电子信息等领域超过 150 家企业落户聚集，引进多家世界 500 强企业项目，如东航 - 赛峰起落架维修、科荣达 APU 维修、绿地国际会展中心、海航技术部附件维修、梅里众诚生物疫苗等项目，临空高端产业链创新链不断完善。

（三）立体化交通物流体系已经形成

西安是联通欧亚、承东启西的重要节点城市，拥有全国最密集的干线公路和高铁网络，2 小时航程可覆盖我国 75% 的领土和 85% 的经济资源，3 小时航程可覆盖我国所有省会和重要旅游城市，具有开辟航路航线、开展联程联运的便利条件。目前，航空高端带动、空铁公轨相互衔接的“空中放射状”和“陆上米字型”现代化交通体系不断完善，区位交通条件极其便利。西安国际港务区是我国唯一拥有国际、国内两个代码的内陆港口，也是全国首批陆港型国家物流枢纽，依托中欧班列西安集结中心、西安综合保税区及西安公路港等平台，通过整合公、铁、海、空多种运输方式，助力西安成为承东启西、连接南北、贯通欧亚的重要商贸物流枢纽。通过“公铁联运”开行了西安至阿拉木图、莫斯科、华沙、汉堡的中欧班列线路。通过“海铁联运”开通了青岛港、连云港至西安的货运班列，以及墨尔本港（澳大利亚）、利特尔顿港（新西兰）至西安港的海陆直达国际货运通道。2019年，全国首列全程“统一运单”模式的中欧班列（西安—加里宁格勒—穆克兰港—曼海姆）顺利开行，创新采用铁—海—铁多式联运组织模式，真正实现“一单到底”。通过“陆空联运”实现了从荷兰阿姆斯特丹、韩国首尔至西安综合保税区“洋货码头”的跨境电商货运航线，形成了“海陆空”立体化开放大通道，解决了内陆企业发展外向型经济的物流瓶颈，大大降低了企业运营成本。口岸功能方面，占地4.67平方公里的西安综合保税区运营良好，已建成铁路一类、公路二类开放口岸，粮食、肉类、整车指定口岸，国家跨境电商综试区，全国二手车出口试点等，并在哈萨克斯坦、白俄罗斯等地设立了8个海外仓。西安港“通道+口岸”功能叠加模式已基本形成，成为西安发展开放型经济的重点区域和“丝绸之路经济带新起点”建设的重要抓手和有力支撑。

二　陕西国际贸易通道建设面临的形势

（一）共建“一带一路”国家地缘政治错综复杂

共建“一带一路”涉及的国家和地区地缘政治关系复杂，是大国战略博弈的敏感区域，一些国家对我国主导的“一带一路”建设尚存误解和疑虑，这些都对“一带一路”建设产生了一定的负面影响。同时，许多国家正处于新旧体制转轨期、“民主改造”探索期和社会局势动荡期，容易出现政策变化导致的政治违约风险。另外，共建“一带一路”部分国家和地区历史问题复杂，民族宗教矛盾尖锐，恐怖主义、分裂主义和极端主义等三股势力活动猖獗，不确定不稳定因素较多，导致我国企业与这些国家合作的安全风险较高。

（二）国内各地开行中欧班列数量爆发式增长

自重庆开通至德国杜伊斯堡的“渝新欧”国际货运班列以来，多个地市相继开通了从新疆阿拉山口、霍尔果斯到达中亚、欧洲以及从内蒙古满洲里、二连浩特口岸到达俄罗斯和欧洲的班列。截至 2021 年，全国各地开行班列达 90 条之多，由于没有上位规划的统一引导，中欧班列不合理布点和线路重置问题日益严重。各班列之间为了争夺货源腹地的背后，打的是各地政府“补贴”的暗战。在中欧班列开行量呈现爆发式增长的同时，对外通道运力已经接近极限，阿拉山口、霍尔果斯边境口岸出现严重拥堵，同时境外铁路运力和换装能力跟不上国内班列发运需求，缺仓少柜也制约了运输顺畅，增加了企业运输成本。中欧班列在特殊时期为海空运输提供了补充和替代，但远不能达到改变中欧贸易运输格局的程度，运费高、运力不足是制约中欧班列发展的核心因素。

（三）航空运力呈紧缩态势

航空货运站一直是航空运输服务链整体的“信息黑洞”，交流主要依赖电话、电报等传统方式，信息化建设严重落后。新冠肺炎疫情发生后，航运市场运力和货物属性发生结构性变化，运力方面航司多，机种多，货物方面装载多，散装多，所需板块多。由于信息平台支持能力不足，货运站内外人员和设备等生产能力利用效率低下，货物在货站内装货困难，发货延迟，仓库紧张，物流效率难以提高。

新冠肺炎疫情背景下，我国大量的国际客运航班被迫停航，国内通往国际的客运航班被大幅度缩减，客机腹部货运航线也相应停止运营，导致全球航空货运市场将近一半总运力在市场上就此消失。随着国内疫情有所缓和，尽管少量国际客运航线已经恢复运行，与总体停航规模相比仍然是杯水车薪。

三　陕西国际贸易通道建设存在的问题

（一）物流枢纽地位不强

航空方面，尽管与江苏、四川、重庆相比，国际航线数量以及国际航线占比均保持上升态势，但单位国际航线货运量却持续下跌，航空货运量没有明显增长，与河南、四川、重庆、新疆相比，差距十分明显。这说明新增国际航线主要用于提供客运服务，或为便利人员往来及旅游业发展，但对货运物流没有明显带动作用。受中美贸易摩擦和疫情影响，陕西航空物流整体呈下降态势。

铁路运输方面，尽管当前中欧班列“长安号”开行了西安至欧洲、中亚、西亚等15条干线，但是面向东南亚等方向的物流仍是短板，由于本地优势企业和“大客户”企业不足，货源少，与山东、浙江、广东、江苏等货源充足的省份还需加强深度合作，班列干、支线路仍需进一步拓展，货物集结洼地尚未全面形成。由于民航运输货物以重量轻、时效快、附加值高为主，主要是电商快件、医药生鲜、精密仪器、电子产品和配件，铁路运输以大宗货物为主，二者货源区别比较大，空铁联运物流体系难以形成。

（二）物流基础设施无法满足现实需求

陕西当前航空运输过于依赖客机腹仓运输，受疫情影响大部分国际客运航线停运后，国际货运能力也受到严重冲击，同时，陕西全货机发展仅仅处于初级阶段，基础配置能力不足严重制约了国际航空物流产业的发展。

中欧班列（西安）集结中心现有建设用地紧张，配套服务及设施缺乏整体规划，存在资源分布不均衡、服务水平参差不齐、部分服务设施缺失以及周边路面拥堵等问题。如当前西安铁路集装箱中心站的海关监管查验基础设施建于2012年，尽管近年来改扩建了部分设施，但仍然无法满足中欧班列“长安号”货运量持续增长的需求，并严重影响了进出口的通关效率。

（三）相关配套服务无法满足业务增长

信息化建设仍然滞后。中欧班列“长安号”海关报检、货运“进站”手续办理、运行数据监测等业务尚未纳入西安国际港务区综合营业大厅，铁路、班列平台公司与海关间信息化建设滞后，专业客户服务能力不足。航空货运方面，由于我国航空货运信息系统整体研发投入不足，陕西航空货运信息建设比较滞后，且铁路、民航的管理体系相对独立，尚未形成一套完善的多式联运信息平台，现阶段仅能依靠人工方式实现民航、铁路两套系统之间货物基本信息的传送沟通。

服务支撑较为薄弱。金融结构单一，服务种类少，贸易融资模式创新不足，中欧班列“长安号”货值较高的发货主体多为外地企业，而外地企业在陕西无法获得银行授信，在一定程度上制约了平台金融服务效能的发挥。跨境支付、结算、货运代理、第三方信用担保等服务功能仍不健全。中欧班列“长安号”货运代理层级较多，导致物流成本层层加高，加重了贸易企业负担。

（四）开放型经济发展不足

陕西国际贸易中本地企业少、货值小，其根本原因还是陕西开放型经济发展不足。尽管西安空港新城在宣传上拥有“临空＋自贸＋保税＋跨境＋口岸＋航权”等六大叠加优势，但在实际工作中，这些功能优势并没有很好地服务区域经济发展，政策红利没有转化为经济红利。国际港务区目前还没有依托中欧班列“长安号”的辐射作用，制定强有力的招商引资和产业聚集政策体系，国际贸易企业和临港产业吸引力不足。

四　推进陕西国际贸易通道建设的路径探讨

综合陕西国际贸易通道建设发展现状与存在的问题，结合国内外发展形势与政策背景，未来陕西要建设高水平国际贸易通道，需要以从“集结中心”向“内陆国际物流枢纽”、从“物流优势区”向“贸易生态高地”、从“经济通道”向“通道经济”等“三个转变”入手，着力打造国际贸易的高标准硬设施、高水平软环境，最终带动通道经济高质量发展。

（一）从“集结中心”向“内陆国际物流枢纽”转变

1. 提升国际贸易通道运行能级

增强中欧班列“长安号”综合竞争力，拓展“＋西欧”朋友圈，全方位布局国内支线，拓展国际干线，重点加强回程班列组织；深化与中远海运、中铁等央企合作，争取进入国外港航体系、物流配送体系；加快中林、五矿期货交割仓，山东港冷链、公铁快线等项目建设进度；加大“长安号+跨境电商”融合力度，提升跨境电商专列开行频次，以“班列+口岸”模式推动粮食、汽车整车等特色班列发展；推进西安国际港务区海关查验设施装备升级，提高铁路通关效率。发挥第五航权优势，进一步开拓欧洲、美洲、澳大利亚、中亚等主要区域城市的直航航线，加强与共建“一带一路”国家和地区的直航联系，织密向西开放的货运航网，与中欧班列资源互补，共同打造面向欧亚的国际贸易通道。

2. 打造两港联运综合体

加强顶层设计，邀请顶级规划策划机构，对西安国际港务区和西安空港新城规划建设再梳理研判，以更高标准做好两港建设。加强“西安港”概念品牌共享，陆港、空港统称“西安港”；整合西安两港现有粮食、肉类、生鲜口岸，探索互设指定口岸监管仓，实现功能互补；建立联通两港的公路快速货运专线，提升陆空联运效率；适时推进联运信息平台建设，推进空铁物流数据共享交流，加快两港通关便利化改革，探索实现一次托运、一单到底、一次收费的多式联运运营模式。

3. 推进国际贸易系统智能化

加快5G、云计算等信息技术在国际贸易物流系统中的智能化应用，全面提高国际货运信息化水平。推进中欧班列“长安号”海关报关报检、货运“进站”手续办理、运行数据检测等业务一并纳入西安国际港综合营业大厅，实现“一厅通办”；推进空运机场、编组站等各类数据自主互动，实现航司、海关、机场、编组站、货代之间“业务合作、服务整合、信息共享”。

（二）从“物流优势区”向“贸易生态高地”转变

1. 推进自贸区制度创新

创新跨境服务贸易管理模式，在风险可控的前提下，加快推进金融保险、文化旅游、教育卫生等高端服务领域的贸易便利化；推进自贸区改革试点流程和操作简化集成，增强制度创新的系统性、整体性、协同性；加强部门之间沟通协调，推动各部门信息互换、监管互认、执法互助，保障各部门之间对各项改革措施的一致认可，将各项改革措施落细落实落地。

2. 深化金融领域创新

积极对接国家平台，争取获得亚投行、丝路基金、中非基金、国开行、进出口银行等金融机构对陕西“走出去”的支持。推进海关、工商、税收、征信等部门核心信息系统与数字金融综合服务平台对接，加强数据真实性管理，提高企业融资效率。以“央行 - 长安号票据通”“跨境票据通”产品为发端，进一步提高商业票据在跨境交易中的便利化和标准化程度，积极与共建“一带一路”国家和地区银行建立合作关系，培育服务“一带一路”建设的跨境票据市场体系。

3. 持续优化营商环境

强化法制环境建设，推动促进中小企业发展、社会信用、标准化等重点领域行政立法，加快完善相关法律法规和制度；完善信用制度体系，打通数据共享壁垒，用大数据赋能信用分级分类监管，健全和完善信用体系及社会信用奖惩约束机制；加强综合服务升级，推进贸易资讯、电子政务、市场拓展、金融服务、风控服务、人才孵化等营商服务网络建设；高标准打造生活服务系统，提高两港教育、卫生、文化等基础设施建设水平，建立全方位的社会保障体系，打造内外兼修的宜居宜业环境。

（三）从“经济通道”向“通道经济”转变

1. 加快港产城融合发展

依托中欧班列“长安号”全网物流优势，带动贸易导入及产业聚集，引导行业龙头企业逐步将贸易转向陕西，吸引全国电商平台企业、贸易企业、研发企业、金融企业聚集，构建以先进制造、电子商务、新金融等为支撑的临港特色产业体系，将两港打造为集物流、仓储、跨境电商、零售、批发、生产加工等于一体的运贸产融合发展新标杆。扎实推进西安跨境电子商务综合试验区和外贸综合服务平台等建设，培育国家外贸转型升级基地、省级特色出口基地等各类外贸集聚区，加快建设进口商品展示交易分拨中心、跨境电商国际合作中心、加工贸易转移承接中心，积极创建国家级进口贸易促进创新示范区。

2. 扩大双向开放能力

创新外资引进方式，鼓励本土企业与跨国公司合作，有效引进境外资金、高端人才和先进技术，提升外资利用水平；积极发挥外企协会的作用，搭建与外资企业合作的桥梁；支持跨国公司地区总部在陕西省设立投资中心、运营中心、结算中心、采购中心等经营性机构。支持龙头企业联合共建或自建海外园区和制造基地，鼓励企业参与“一带一路”重大基础设施、重点产业项目建设；推动特色产业或优势产能开拓海外市场，鼓励领军企业开展全球化布局，培育一批具有国际竞争力的本土跨国公司，加大“自主品牌、自主知识产权”产品和服务出口。

五　保障措施

（一）加强顶层设计

国家层面，按照国家“大物流”的思路，突破省域界限，成立陆港综合协调机构，推动国内相关省份在“陆港”规划、建设、运营及运输调度等方面加强交流与合作，并牵头制定《全国内陆国际港布局规划》，避免因大量同质性陆港盲目建设而浪费社会资源。省级层面，邀请国际顶级规划策划机构，对两港规划建设再梳理研判，以更高标准做好两港建设；邀请顶级运营策划团队，结合现代城市、产业发展的新阶段、新理念、新格局，对两港项目运营进行研判，以更高目标做好陕西国际贸易通道建设的顶层设计。

（二）强化财政支撑

发挥财政资金杠杆作用，建立省市财政优先投入保障机制，坚持财政每年安排一定比例的一般公共财政预算支出用于扶持两港国际贸易发展，积极引导社会资本、金融信贷资金和外资等将陕西国际贸易通道建设作为重点投资方向。丰富财政支持手段，积极探索以奖代补、先建后补、财政贴息贷款等支持政策，强化对物流通道建设相关政策实施的监管，提高政策支持实效。充分发挥金融机构主导作用，加快国际贸易领域金融产品创新，促进相关金融产品全面落地。

（三）优化土地保障

紧抓新一轮国土空间规划编制机遇，严格按照土地调控政策和节约集约用地要求，调整优化两港用地布局。全力推行“标准地”供给改革，争取建立省市土地供应审批“直通车”，创新产业用地利用管理方式，落实差别化供地政策，有序开展工业用地弹性限期出让和低效建设用地再开发等工作。落实供后开发利用监测机制，以“亩均效应”为指标，建立低效土地退出机制，积极盘活利用好空闲、低效闲置土地。

（四）夯实项目支撑

牢固树立“项目为王”理念，坚持“以项目看实绩、以项目比高下、以项目论英雄”，建立重大项目数据库，加强对重大项目的规划、筛选和储备，确保重大项目选准选优，充分发挥重大项目对经济和社会发展的推动作用。围绕主导产业和特色产业，加快签约一批重大产业项目，实行重大项目清单化精细管理、专班服务，健全晾晒督查、压力传导等机制，加快推进重大项目建设。加大对具备促建条件的储备项目和新签约项目的服务力度，优化内部流程，促进项目加快开工。加强项目包装策划，鼓励企业与中省市对口部门联系对接，积极参与国家重大工程建设，争取中省市资金支持。

（五）大力引培专业人才

高度重视人才培养和引进，提高从业人员专业水平。推动人才体制创新、措施创新和机制创新，不断完善人才引进和服务等政策，加强产业顶尖人才、优秀企业家、高端金融人才、高端技能人才、高素质管理干部等队伍建设。制定紧缺人才需求目录，实施“万名技能人才培养计划”，高水平建好人才“蓄水池”。专业委托国内知名高校、国际知名物流机构定向培养物流后备人才，同时加强对现有物流业从业人员的培训；实行多层次人才政策，设立“人才发展基金”，为国际贸易人才引进、培养、激励提供保障。

（六）营造开放氛围

从解放思想出发，牢固树立以开放促发展的观念，在兼顾外部引领发展和内部优化整合的前提下，不断增强国际开放的自觉性、主动性和创造性，克服局限性内陆经济观念，向经济发展较快的先进省份学习，增强开放意识和国际意识。循序引入先进地区的开放性和发展性思维，激发领导干部开放性责任意识。通过正确宣传和引导，增强市民的责任意识、机遇意识和进取意识，在市民中形成人人都是投资环境的共识，营造全市范围的国际开放氛围。

参考文献

陕西省人民政府：《陕西省国民经济和社会发展第十四个五年规划和二〇三五年远景目标纲要》，2021 年 1 月。

陈云等：《基于共建共赢的中欧班列高质量发展战略研究》，《中国工程科学》2020 年第 3 期。

黄征学：《推进“一带一路”建设与国家重大区域战略融合发展》，《宏观经济管理》2019 年第 9 期。

衷振华：《中美贸易战背景下加强陆上贸易通道建设的思考》，《价格月刊》2020 年第 2 期。

冉淑青：《多管齐下建设西安高水平开放型经济新体制》，《西安日报》2020 年 9 月 28 日。

B.9
陕西推进国土空间规划编制研究

陕西省决策咨询委员会课题组*

摘　要： 以规划引领经济社会发展是中国特色社会主义发展模式的重要体现。为了进一步推进陕西国土空间规划工作，在调研陕西国土空间规划编制工作进展情况的基础上，针对国土空间规划编制中需要关注的问题，借鉴其他省份的先进经验，就进一步做好陕西国土空间规划编制工作提出了对策建议，要加强与“十四五”发展规划的衔接协同，构建国土空间规划的分级管控机制，基于主体功能区划管控国土空间分类，科学统筹划定落实三条控制线，处理好保护与发展的关系，重视历史文化空间保护，全面落实“以人民为中心”的规划理念。

关键词： 陕西　国土空间规划　编制工作

习近平总书记指出：“国土是生态文明建设的空间载体。从大的方面统筹谋划、搞好顶层设计，首先要把国土空间开发格局设计好。要按照人口资源环境相均衡、经济社会生态效益相统一的原则，整体谋划国土空间开发”“规划科学是最大的效益，规划失误是最大的浪费，规划折腾是最大的忌讳。”2019 年 5 月，中共中央、国务院正式印发了《关于建立国土空间规划体系并监督实施的若干意见》，明确以规划引领经济社会发展，是我党治国

---

* 课题组顾问：白阿莹、邓理；课题组组长：李同昇、芮旸；课题组成员：易纯、李炬霖、王宇菲、王莺莺、杨华、高旭鹏、任婉颖、姜小雨、杨钰华。

理政的重要方式，是中国特色社会主义发展模式的重要体现，提出到 2020 年，基本建立国土空间规划体系，基本完成市县以上各级国土空间总体规划编制，初步形成全国国土空间开发保护“一张图”。

为了进一步推进陕西国土空间规划工作，在学习北京、广东等省份经验的基础上，对陕西国土空间规划编制工作的进展情况进行了调研并形成调研报告。

一　陕西国土空间规划编制工作正在有序进行

国土空间规划是各类开发保护建设活动的基本依据，是空间治理体系改革的重要内容。国土空间规划是将主体功能区规划、土地利用规划、城乡规划等空间规划融合为一的规划，包括国家、省、市、县、乡镇五个层级和总体规划、详细规划、相关专项规划三类，分为规划编制审批体系、实施监督体系、法规政策体系、技术标准体系四个子体系。与之前相比，新的“五级三类四体系”的国土空间规划体系是“多规合一”的规划体系，有利于解决原有空间规划存在的规划类型多，各个规划之间相互协调不够、交叉重叠较多问题；是体现国家意志的规划体系，能够保障国家发展战略的有效实施；是促进生态文明建设的规划体系，体现了生态优先、绿色发展的导向；是引领高质量发展的规划体系，体现了以人民为中心的发展思想。

根据国家的统一部署，陕西省委、省政府对陕西省国土空间规划编制工作高度重视，专门研究，结合陕西省实际作出具体安排，印发了省级规划编制工作方案，搭建了工作专班，提供了强有力的组织领导保障。按照省委、省政府和自然资源部有关要求，2019 年初陕西省就启动了省级国土空间规划编制的相关工作，采取部省联合编制模式，组建了由省自然资源厅和中国国土勘测规划院牵头，省发改委、生态环境厅、住房和城乡建设厅等相关部门参与的技术团队，已完成生态保护红线的基本分析，正在深化“双评价”“双评估”等专题研究成果。

市级层面的国土空间规划也已全面启动。西安市于2019年3月启动了规划编制工作，构建了“三级三类”的国土空间规划体系结构，确定了全市国土空间规划的编制思路，目前已初步完成“双评价”工作，正在推进生态保护红线、永久基本农田、城镇开发边界三条控制线的划定工作。咸阳市于2019年8月发布了《咸阳市国土空间规划编制工作实施方案》，为编制工作制定了时间表、路线图和任务清单，采取“知名技术设计单位+本土城市规划院和国土勘测院”的联合编制模式，确定了编制团队和技术顾问团。商洛市于2019年9月研究通过了《商洛市国土空间总体规划（2020—2035年）编制工作方案》，并于10月召开了全市国土空间总体规划编制工作动员部署会议，明确了工作任务和进度安排。全省其他各市的规划编制工作也在有序推进中。

县级层面的规划准备工作也已全面铺开。例如，这次调研所到的兴平市、长武县、山阳县、丹凤县等均已成立了国土空间规划编制工作领导小组，明确了部门工作职责，正在全力推进“三调”整改、生态保护红线评估调整等前期工作，基础数据和资料收集、学习考察和业务培训、编制团队联系对接和“双评价”等准备工作也已不同程度展开。

二　陕西省国土空间规划编制中需要关注的几个问题

国土空间规划具有战略性、综合性、长期性、约束性和协调性的特点，是一项全新的规划工作。根据调查了解，目前陕西省在国土空间规划编制中，还不同程度地存在一些需要认真关注的问题。

（一）需要充分发挥发展战略对国土空间规划的引领作用

国土空间作为自然资源和经济社会活动的物质载体，承载了众多主体对发展空间的诉求，具有自然资源属性、资产与资本属性、人文社会属性等多重价值属性，这就要求国土空间规划在面对多元主体各自利益取向时，不能仅仅追求单一的目标，而是要坚持五位一体的战略导向，实现对多元目标的统筹平衡。但一些地方和部门不同程度地存在简单地把国土空间规划当作“多规合一”的纯技术工作，重视国土空间的“自然资源”价值，对国土空间的资产、资本价值和社会人文价值认识不足，存在“只见物不见人”的现象；重视国土空间规划的单一目标的诉求，对规划的“战略引领”作用谋划不够；重视国土空间规划作为“技术工具”的功能，对规划的“公共政策”属性关注不足；重视国土空间的静态特征刻画，对国土空间不断发生的动态变化过程关注不够。

（二）需要建立有效的分级管控和传导机制

各级规划的衔接是国土空间规划体系的重要组成部分，也是国土空间规划编制实施中需要面对的问题。陕西省区域差异明显，不同地区的发展条件及所处的发展阶段不同，省、市、县三级面临的发展问题各异，空间战略也各不相同，进一步明确各层级编制主体的工作对象和内容十分必要。据了解，一些基层单位担心有关部门对空间规划相关指标一统到底。如果省级国土空间规划对辖区范围内所有城镇的城镇空间和城镇开发边界都全部划定，那么国土空间规划作为管控工具的灵活性将受到很大限制，下位层级难以根据本辖区的实际情况对分区和规划控制线进行合理修正，而上位层级也会经常面临国土空间规划调整的压力，这样不利于调动各方面制订规划的积极性。如果上位层级划定的范围过小或管控尺度过粗，又发挥不了上级国土空间规划对整个辖区范围内的保护开发活动进行统筹管理的作用。所以，进一步明确与政府事权相对应、差异有序的国土空间规划层级体系，确定不同层级政府话语权的细分领域，实行国土空间的分级管控十分必要。

（三）需要做好与发展规划内容和周期的衔接

我国规划体系的总体框架，确定了发展规划居于规划体系最上位，是其他各级各类规划编制的总遵循，空间规划须依据发展规划编制。这就要求：省级国土空间规划既要有利于本地发展又必须体现国家发展的总体要求；市县国土空间规划要按省上的总体布局明确自身的功能定位。“十四五”规划编制已全面启动，在编制过程中与同样正在编制的各级国土空间规划要进行内容上的衔接和融合。在规划编制周期上也应当做好衔接。国民经济和社会发展规划每 5 年编制更新一次，而国土空间规划是长期的，编制周期一般是 15 ~20 年，两个规划在编制中都要注意相互衔接，协调好发展规划和国土空间规划之间的空间管控关系，避免出现矛盾，使国土空间规划的约束性和远景蓝图的前景性更好发挥。

（四）需要处理好城市建设与永久基本农田保护的关系

这次所到之处普遍反映，如何在永久基本农田的约束下拓展城市发展空间是一个在国土空间规划编制中需要研究解决的问题。在已进行的城市周边永久基本农田划定工作中，有的地方因划定标准及指标不允许跨行政区调整，将部分基本农田布局到现状城市建设用地边缘，还有的划入城镇开发边界内部的现状优质耕地内，出现了城市合理拓展空间被切割和基本农田分布破碎化的问题。这次国土空间规划应在坚守基本农田红线的前提下对这一问题进行认真研究解决。

（五）需要解决三条控制线之间交叉重叠问题

过去，生态保护红线、永久基本农田、城镇开发边界三条控制线分别由不同部门划定。由于主管部门不同、数据来源和口径不一致、划定标准各异，三条控制线存在划定过程统筹协同不够、划定结果交叉重叠、实施管理困难等问题。这次国土空间规划，三条控制线的划定管理职责由自然资源部门统一履行，亟须建立统筹划定落实机制，使这一问题得到较好解决。

（六）需要认真落实“扎实加强文化建设”的要求

陕西省作为“中华民族和华夏文化的重要发祥地”“天然历史博物馆”，拥有黄帝陵、兵马俑、延安宝塔、秦岭、华山等诸多中华文明、中国革命、中华地理的精神标识和自然标识，在增强中国特色社会主义文化自信中负有重要使命。陕西省正在扎实加强文化建设，由文化大省向文化强省迈进。无论是文物保护利用、文化遗产向魅力文化空间的创造性转化，还是文化产业园区（基地）的建设、文化旅游景区的开发和公共文化设施的完善，都需要在国土空间规划中加以考虑和重视，给予用地等方面的充分支持，从供给侧为文化建设提供新机遇。但是，陕西省一些地方在国土空间规划编制中对这一新要求的重视和研究不够，对历史遗址和城市特色风貌的保护存在随意性现象，压缩了文化遗产的生存发展空间，不能很好地满足人民对于高品质、多样化文化产品和文化空间日益增长的需求。

此外，国土空间规划编制完成期限紧迫，编制技术规程操作性不够强，编制经费和技术支撑力量不足等也是调研中各地普遍反映的问题。

三　对策建议

针对陕西省国土空间规划编制中需要关注的问题，借鉴其他省份的先进经验，就进一步做好陕西省国土空间规划编制工作提出如下对策和建议。

（一）重视国土空间规划的战略引领作用，加强与“十四五”发展规划的衔接协同

国土空间规划以空间治理和空间结构优化为主要内容，不仅是对国土空间进行“刚性管控”的有力工具，也是实现“战略引领”的重要政策手段。搞好国土空间规划要注重发展战略的前期研究，全面对接“一带一路”建设以及关中平原城市群发展等国家战略，体现国家意志，满足国家重大需求；要充分体现省委、省政府重大决策，助力“三个经济”。要拓展规划前期研究广度和深度，进一步深入论证和分析事关全省长远发展的大战略、跨部门跨行业的大政策、具有全局性影响的跨区域大项目，为确定省域国土空间开发保护总体战略和主要目标提供依据，为编制规划提供基础支撑。

同时，在“十四五”规划编制业已启动的情况下，加强其与国土空间规划编制进程和内容的统筹衔接也是当务之急。①国土空间规划应在指导思想、主要目标、区域发展总体战略、重大战略布局及协调发展策略上，与

“十四五”规划保持统一；“十四五”规划应将“双评价”的结果纳入发展基础的分析中，在指标体系中增加国土空间开发强度、建设用地规模、生态保护红线控制面积、耕地保有量等关键性、约束性的空间开发保护类指标，强化或新增空间开发保护格局及空间结构优化方向确立、重大战略任务落地、重大生产力布局安排、三条控制线划定、三类空间规模和比例等方面的内容。②建立国土空间规划与“十四五”规划编制的线上线下衔接、会审及专家论证机制，将国土空间规划报批审批纳入规划体系管理，即国土空间规划在上报政府审批前，与“十四五”规划进行编制衔接和规划审查论证。③强化“十四五”规划的空间内涵。与企业结构、产业结构相比，空间结构、空间布局是政府更好发挥规划调控作用的重要内容。在“十四五”的规划思路和框架上要把总体发展战略和各领域发展任务与空间布局、空间管控相结合，改变将时序与空间、发展与布局相互割裂的状况。④优化规划期限。为进一步增强“十四五”规划的战略性和前瞻性，要合理调整规划目标、规划任务的期限，既要以五年为主，又要考虑更长时期的远景发展，做到远近结合。原则上，规划任务以“十四五”时期为重点，但主要目标可展望到2030年，空间布局则是更长远的制度安排。通过规划期限的适度调整完善，为与国土空间规划等的衔接协调创造条件。

（二）构建国土空间规划的分级管控机制，协调规划编制统一性和多样性之间的关系

国土空间规划既要体现全省一盘棋的思想，也要紧密结合市县经济社会发展实际；既要能够有效贯彻落实省级规划，也要解决本地国土空间开发保护的特定问题。为此，就需要在陕西省国土空间规划编制中达成强调统一性与体现多样性之间的平衡。各级政府把本级政府必须管也能管的空间问题管控好，形成不同层级政府的事权结构体系，从而实现不同层级国土空间规划的分级传导和分级管控。

省级国土空间规划应着重于区域协调发展的战略性、方向性、引导性、约束性、控制性要求，着力于省域范围开发与保护、公平与效率的空间均

衡；市县尺度的国土空间规划要着力落实上位规划的空间管治战略要求，提出精细化的空间管控方案。省级层面的规划，应重点明确全省国土空间开发保护战略格局及市县主体功能定位，把控全局的结构性引导和约定，以此引导和控制市县层面的“三线”划定；市县尺度的国土空间规划，可以着重开展三条控制线和乡村建设等各类空间实体边界的统一划定，在县级层面则应进一步突出国土空间用途及各类利用方式的效益和效率管控。通过上位规划侧重功能定位、格局、规模及目标管控，下位规划侧重功能边界、过程、质量及用途管控，各层级规划各司其职、纵横相互衔接，以体现国土空间规划体系的完整性和系统性，整合不同尺度规划以及规划实施管理，使之朝着可持续、有效率的方向共同努力。

（三）基于主体功能区划动态调整，以开发强度为关键目标参数，管控国土空间分类

陕西省的主体功能区规划于 2013 年 3 月由省政府发布实施，在全省国土空间开发保护中发挥了重要作用。但随着陕西省经济社会的发展，一些新情况和新问题出现，亟须在国土空间规划的编制过程中，结合国家和陕西省的新战略、新部署、新要求，对部分县（市、区）的主体功能进行适当调整，进而实现因地制宜的国土空间管控。如《关中平原城市群发展规划》提出推动蒲城、三原等具备条件的县有序设市，但两县在主体功能区划中均属于限制开发的农产品主产区。又如，延安市的安塞、子长已分别撤县设区、设市，但两者也都属于限制开发的国家重点生态功能区。

在对主体功能区划进行小幅调整优化的基础上，建议按照五类主体功能定位（国家及省级重点开发区域、国家及省级重点生态功能区、农产品主产区）、三类功能空间（生态、农业和城镇空间）、六类分区（生态保护红线及一般生态区、永久基本农田及一般农业区、城镇开发边界及城镇预留区），以国土空间开发强度为关键目标参数，分类确定其阈值并进行管控。①开发强度总量和增幅的分类管控。重点开发区域的国土空间开发强度通常为较高及以上，增幅通常为快或较快；农产品主产区、省级重点生态功能区

的开发强度通常为中等及以下，国家重点生态功能区通常为低强度；农产品主产区和重点生态功能区开发强度的增幅慢。②开发上限的分类管控。上限管控指对各级各类分区内建设用地总体规模的约束。城镇空间内生产、生活用地不宜过饱和，城镇开发边界和城镇预留区内国土空间开发强度上限通常控制在80%～90%；农业空间内除永久基本农田内开发强度为0外，一般农业区内应控制农村居民点和区域性基础设施建设新增用地，国土开发强度上限应控制在10%～20%；生态空间内除生态保护红线内开发强度为0外，一般生态区内应强化点上开发、面上保护的空间格局，严格控制建设类型和强度，国土开发强度上限通常控制在5%以下。

（四）科学统筹划定落实三条控制线

结合国家政策要求和陕西省实际，为实现三条控制线的落地，建议如下。①建立分类分级的控制线管控体系。生态保护红线按两级管控，将自然保护区核心区和缓冲区、风景名胜区核心景区、重要生态保护地红线区、饮用水水源一级保护区等必须严格保护的区域划为一类生态保护红线区，其他具有较重要保护意义的区域划为二类生态保护红线区。永久基本农田分为红线区和储备区，按照上级下达的基本农田指标和分布要求划定红线区，参照基本农田标准划定储备区，适应城镇发展建设中符合条件基本农田的简化审批要求。城镇开发边界按照内圈“弹性”、外圈“刚性”两级进行管理，弹性城镇开发边界可按照“浮动指标”管理以应对城镇发展的不确定性，在保证建设用地指标不突破的前提下进行空间置换和调整，刚性城镇开发边界的范围和规模则不允许调整。②按照“先生态、后农业、再城镇”的原则，优先划定生态保护红线，将位于一类生态保护红线区内的基本农田和城镇建设用地调出，保护核心生态空间；其次将永久基本农田集中、合理布局，将城镇开发边界内零星的、不利于农业生产的永久基本农田进行调整，加强基本农田集中区建设；最后划定城镇开发边界，满足城市发展建设需求。③开展三条控制线差异部分的协同处理。基本农田切割城市和限制城市空间合理拓展以及基本农田深入城市内部的调整难题，已超出城市的事权范畴。要协调出台基本农田调整的规则和原则，明确各级政府在进行三条控制线统筹划定落实过程中对基本农田的调整幅度和规模。生态保护红线内的基本农田，经评估以生态功能为主，结合未来国家关于基本农田调整的政策，采取逐步通过退耕还林、还草等工程退出。要取消城镇开发边界内部的河流水系及绿化、城市大型公园绿地、郊野公园、重要道路沿线防护绿地等生态保护红线，按照城市绿线进行管理，既可避免空间上的交叉，又责权清晰；对部分位于二类红线区的建设用地，控制现有建设用地的开发强度和规模，并逐步调出红线区，不再新增城镇建设用地。④建立事权分级管理机制，合理预留地方事权弹性，简政放权。与国土空间规划的管理事权相对应，将弹性城镇开发边界调整、不超过基本农田储备区规模的建设项目占用基本农田的调整需求、不减少规模的生态保护红线二级区调整都纳入城市管理权限，简化审批程序。

（五）重视国土空间规划对多元目标的统筹平衡，处理好保护与发展的关系

在国土空间规划编制中要坚持以生态优先、综合发展为导向的高质量发展新路子，要贯彻新发展理念，统筹好经济发展和生态环境保护的关系。要把三条红线作为调整经济结构、规划产业发展、立足本地资源特点、发挥本地优势、推进城镇化不可逾越的底线。在整体强化重点生态功能区“面上保护”力度的同时，结合“双评价”结果，建议对其内资源环境承载能力和国土空间开发适宜性相对较强、区位和资源优势明显的地区实施集中布局、据点式开发，充分提升有限开发空间的利用效率，腾出更多空间，实现更大范围、更高水平的国土保护。

（六）重视国土空间规划体系下的历史文化空间保护

建议将文物保护管理需求作为常项，全面纳入陕西省各级国土空间规划编制和实施；在陕西省创造性地开展国土空间规划体系下的历史文化保护空间专项规划，以历史文化保护空间的方式来落实文物保护利用，实现从资源管理向空间管理的升级。历史文化保护空间是因人类活动而具有特定文化意

义的国土空间，以不可移动文物及其环境为核心组成要素。建议在省域层面，依托珍贵文物资源，提炼国家文化地标和精神标识，构建中华文明标识体系，打造具有当代价值、世界意义的历史文化保护空间；在区域层面，统筹协调整合文化资源，开展价值发掘与展示，推动区域性文物资源整合和集中连片保护利用，保障文化安全格局，凸显地域文化特色；在城市层面，以文化生态空间（文化资源组合、文化生态及其空间形态）为支撑，活化利用文化资源，塑造文化魅力空间，重点处理好城市改造更新和历史文化遗产保护利用的关系，做到保护与利用相统筹，建设有历史记忆、文化脉络、地域特色、时代特征的现代化城市。

（七）全面落实“以人民为中心”的规划理念

要高度重视国土空间的社会人文价值和规划的公共政策属性，在规划中做到既见物又见人。①以规划目标体系引领国土建设。落实新时代新要求，从安全、繁荣、和谐、美丽四个方面落实国家刚性指标要求，结合陕西省和各市县特点，设置特色性指标，以提升全省各地人民的获得感和幸福感。②构建便捷、高效、绿色、经济的交通出行系统，包括跨省对外交通通道、省内经济圈 2 小时高铁直通、都市圈“1 小时”通勤圈、市域 15 分钟生活圈等。③保障足额怡人的居住空间，保障居住用地供给水平，保证居住空间的安全方便性。提供多元优质的公共服务空间，通过生态修复打造高品质国土空间，全面建设可靠的公共安全防灾减灾体系。④以创造优良人居环境为城市工作的中心目标，努力把城市建设成为人与人、人与自然和谐共处的美丽家园。改变城市建设中过分追求高强度开发、高密度建设、大面积硬化的状况，让城市更自然、更生态、更有特色。加强对城市的空间立体性、平面协调性、风貌整体性、文脉延续性等方面的规划和管控，留住城市特有的地域环境、文化特色、建筑风格等“基因”。

B.10

陕西与共建“一带一路”国家科技合作模式研究*

薛伟贤　王靓敏　赵巧玲**

摘　要： 科技合作是“一带一路”建设的先导和支撑，陕西与共建“一带一路”国家的科技合作是助推“一带一路”建设与新时代西部大开发同频共振、提质增效的重要引擎。本文在厘清陕西与共建“一带一路”国家的科技合作背景与现状的基础上，基于战略定位与需求导向两个层面深入探明陕西与共建“一带一路”国家科技合作的模式主要有深度战略型、按需推进型、加强交流型以及引导逐步型四类，进而有针对性地提出陕西与共建“一带一路”科技合作的实施策略与保障措施，转变科技合作思维意识是前提，探索改善科技合作模式是核心，多元化科技合作内容是关键，强化参与主体科技交流是支撑。

关键词： “一带一路”　科技合作　陕西

在“十四五”时期构建新发展格局的时代任务下，陕西与共建“一带一路”国家的科技合作既面临机遇，也将迎来新的挑战。一方面，陕西与共建“一带一路”国家的科技合作实力虽然在不断增强，但是国内科技创

---

* 本文为陕西省软科学重点项目（编号：2020KRZ016）的阶段性成果。

** 薛伟贤，西安理工大学经济与管理学院二级教授、博士生导师，研究方向为产业与区域发展战略、国际经济与贸易；王靓敏，西安理工大学经济与管理学院博士研究生；赵巧玲，西安理工大学经济与管理学院硕士研究生。

新任务依然艰巨，在现行科技合作模式下，陕西与共建“一带一路”国家科技合作水平的提升空间受到限制；另一方面，依托国内国际双循环的新发展格局，区域合作机制不断加强，加之我国数字经济创新发展势头强劲等多重有利因素，陕西将在与共建“一带一路”国家科技合作中发挥更为重要的作用。当前陕西与共建“一带一路”国家科技合作仍处于起步阶段，与陕西合作较多的国家以中国的地理邻近国居多，且以技术转移合作为主。探明陕西与共建“一带一路”国家科技合作的模式，不仅有助于陕西积极推进科技创新，让科技赋能陕西经济高质量发展，还有助于促进共建“一带一路”国家创新能力的提升。

一　陕西省与共建“一带一路”国家科技合作背景与现状

（一）科技合作政策环境

为高质量执行《推进“一带一路”建设科技创新合作专项规划》和“一带一路”科技创新行动计划，以政府间科技合作协议为指南，中国科技部及相关部委联合行动，推出了有效政策措施和计划项目，积极推动科技人文交流、共建联合实验室、科技园区合作和技术转移等各项行动；陕西积极响应并以国家政策为导向，提出了一系列措施响应国家政策，具体见表1。

表1　中国以及陕西省与共建“一带一路”国家科技合作的政策支持

层面	文件	主要举措
国家	《推进“一带一路”建设科技创新合作专项规划》(2016)	突出科技人才在“一带一路”建设中的关键核心作用，明确了“一带一路”建设科技创新合作的近期和中期目标
	《共同推进“一带一路”建设农业合作的愿景与行动》(2017)	针对农业交流与农产品贸易这一丝绸之路主要合作内容，提出中国需与共建国家在双、多边合作机制下通过产业链、创新链延伸积极开展农业领域产业对接，加强与共建国家间农业的科技合作与农产品的支流

续表

层面	文件	主要举措
国家	《共建"一带一路"倡议:进展、贡献与展望》(2019)	重点加强在人工智能、纳米技术、量子计算机等前沿领域合作,推动大数据、云计算、智慧城市建设,打造21世纪的数字丝绸之路
陕西	《陕西省"一带一路"建设2020年行动计划》	明确提出陕西深度参与"一带一路"科技创新行动计划:积极建设科技创新平台,优化整合现有国际科技合作基地,形成"项目—人才—基地"相结合、渠道通畅的国际科技合作新模式
	《陕西省推动"三个经济"发展2020年行动计划》	提出要发挥丝绸之路大学联盟和"一带一路"职教联盟作用,进一步提升教育交流质量。大力开展国际科技合作项目和重点科技合作交流活动
	《中共陕西省委关于制定国民经济和社会发展第十四个五年规划和二〇三五年远景目标的建议》	特别提出以西安全面创新改革试验区为牵引,以推动创新资源开放共享为突破,推动企业创新、人才创业、政府创优,促进科技与经济紧密结合、创新成果与产业发展密切对接,实现创新链、产业链、资金链、政策链有机融合,让创新成为驱动高质量发展的强大引擎

资料来源:中国一带一路网(yidaiyilu. gov. cn),陕西一带一路网(snydyl. shaanxi. gov. cn)。

(二)科技合作方式

陕西与共建"一带一路"国家的科技合作以论文与专利合作研究、建立科技人才交流平台、建设科技合作基地与共建科技园区四种合作方式为主①。

1. 陕西省与共建"一带一路"国家论文与专利合作研究

(1)陕西省与共建"一带一路"国家合作论文情况

作为我国重要的科研基地,陕西以其丰富的科技资源在科学研究方面

① 霍宏伟、王艳、肖轶、赵星宇、王仲成:《中外政府间协议框架下国际科技项目合作网络研究》,《管理学报》2017年第7期。

形成优势，其在与共建“一带一路”国家的科学研究合作中形成了大量的合著论文，但目前仍存在区域间合作不平衡等问题①，具体见表2。与陕西合著论文较多的国家主要为中国的邻近国，如新加坡、巴基斯坦、俄罗斯、沙特阿拉伯、印度、波兰、马来西亚和伊朗，此外还有少数欧洲国家；与陕西合著论文数较少的国家主要分布在东南亚和南亚。究其原因，与两方面因素有关：一是地理邻近国之间的地区经济发展水平较为接近，国家间寻求合作的意愿较为强烈；二是国家间的战略合作关系紧密，譬如俄罗斯，与中国建立了长期的合作关系，经济联系与科技合作均较为密切。

表2 陕西省与共建“一带一路”国家合著论文情况

单位：篇

排名	合作国家	论文数量	区域	排名	合作国家	论文数量	区域
1	新加坡	2702	东南亚	14	希腊	244	东欧
2	巴基斯坦	1161	南亚	15	罗马尼亚	232	东欧
3	俄罗斯	896	东欧	16	泰国	219	东南亚
4	沙特阿拉伯	808	西亚	17	乌克兰	191	东欧
5	印度	745	南亚	18	卡塔尔	172	西亚
6	波兰	512	中欧	19	菲律宾	154	东南亚
7	马来西亚	492	东南亚	20	匈牙利	145	中欧
8	伊朗	429	西亚	21	阿联酋	130	西亚
9	捷克	341	中欧	22	克罗地亚	98	东欧
10	越南	341	东南亚	23	斯洛文尼亚	95	东欧
11	埃及	321	北非	24	塞尔维亚	86	东欧
12	以色列	305	西亚	25	孟加拉国	80	南亚
13	土耳其	265	西亚	26	印度尼西亚	79	东南亚

① 张萃、欧阳冬平：《“一带一路”战略下中国国际科研合作影响因素研究——基于Web of Science数据库中外合作科研论文的实证分析》，《国际贸易问题》2017年第4期。

续表

排名	合作国家	论文数量	区域	排名	合作国家	论文数量	区域
27	伊拉克	67	西亚	47	塞浦路斯	15	东欧
28	斯里兰卡	63	南亚	48	黎巴嫩	15	西亚
29	哈萨克斯坦	59	中亚	49	蒙古国	12	东亚
30	立陶宛	58	东欧	50	巴林	11	西亚
31	斯洛伐克	57	中欧	51	也门	11	西亚
32	保加利亚	55	东欧	52	亚美尼亚	9	西亚
33	爱沙尼亚	46	东欧	53	柬埔寨	7	东南亚
34	乌兹别克斯坦	37	中亚	54	阿尔巴尼亚	7	东欧
35	约旦	28	西亚	55	摩尔多瓦	6	东欧
36	白俄罗斯	27	东欧	56	缅甸	6	东南亚
37	尼泊尔	26	南亚	57	巴勒斯坦	5	西亚
38	格鲁吉亚	25	西亚	58	黑山	4	东欧
39	阿塞拜疆	23	西亚	59	叙利亚	4	西亚
40	拉脱维亚	21	东欧	60	塔吉克斯坦	3	中亚
41	马其顿	20	东欧	61	阿富汗	2	南亚
42	吉尔吉斯斯坦	20	中亚	62	老挝	2	东南亚
43	文莱	19	东南亚	63	马尔代夫	0	南亚
44	科威特	19	西亚	64	不丹	0	南亚
45	阿曼	18	西亚	65	土库曼斯坦	0	中亚
46	波黑	16	东欧	—	—	—	—

资料来源：Web of Science 数据库（统计数据截至 2020 年 12 月 31 日）。

（2）陕西省与共建"一带一路"国家合作专利情况

据美国专利商标局数据库，自 2001 年以来，陕西省与共建"一带一路"国家在技术专利合作方面共产出 47 项合作专利，具体见表 3。陕西省与共建国家在技术专利方面的合作存在严重不足的问题，这表现在合作数量较低和专利合作国家较少两方面。共建"一带一路"国家多为经济发展和科技发展水平较低的发展中国家，因此较低的科技实力和经济发展水平无法支撑其对外参与技术专利的合作。

表 3　陕西省与共建“一带一路”国家技术专利合作情况

单位：项

排名	国家	专利数量	区域
1	新加坡	19	东南亚
2	印度	15	南亚
3	泰国	3	东南亚
4	罗马尼亚	3	东欧
5	马来西亚	2	东南亚
6	波兰	2	东欧
7	沙特阿拉伯	1	西亚
8	巴基斯坦	1	南亚
9	俄罗斯	1	东欧

资料来源：美国专利商标局数据库。

2. 建立科技人才交流平台

依托省内丰富的科技与教育资源，陕西省在与共建国家科技合作中建立了一系列“一带一路”科技人才交流平台①，一方面能够增强与共建国家之间的互联互通，为深化科技合作提供群众基础；另一方面可以通过人才共同培养及学术交流等方式，加强合作双方的知识和技术沟通，从而促进知识传播、扩大知识存量。借助“一带一路”倡议机遇，陕西省高校通过发起联盟、建立智库等平台形式，助推与共建国家之间的科学技术交流、科技人才培养合作。截至 2020 年，省内高校已建立 17 个“一带一路”科技人才交流平台，涉及农业、能源、贸易、文化及航天等领域，具体见表 4。其中西北农林科技大学（6 个）、西北大学（3 个）与西安交通大学（3 个）这三所高校所发起的平台数量占总数的 70.6%，在推进陕西省“一带一路”科技人才交流中发挥了重要作用。

① 贾少学：《“一带一路”科技人文交流趋势研究》，《科学管理研究》2015 年第 6 期。

表 4　“一带一路”科技人才交流平台

序号	平台名称	发起单位	成立时间
1	丝绸之路研究院	西北大学	2014 年
2	丝绸之路大学联盟	西安交通大学	2015 年
3	丝绸之路农业教育科技创新联盟	西北农林科技大学	2016 年
4	丝路能源学院	西安石油大学	2017 年
5	陕西跨境贸易创新研究院	西安翻译学院	2017 年
6	陕西新丝路商贸与文化研究院	西京学院	2017 年
7	陕西省高校“一带一路”智库联盟	西北大学	2017 年
8	西北大学哈萨克斯坦研究中心	西北大学	2017 年
9	一带一路航天创新联盟	西北工业大学、中国宇航学会	2017 年
10	中俄农业教育科技创新联盟	西北农林科技大学、俄罗斯奥姆斯克国立农业大学	2017 年
11	丝绸之路生物健康农业产业联盟	西北农林科技大学	2017 年
12	丝绸之路葡萄酒科技创新联盟	西北农林科技大学	2018 年
13	丝绸之路大学联盟能源子联盟	西安交通大学	2018 年
14	西京学院东南亚研究中心	西京学院	2018 年
15	丝路培训基地	联合国教科文组织国际工程科技知识中心、西安交通大学	2018 年
16	丝绸之路优质特色农产品科技创新联盟	西北农林科技大学	2019 年
17	丝绸之路小麦创新联盟	西北农林科技大学	2019 年

资料来源：陕西省科学技术厅。

3. 建设科技合作基地

为有效利用国内外科技资源，支持省内企业、高校与科研机构等参与“一带一路”科技合作，建设国际科技合作基地。截至 2020 年，陕西省累计认定通过了 87 家国际科技合作基地，其中以国际联合研究中心（62 家）和示范型国际科技合作基地（21 家）两类为主，其余为 3 家国际技术转移中心和 1 家国际创新园。在 25 家以共建“一带一路”国家为主要合作对象的基地中，大多数依托省内高校如西北工业大学、西北农林科技大学所建设，少部分由省内的企业、科研机构建设；同时这些合作基地所涉及的科技合作领域较为丰富，包括农业、能源、交通、信息通信、环境、航空航天及医药健康等，具体见表 5。

表 5 陕西与共建“一带一路”国家合作建立国际科技合作基地清单

基地类型	基地名称	依托单位	认定时间
国际联合研究中心	复杂系统国际联合研究中心	西安电子科技大学	2015
	食品与健康科学国际联合研究中心	陕西师范大学	2016
	航空宇航结构优化设计与增材制造国际联合研究中心	西北工业大学	2016
	无线通信与信息处理技术国际联合研究中心	西安邮电大学	2016
	地球环境国际联合研究中心	中科院地球环境研究所	2017
	“一带一路”与哈萨克斯坦国际联合研究中心	西北大学	2017
	复合材料及其产品智能制造技术国际联合研究中心	西安理工大学	2017
	免疫炎症相关疾病中医药防治国际联合研究中心	陕西中医药大学	2017
	油气管道与管柱国际联合研究中心	中国石油集团石油管工程技术研究院	2017
	柔性电子与健康科学国际联合研究中心	西北工业大学	2018
	西部地区公路交通低影响发展国际联合研究中心	长安大学	2018
	“一带一路”国际陆港物流联合研究中心	西安外事学院	2018
	“一带一路”沿线交通基础设施数字化建设与管理国际联合研究中心	长安大学	2018
	“一带一路”文化遗产科技保护国际联合研究中心	西北工业大学	2019
	土木工程基础设施防灾国际联合研究中心	长安大学	2019
	陕西省生态水利国际联合研究中心	西安理工大学	2019
示范型国际科技合作基地	兽用生物制品与新兽药研究国际合作基地	西北农林科技大学	2015
	中大石油炼油技术合作推广示范基地	中亚能源有限责任公司	2015
	先进激光雷达技术及应用国际科技合作基地	西安理工大学	2018
	汉中天坑群国际研究基地	陕西省地质调查中心	2018
	中国－上海合作组织地学合作研究示范基地	中国地质调查局西安地质调查中心	2019
	中哈小麦技术创新与产业化基地	西北农林科技大学	2019
国际技术转移中心	冶金重型技术装备国际技术转移中心	中国重型机械研究院股份公司	2015
	陕西国际技术转移中心	陕西省技术转移中心	2019
国际创新园	中俄丝路创新园	西安统筹科技发展有限公司	2019

资料来源：陕西省科学技术厅。

4. 共建科技园区

为顺应省内优势产业“走出去”的趋势和要求，截至2020年底，陕西省和共建“一带一路”国家的高校、企业、政府及相关机构合作并共同在境内外建设了15个科技园区，具体见表6。在园区建设单位类型方面，陕西省与共建国家的合作单位类型较丰富，既有双方政府、企业、高校之间的合作，也有高校联合企业共同的合作，还有省内的政府部门和高校独立进行进行园区建设；在园区的合作领域方面，较多园区属于农业领域，其余在能源、信息通信、航空航天与纺织领域。这说明陕西省在建设科技园区方面以农业领域的科技合作为重点，结合了共建国家的发展需求，如与粮食产量低的中亚国家合作建设农业科技示范园、与缺气少油的吉尔吉斯斯坦合作建设石油炼化工业园、与航空航天产业发展水平高的俄罗斯共建产业园，从而实现与共建“一带一路”国家的合作共赢。

表6　陕西省与共建“一带一路”国家建设科技园区情况

单位：个

建设情况		园区个数
建设地区	境外	11
	境内	3
	境内+境外	1
建设单位类型	政府	5
	企业	4
	高校	4
	企业+高校	2
合作领域	农业	10
	能源、信息通信、航空航天、纺织等	5

资料来源：陕西省科学技术厅。

（三）科技合作主体

陕西省与共建“一带一路”国家开展科技合作的主体主要由政府、高校、科研机构以及企业构成。

陕西省政府及其相关部门在推进“一带一路”科技合作中发挥着两个

重要作用：一是提供政策支持，为积极响应国家开展“一带一路”科技创新合作、发挥省内科技资源优势与提升科技创新能力，陕西省近年来颁布一系列举措，为本省企业、高校与科研机构等主体参与“一带一路”科技合作提供了政策支持；二是引导其他主体参与合作，政府以其权威性发挥引导作用，促成合作的顺利进行，尽管政府不直接参与到科技合作过程中，但其能够引导、鼓励、帮助与支持其他主体参与科技合作的具体实践活动，如技术转移、技术培训等。

陕西省高校在推进“一带一路”科技合作中有着较高的参与度，这表现在其以多元化的合作方式融入与共建国家的科技合作中。具体来看，陕西省高校都根据自身优势积极对外开展科技合作，主要采取合著国际论文、建设科技人才交流平台、共建科技合作基地以及建设科技园区方式。作为陕西省与共建“一带一路”国家科技合作的重要主体，省内高校在发挥自身优势的基础上能够实现与共建国家合作共赢，共同将“一带一路”建设为“创新之路”。

陕西省科研机构同共建“一带一路”国家开展的科技合作主要集中于共建科技合作基地方面。陕西省科研机构面向共建“一带一路”国家建设了5家科技合作基地，占现有相关基地总数（25家）的20%。陕西省与共建“一带一路”国家合作能够发挥陕西省较强的科技实力优势，推动“一带一路”科技合作长期稳定发展。

陕西省企业与共建国家在科技园区建设方面展开了较为密切的合作。陕西省企业单独或者联合省内高校与共建“一带一路”国家企业、境内外相关部门合作建设了6个科技园区，占现有合作园区总数（15个）的40%。一方面，能够为合作国家的企业合作交流提供直接平台，有利于相关科学技术迅速服务于生产活动；另一方面，能够汇集科技力量来共同研究、解决科技挑战与难题，从而实现合作方的互利共赢①。未来陕西省企业应更加积极

① 张公一、张书博：《企业国际科技合作的动因机制及对策研究》，《现代管理科学》2012年第3期。

主动地参与“一带一路”科技合作，在深化科技合作的过程中不断提升自主创新能力。

（四）科技合作水平

陕西省与共建“一带一路”国家科技合作水平的综合指数及其在论文与专利合作类、合作平台建设类两方面的指数，具体结果见表7。陕西省在推进“一带一路”科技合作中的重点合作国家包括新加坡、俄罗斯、哈萨克斯坦、印度、吉尔吉斯斯坦与巴基斯坦等；科技合作水平综合指数较高的大多数国家为亚洲国家，并主要分布在东南亚、西亚，也有少部分分布在中亚和南亚及欧洲地区。陕西省与共建国家的科技合作具有一定的邻近性，俄罗斯与一些亚洲国家属于我国的邻近国，积极参与“一带一路”建设，与我国国内省份也有着较多的科技合作；科技合作水平综合指数较低的国家多为发展较落后的亚洲国家与东欧国家，其较低的经济发展水平与科技发展水平不足以提供足够的科技人才与资金来提高本国的科技创新能力，因此未能以科技优势融入“一带一路”科技合作中，但可以利用本国的其他优势或者寻求外部科技援助的力量推动本国的科技发展。

表7　陕西省与共建“一带一路”国家科技合作水平排名

国家	综合指数排名	国家	论文与专利合作排名	国家	合作平台建设排名
新加坡	1	新加坡	1	哈萨克斯坦	1
俄罗斯	2	印度	2	俄罗斯	2
哈萨克斯坦	3	巴基斯坦	3	吉尔吉斯斯坦	3
印度	4	俄罗斯	4	新加坡	4
吉尔吉斯斯坦	5	沙特阿拉伯	5	以色列	5
巴基斯坦	6	罗马尼亚	6	白俄罗斯	6
波兰	7	波兰	7	乌克兰	7
泰国	8	泰国	8	波兰	8
以色列	9	马来西亚	9	乌兹别克斯坦	9
马来西亚	10	伊朗	10	塔吉克斯坦	10

续表

国家	综合指数排名	国家	论文与专利合作排名	国家	合作平台建设排名
乌克兰	11	越南	11	泰国	11
白俄罗斯	12	捷克	12	土耳其	12
土耳其	13	埃及	13	印度	13
乌兹别克斯坦	14	以色列	14	巴基斯坦	14
罗马尼亚	15	土耳其	15	印度尼西亚	15
伊朗	16	希腊	16	菲律宾	16
塔吉克斯坦	17	乌克兰	17	伊朗	17
捷克	18	卡塔尔	18	捷克	18
沙特阿拉伯	19	菲律宾	19	斯洛文尼亚	19
菲律宾	20	匈牙利	20	斯洛伐克	20
斯洛文尼亚	21	阿联酋	21	匈牙利	21
印度尼西亚	22	克罗地亚	22	阿尔巴尼亚	22
埃及	23	斯洛文尼亚	23	马来西亚	23
匈牙利	24	塞尔维亚	24	埃及	24
斯洛伐克	25	孟加拉国	25	塞尔维亚	25
阿尔巴尼亚	26	印度尼西亚	26	约旦	26
塞尔维亚	27	伊拉克	27	克罗地亚	27
越南	28	斯里兰卡	28	蒙古国	28
克罗地亚	29	哈萨克斯坦	29	缅甸	29
约旦	30	立陶宛	30	老挝	30
阿联酋	31	斯洛伐克	31	柬埔寨	31
孟加拉国	32	保加利亚	32	越南	32
希腊	33	爱沙尼亚	33	文莱	33
斯里兰卡	34	乌兹别克斯坦	34	阿联酋	34
尼泊尔	35	约旦	35	孟加拉国	35
阿塞拜疆	36	白俄罗斯	36	斯里兰卡	36
拉脱维亚	37	尼泊尔	37	尼泊尔	37
文莱	38	格鲁吉亚	38	阿塞拜疆	38
蒙古国	39	阿塞拜疆	39	拉脱维亚	39
柬埔寨	40	拉脱维亚	40	罗马尼亚	40
缅甸	41	吉尔吉斯斯坦	41	伊拉克	41
老挝	42	马其顿	42	叙利亚	42
卡塔尔	43	文莱	43	黎巴嫩	43
伊拉克	44	科威特	44	巴勒斯坦	44

续表

国家	综合指数排名	国家	论文与专利合作排名	国家	合作平台建设排名
立陶宛	45	阿曼	45	沙特阿拉伯	45
保加利亚	46	波黑	46	也门	46
爱沙尼亚	47	黎巴嫩	47	阿曼	47
格鲁吉亚	48	塞浦路斯	48	卡塔尔	48
马其顿	49	也门	49	科威特	49
科威特	50	巴林	50	巴林	50
阿曼	51	亚美尼亚	51	希腊	51
波黑	52	蒙古国	52	塞浦路斯	52
黎巴嫩	53	柬埔寨	53	阿富汗	53
塞浦路斯	53	阿尔巴尼亚	54	格鲁吉亚	54
也门	55	缅甸	55	亚美尼亚	55
巴林	55	摩尔多瓦	56	摩尔多瓦	56
亚美尼亚	57	巴勒斯坦	57	立陶宛	57
摩尔多瓦	58	叙利亚	58	爱沙尼亚	58
巴勒斯坦	59	黑山	59	波黑	59
叙利亚	60	塔吉克斯坦	60	黑山	60
黑山	60	老挝	61	保加利亚	61
阿富汗	62	阿富汗	62	马其顿	62

二 陕西省与共建“一带一路”国家科技合作存在的问题

（一）科技合作政策缺乏顶层设计

陕西省在推进与共建“一带一路”国家科技合作的政策布局中缺乏相应的顶层设计，即缺少科技合作的总体规划，不利于与共建国家建立长效沟通与合作机制①。近年来陕西省的“一带一路”科技合作基本依托于国家发

① 马丽丽、吴跃伟、周伯柱、赵晏强：《我国各省市“一带一路”沿线国家科技合作态势研究》，《科技促进发展》2018 年第 8 期。

布的专项规划和省内的“一带一路”建设方案。在科技合作中加强顶层设计不仅能够营造良好的科技创新合作环境，而且能够通过协调规划与资源整合来提高合作水平与效率。因此，陕西省有必要在政策规划中加强推进“一带一路”科技合作的顶层设计。

（二）科技合作方式的针对性不强

陕西与共建“一带一路”国家的科技合作方式未考虑到共建国家的差异性①。研究发现，陕西与共建一些国家的科技合作存在较明显的方式偏向性，如：陕西与哈萨克斯坦、俄罗斯等国家以平台建设类合作为主，而与新加坡、印度等国家以开展合著论文方向的科学研究合作为主。这启发陕西与共建“一带一路”国家实施差别化的科技合作须权衡考量不同共建国家的现实基础。

（三）企业科技合作主体地位有待提升

陕西与共建“一带一路”国家科技合作的参与主体主要为省内的知名高校与部分科研机构，企业的参与地位不够突出。在对外科技合作中，知识与技术密集的企业应该以其拥有的强研发能力、较多高素质人才等优势成为科技合作的主要参与者，从而提高自主创新能力②。但是陕西企业参与对外科技合作的比例较低。这是由以下两个原因造成的：一是企业受科研经费投入和传统思维模式的限制，缺少参与国际科技合作的经验，创新意识薄弱，导致其开展对外科技合作的力度不大；二是省内缺乏提供科技信息的服务平台或中介服务机构，使得企业没有渠道和途径获取有效且最新的科技政策、科技供需信息，从而缺少参与国际科技合作的机会。

① 许培源、程钦良：《“一带一路”国际科技合作的经济增长效应》，《财经研究》2020 年第 5 期。

② 孙健、赵翠、王珺红：《澳大利亚科技创新的管理及启示》，《中国科技论坛》2007 年第 2 期。

（四）与不同国家的合作水平差异较大

陕西省与共建“一带一路”国家的科技合作水平整体不均衡。究其原因，可能源于共建各国的地理位置以及经济发展水平的差异等。这一不均衡性不仅会影响陕西省与共建国家科技合作的整体水平，也不利于陕西省在“一带一路”倡议下实现与共建国家的共建共享。为此，与共建国家科技开展合作须充分考虑不同国家的发展特点，有针对性地选择其合作模式。

三　陕西省与共建“一带一路”国家科技合作模式分类

采取适合的科技合作模式对促进陕西与共建“一带一路”国家科技合作进程、提升科技合作水平发挥着重要作用。合理设计科技合作模式不仅能够为科技合作的开展提供思路和框架，同时也指导着科技合作的方向[①]。须在充分掌握科技合作相关理论的基础上，结合“一带一路”国家差别化的特征与现有的科技合作实践，对陕西省与共建“一带一路”国家科技合作模式进行分类。

（一）深度战略合作模式

深度战略合作模式，是以知识联盟理论为基础，设计高校科技战略联盟模式、国际产学研联盟模式与依托高校的科技园区模式。在科技合作过程中，深度合作意味着合作主体应共同推进协同创新合作。陕西省在与此类国家进行深度战略合作时，与高校、企业、科研机构等合作主体建立知识联盟，开展深层次的对接与合作，实现科技资源要素在多主体之间的流动与共享，能够保障知识创新的可持续进行，从而提高陕西省与共建国家的科技合作效益。

① 张建华：《“一带一路”国际农业技术合作模式、问题与对策研究》，《科学管理研究》2019年第6期。

1. 高校科技战略联盟模式

高校科技战略联盟模式是以高校为科技合作主体，建立高校间战略联盟实现科技资源在高校间流动与共享。作为促进陕西省科技对外开放的重要桥梁，该联盟由陕西省与合作国家的高校共同发起或由其中一方发起、双方共同参与，并搭建科技资源共享交流合作平台，加强联盟高校之间科学研究人员以及科学研究机构的合作与交流，联合申报国家科技合作项目，共同开展科学研究以及联合发表科技论文，提高陕西省与合作国家的科技资源共享水平和科技合作水平，从而实现科技合作互利共赢。

高校科技战略联盟模式的运行离不开共同的战略目标，主要是加强联合科学研究，更高效地利用科技资源要素，为共建地区提供科技研究和智力支持。战略目标要在联盟发展理念中体现，对高校联盟设计具体的战略规划有重要影响，是高校战略联盟模式运行的内驱动力。作为战略联盟模式的核心主体，高校在整个模式的运行过程中拥有较强的自主权。与陕西省合作的“一带一路”国家中运用此类模式的有新加坡、马来西亚与泰国。

2. 国际产学研联盟模式

国际产学研联盟模式在政府的引导推动下建立，由企业、高校与科研机构多主体共同参与，发挥各参与主体优势，促成技术、知识与人才在平台的良性循环。通过建立产学研联盟，高校与科研机构为其输送科研人才，同时利用企业提供的资本进行新技术与新知识的开发研究，科学技术成果由企业进行产业化，从而在联盟内实现了资本与技术、知识的良性互换。

产学研联盟要求各参与主体之间实现联合研发、优势互补，所负责的环节环环相扣。相较于传统的合作方式，该模式加强了多个参与主体合作的紧密程度，从而能够发挥出较大的合作效益。

国际产学研联盟模式通过研究与创新实现知识与资本的互换。企业提供资本，支持高校与科研机构进行联合研究开发，产生的新知识与新技术作为企业实现创新的资源条件，实现资金回报和资本积累。基于这个过程，国际产学研联盟下的知识与资本实现了良性循环。与陕西省合作的“一带一路”国家中运用此类模式的有俄罗斯。

3. 依托高校的科技园区模式

依托高校的科技园区模式由高校组建，与来自不同国家（地区）的企业形成技术创新主体组成，加快高校的知识创新与成果转化。大学较其他组织具有技术、知识与人力资源的优势，因此其能够与企业共同开展技术创新。

依托高校组建的科技园区模式内陕西省企业与共建“一带一路”国家的企业联合开展技术创新。这些企业可以是发展成熟的科技型企业，也可以是高校依托其创新成果孵化出的新高科技企业。在科技园区中企业技术创新的重要目的是加强对高校科技成果的转化，提升自身的科技创新能力。

除了高校与企业，科技园区应有科技中介组织的参与，如中介服务机构、风险投资和金融机构等组织。这些中介组织在高校与企业之间充分发挥桥梁作用，已发展为科技合作网络中的必要保障。

（二）按需推进合作模式

按需推进合作模式，是以技术差距理论为基础，设计共建技术转移平台模式与校企+合作平台模式。陕西省与共建“一带一路”国家快速推进科技合作应以具备明确的科技合作需求为前提，在科技需求导向与科技资源融合的基础上快速推进科技合作。在科技全球化与科技竞争激烈的时代背景下，陕西省与共建“一带一路”国家自身都存在科技资源与科技需求不平衡的矛盾，这会驱使其积极主动对外寻求科技合作以满足自身的科技需求。因此，陕西省在科技合作中应克服合作环境的不利影响，充分利用国际科技资源，以科技需求导向与科技资源融合快速推进科技合作。

1. 共建技术转移平台模式

共建技术转移平台模式是根据陕西省与共建国家的科技需求和具有优势的科技领域，由省内科研机构、企业、高校与共建国家的企业、相关机构共建平台，共同推动先进适用技术转移。技术转移中往往伴随着人才、知识、资本等要素的转移，陕西省在与共建国家开展技术转移过程中能够深化科学技术交流与合作。技术转移包含技术引进与技术输出，因此陕西省的技术转移平台可以分成提供技术引进和提供技术输出两种类型。

在共建技术转移平台模式下，合作主体具有多元化，高校、企业及科研机构均可联合国外企业进行平台的共建，这也给技术供给方与需求方在合作对象的选择上提供了较大的灵活性。此外，技术转移过程随着人才、知识、资本等要素的转移，促进了合作主体之间的科技交流与合作。

在共建技术转移平台模式下，技术转移方式也具有多样化。不同合作主体采用的技术转移方式也不同，如企业会采用技术 + 市场、技术 + 管理、技术 + 工程等方式；高校会采用技术 + 人才、技术 + 知识产权等方式。与陕西省合作的共建“一带一路”国家中运用此类模式的有哈萨克斯坦、乌兹别克斯坦与巴基斯坦。

2. 校企 + 平台合作模式

校企 + 平台合作模式是由陕西省高校、企业联合共建国家建立科技合作平台，如科技园区、国际科技合作基地。该模式借助科技合作平台建立海外科技园区实现对外技术输出与运用，建立科技合作基地从国外相关机构引进技术。

在此模式下，企业具有科技成果转化功能。高校与企业对外输出技术、对内引进技术，同时能够对较成熟的技术进行科技成果转化，以实现技术价值，促使科技成果向纵深方向利用发展。

在校企 + 平台合作模式下，技术转移具有较高的效率。高校和企业可以直接与技术需求方对接，不需要通过技术转移平台，有效提高了技术转移效率。与陕西省合作的共建“一带一路”国家中运用此类模式的有埃及、乌克兰、罗马尼亚、摩尔多瓦与黑山。

（三）建设科技人才交流平台模式

建设科技人才交流平台模式指陕西省高校自主或联合共建“一带一路”国家高校建立科技人才交流平台。通过此平台，陕西省高校与共建国家高校进行科技人才互访、科技管理人才培训、科技人才联合培养等活动，增进双方在科技界的互信和理解，为深化科技创新合作奠定基础。

该模式具有两个特征。一是交流平台的形式多样化。如研究院、大学联盟、大学培训基地等形式。这些平台的本质相同，都是陕西省高校为了加强与共建国家的科技人才交流，加快人才培养建立的国际化合作平台。二是交流平台具有开放包容性。平台通过加强与共建“一带一路”国家的科技人才交流、加快人才培养、鼓励与支持相关国家的高校加入，共同为“一带一路”建设提供科技人才支撑。与陕西省合作的“一带一路”国家中运用此类模式的有塞浦路斯、立陶宛、爱沙尼亚、拉脱维亚、斯洛伐克、克罗地亚、塞尔维亚、保加利亚与马其顿等。

（四）引导逐步合作模式

引导逐步合作模式是以技术差距理论为基础，设计政府引导的共建研发机构模式与联合攻关项目模式。政府能够以其权威性保证科技合作中的谈判、签订协议等具体过程平等、顺利地完成。如陕西省与科技竞争力较强的国家在合作中遇到的联合研发、攻关科技等问题，政府应发挥推动引导、协调服务的作用，逐步促进陕西与共建国家展开合作交流。

1. 政府引导的共建研发机构模式

政府引导的共建研发机构模式指在政府引导下，省内的高校与科研机构在结合自身或合作国家科技需求的基础上，共同建立研究开发机构，发挥各自的技术和人才优势以此有效地推动协同研究与合作开发。在科技合作的过程中，联合研发机构具有的合作功能成为推进科技合作长期顺利开展的关键。

陕西省与合作国家共同建立的研发机构具有多样的表现形式，如联合研发实验室（研发中心）、联合技术中心以及创新基地等。这些机构的本质都相同，都是高校与科研机构为了提高科研水平、加快人才培养、提升自身在国际科技舞台上的地位而建立的国际化研发平台。这些机构发挥了双方的技术和人才优势，交流中产生隐性知识（例如经验、观点）的传递与共享，有利于增强科技人员关于知识、技术的认知和应用能力，加快隐性知识转化为知识创新的基础。与陕西省合作的“一带一路”国家中运用此类模式的有希腊等。

2. 政府引导的联合攻关项目模式

政府引导的联合攻关项目模式指在陕西省政府引导下，与合作国家的高校、科研机构以及科技型企业在优势互补的前提下开展项目研究工作。通过双方开展合作、共同攻关，推进两地知识技术资源、科技人才资源等科创资源整合，发挥更大的资源整合效益。

与政府引导的联合共建研发机构模式类似，该模式下科技人员同样能够实现较多的互动交流，产生隐性知识（例如经验、观点）的传递与共享，有利于增强科技人员关于知识、技术的认知和应用能力，促进隐性知识转化为知识创新，对项目的研究有一定的推动作用。与陕西省合作的“一带一路”国家中运用此类模式的有波兰、捷克、匈牙利、斯洛文尼亚等。

四　陕西省与共建“一带一路”国家科技合作保障措施

在“十四五”时期新发展格局时代背景下，结合当前我国与共建“一带一路”国家科技合作中存在的问题，按照“转变科技合作思维意识—探索改善科技合作模式—多元化科技合作内容—强化参与主体科技交流”四位一体的科技合作策略，提升陕西与共建“一带一路”国家科技合作水平。其中，转变科技合作思维意识是前提，探索改善科技合作模式是核心，多元化科技合作内容是关键，强化参与主体科技交流是支撑。

（一）政策支持

一是加强“一带一路”科技合作顶层设计。陕西省应加快出台“一带一路”国家科技合作的总体规划，并在规划中明确科技合作与交流的重点任务、战略目标与实施举措，以实现对相关科技合作的统筹协调[①]。近年来

---

① 徐丽萍、曹阳、夏文莉：《高校国际科技合作的顶层设计研究——来自浙江大学的实践》，《中国高校科技》2017 年第 S2 期。

陕西省的“一带一路”科技合作基本依托于国家发布的科技合作专项规划和省内的“一带一路”建设方案，并未出台服务于省内开展科技合作的专项规划。而国内其他省区市如北京市、天津市以及广西都已发布对接“一带一路”科技合作的行动计划，并通过协调规划与资源整合提高了合作效率。因此，陕西省制定“一带一路”科技合作规划意义重大。

二是完善科技合作评估机制。为保障科技合作的顺利以及高效开展，陕西省需完善省内的科技合作评估机制。确定评价思路与原则，从陕西与共建“一带一路”国家科技合作主体出发，以科技创新投入、科技创新环境和科技创新成果等为评价一级指标，选取恰当的评价方法定期对其所开展的国际科技合作的绩效进行评估。此外，建立科技合作考核监督机制，推动“一带一路”科技合作更好地进行。

（二）人才支持

一是加强人才引进工作。首先，实行多渠道、多样化的引进方式。在发挥陕西省与共建“一带一路”国家地理邻近优势的基础上，鼓励省内企业、高校与科研机构等采用访问、讲学、技术咨询、学术交流等多样化的引进方式；其次，成立陕西省与共建“一带一路”国家科技专家协会，引进共建“一带一路”国家的科技专家；三是鼓励跨国公司来陕西省共建研发机构，给“一带一路”国家的科技人才提供研发基础平台，为“一带一路”科技合作贡献力量。

二是加强“一带一路”人才培养与交流。首先，省内高校通过与共建国家共建人才培养基地，定期开展技术人才的科技管理培训，并提供培训、留学的机会，提高对外科技合作能力①；其次，省内企业要重视骨干人才的引育工作，重视本土实用型人才的培养工作，建立人才梯队，打造人才团队，完善创新人才培养模式，提高人才培养质量；最后，大力推进留学陕西

① 文君、蒋先玲：《用系统思维创新高校“一带一路”国际化人才培养路径》，《国际商务》（对外经济贸易大学学报）2015 年第 5 期。

品牌建设，通过搭建科技人文交流平台、开展合作办学、举办科技人文交流活动等方式实现“一带一路”科技人才培养，组建省内的科技人才队伍。

（三）金融支持

一是搭建多元化融资渠道。陕西省应建立一个稳定的多元化融资体系。就目前科技合作的现状来看，资金来源主要有政府投资、企业投资和风险机构投资等方式，而个人投资和高校自筹两种方式还没有普及。目前的投资无法保证科技合作资金的供给，所以陕西省应该多渠道吸引资金投入，加大科技金融的强化力度，为推动科技合作的开展提供足够的经费保障①。

二是发挥金融中介机构的重要作用。首先，鼓励金融中介机构设立专项资助基金。金融中介机构通过联合相关部门设立科技合作专项基金，加大科技合作的资金保障力度，为合作提供稳定的、长期的资金来源。其次，推动省内金融中介机构与共建国家金融机构建立合作关系，建立“一带一路”金融网络体系等，保障科技合作的顺利进行。

① 蒋志刚：《“一带一路”建设中的金融支持主导作用》，《国际经济合作》2014 年第 9 期。

区 域 篇

Regional Reports

B.11

提升西安国家中心城市集聚带动功能研究*

钱进宝　薛　健　刘俊霞　张　玉　孔　妍**

摘　要：　西安作为第九个国家中心城市，既承担着引领关中平原城市群高质量发展的责任，也担负着建设西北地区重要经济增长极和实施国家重大战略的重任。加快提升西安国家中心城市的集聚带动功能，是完善我国区域经济发展布局的客观需求，有利于推动全国经济增长和市场空间拓展，加快构建“双循环”新发展格局，同时，也是进一步激活西安优势资源的重要途径。与其他国家中心城市相比，西安依然存在不小差距，特别是中心城市的辐射带动效应不强、中心与外围产业协调水平相对较低，科技、文化等

* 本文为陕西省哲学社会科学重大理论与现实问题研究项目（项目编号：2021ZD1033）的阶段性成果。

** 钱进宝，陕西省发展和改革研究中心副主任、高级经济师；薛健，陕西省发展和改革研究中心主任、研究员；刘俊霞，西安翻译学院商学院院长，教授；张玉，陕西省发展和改革研究中心助理研究员；孔妍，陕西省发展和改革研究中心助理研究员。

优势资源转化不足等问题。因此，本文从国家对九大中心城市的功能定位入手，明确西安作为国家中心城市的发展重点，在系统总结新时代新形势下西安发展阶段特征的基础上，研究分析了目前集聚带动功能不足的一些具体表现，并就此得出加快提升集聚带动功能的路径。

关键词： 西安　国家中心城市　城市群

2018年，《关中平原城市群发展规划》颁布实施，其中明确提出建设西安国家中心城市，西安成为第九个国家中心城市，这意味着西安在国家区域协调发展战略和推进“一带一路”向纵深发展中承担着更为重要的使命，是国家战略的重要载体，是联系国内外的重要门户，代表国家最高端城市参与国际竞争与合作；是关中平原城市群的“龙头”城市，承担着引领关中平原城市群城市发展、辐射带动周边城市发展的作用；是黄河流域关中平原城市群的区域中心，连接银川、太原、包头、呼和浩特大中城市的重要节点城市，在新时代推进西部大开发和黄河流域生态保护和高质量发展等重大国家战略中发挥着重要的枢纽支撑作用。

一　西安国家中心城市集聚带动的功能定位

（一）九个国家中心城市的功能定位

目前国家批复的九个国家中心城市与一般的区域性城市相比，在生产要素的聚集程度、产业集聚效应、产业辐射效应和城市综合服务能力方面更强，更能主导和带动城市群及区域经济发展。基本功能主要表现在高端要素集聚功能、引领扩散带动功能、交通信息枢纽功能、科技创新功能、对外开放功能、管理服务功能、生态宜居功能等方面（见表1）。但是，由于各国家中心城市所处位置、资源禀赋、产业基础、外部环境等不同，因而在促进区域经济发展和肩负国家使命方面有明显的不同。

表1　九个国家中心城市的功能定位

城市(所在城市群)	功能定位	依据
北京 (京津冀城市群)	中华人民共和国首都,全国政治中心、文化中心、国际交往中心和科技创新中心	中共中央、国务院《关于对北京市城市总体(2016—2035)的批复》(2017年9月)
天津 (京津冀城市群)	全国先进制造研发基地、北方国际航运核心区、金融创新运营示范区、改革先行示范区	中共中央、国务院印发的《京津冀协同发展规划纲要》(2015年6月)
上海 (长三角城市群)	国家历史文化名城、国际经济中心、国际金融中心、国际贸易中心、国际航运中心、国际科技创新中心、国际大都市	国务院《关于上海市城市总体规划的批复》(2017年12月)
广州 (珠三角城市群)	国际重要中心城市、历史文化名城、国际综合交通枢纽、商贸中心、交往中心、科技产业创新中心	国务院《关于广州市城市总体规划的批复》(2016年2月)
重庆 (成渝城市群)	西部开发开放战略支撑和长江经济带西部中心枢纽载体,长江上游地区经济中心、金融中心、商贸物流中心、科技创新中心、航运中心	《成渝城市群发展规划》(2016年4月)
武汉 (长江中游城市群)	中国中部地区的中心城市,全国重要工业基地、科教基地和综合交通枢纽	《促进中部地区崛起"十三五"规划》(2016年12月)
成都 (成渝城市群)	西部地区重要经济中心、科技中心、文创中心、对外交往中心和综合交通枢纽、国家自主创新示范区	《成渝城市群发展规划》(2016年4月)
郑州 (中原城市群)	国家历史文化名城、中国中部地区重要的中心城市、国家重要的综合交通枢纽、中原经济区核心城市、"一带一路"核心节点城市,国家发改委支持其建设国家中心城市	《促进中部地区崛起"十三五"规划》(2016年12月)
西安 (关中平原城市群)	引领西北地区发展的重要增长极,打造西部地区的经济中心、对外交往中心、丝路科创中心、丝路文化高地、内陆开放高地、国家综合交通枢纽	《关中平原城市群发展规划》(2018年2月)

通过对九个国家中心城市的功能定位分析得出：九个国家中心城市都是服务国家战略布局、体现国家意志、肩负国家使命、具有较强潜力并能够引

领区域发展、跻身国际竞争并能代表国家形象的现代化大都市，均处于中心、节点和枢纽等关键位置。总体上，北京、天津、上海地处中国东部，承担引领京津冀、环渤海、长三角、珠三角等区域发展重任；重庆、成都、西安地处中国内陆，承东启西，肩负着带领中国西部地区发展重任；武汉、郑州地处中国中部，承担着带领中部地区崛起重任。

（二）西安国家中心城市集聚带动功能定位

从推动西安国家中心城市的内容看，一是要在国际范围，建成彰显华夏文明的历史文化基地、东西方文化交流平台、世界一流旅游目的地城市；二是在全国范围，建成国家创新型城市、国家统筹科技资源改革示范基地、高技术产业和先进制造业基地、中国国际航空枢纽城市、国家综合交通枢纽城市；三是在西部地区，建成区域性经济中心、文化中心、商贸物流会展中心、金融中心，带动关中平原城市群、引领新时代西部大开发和推动黄河流域生态保护和高质量发展的核心城市。因此，西安国家中心城市应加快“三中心两高地一枢纽”建设，即打造西部地区重要的经济中心、对外交往中心、丝路科创中心、丝路文化高地、内陆开放高地、国家综合交通枢纽，并以此实现集聚带动功能的不断提升。

二　西安国家中心城市集聚带动取得的成效

随着西安国家中心城市建设的推进，经济社会发展取得了长足进步，主要体现在以下四个方面。

一是GDP破万亿元大关。2020年，西安市生产总值高达10020.39亿元，同比增长5.2%。生产总值增长6%，财政收入增长2%，城镇登记失业率为3.2%，城乡居民人均可支配收入分别增长8%和9%，远远高于全省平均水平。

二是现代产业体系逐步壮大。先进制造业强市建设全面加速，六大支柱产业总产值突破4000亿元，同比增长23.7%。“文化西安”品牌影响力不断扩大，文旅融合品牌效应日益凸显，获得2019年全国“夜间经济十强城市”称号，成为全球TOP20热门旅游目的地。上市企业数量不断增加，金融中心综合竞争力跻身区域金融中心十强。

三是开放型经济体系不断完善。2020年西安市进出口总值3473.84亿元，逆势增长7.2%。中欧班列“长安号”开行班列数（3720列）、重载率（281万吨）及质量评价指标均高居全国第一。中欧班列（西安）集结中心港口功能区、中央商务区项目正在加快推进。

四是科创发展不断增速。2020年西安市硬科技发展指数为62.02，居所有主要城市第7位①。目前，西安正在创建国家综合性科学中心，西咸融合发展加快进行，西渭合作有后起赶超态势，西安都市圈正在积极筹划，已形成“一核一轴、两翼三区、多组团”的发展格局。

三　西安中心城市集聚带动功能呈现的阶段性特征

一是具备了带动城市群发展的综合能力。历史上的西安曾是国家的经济中心、文化中心和政治中心，在中外文化交流史上写下了浓墨重彩的篇章。当前西安正处于建设大都市圈的进程中，西安具有世界级旅游资源优势、国家级科研教育和高新技术产业基地优势，是区域级的金融、商贸中心和交通信息枢纽。西安是中西部地区重要的科研、高等教育、国防科技工业和高新技术产业基地，中国重要的航天工业中心，机械制造中心和纺织工业中心。西安拥有先进的工业基础，是西部地区科技实力最强、工业门类最齐全的特大城市之一。近年来，西安不断优化区域发展布局，西安高新技术产业开发区、经济技术开发区、曲江新区、浐灞生态区、阎良国家航空高技术产业基地建设成效显著，大大提升了西安综合服务能力水平，西安在2019年九大国家中心城市功能成长性指数中综合服务能力指标排名第一，具备了带动城市群发展的综合条件。

① 数据来源于《2021中国硬科技创新发展白皮书》。

二是交通网络枢纽地位更加突显。从全国看，西安承东启西、沟通南北，地处中国中部，从关中平原城市群看，西安地处关中平原中部，处于关中平原城市群规划的“一圈一轴三带”核心位置。西安是中国中西部两大经济区域的结合部，是西北通往西南、中原、华东和华北的交通门户和国家大地原点所在地，也是距离欧亚经济版图最近的国家中心城市。西安是全国12个最高等级的国际性综合交通枢纽之一，是全国连接南北的“大十字”网状铁路交通和陕西省“米”字形铁路交通的重要枢纽，是全国干线公路网中最大的节点城市之一、中国六大航空枢纽之一、六大通信枢纽之一，枢纽城市特征十分突出。以西安为中心的关中平原城市群形成了2小时航空圈、8小时铁路圈和一日公路圈，辐射了周边10余个大中城市约6亿人口，经济腹地发展空间十分广阔。

三是产业集群发展格局逐步形成。西安工业体系比较完整，在中国传统工业布局中，是重要的航空、航天、机械、电子、化工、医药、纺织、兵器工业等基地。近年来，在高新技术产业、装备制造业、现代服务业等领域发展势头良好，目前已经形成了五大产业集群，分别为汽车零部件及专用车制造产业群、电力电子设备研发与制造产业群、装备制造业产业群、文旅产业群及高新技术产业群。在关中平原城市群加快发展进程中，西安及周边城市产业结构持续优化，能源化工、航空航天、装备制造、电子信息等产业集群不断壮大。以数字经济为引领、以转型升级为重点的现代产业集群构建速度明显加快，战略性新兴产业集群发展和现代服务业产业集群发展格局已经初步形成，产业集群化发展空间潜力巨大。

四是人文凝聚功能显著增强。西安是全国唯一的“历史文化基地”城市，是中华民族和华夏文明的重要发祥地之一，也是中华民族重要的文化资源宝库，史前、农耕、历史、红色、民俗等文化交相辉映。黄帝陵、兵马俑、延安宝塔、秦岭、华山是中华文明、中国革命、中华地理的精神标识和自然标识。“文学陕军”“西部影视”“长安画派”“陕西戏剧”等品牌影响深远。西安有重点文物保护单位314处，有国家级和省级重点文物保护单位84处，古遗迹、陵墓4000多处，出土文物12万余件。“世界第八大奇迹”

兵马俑，世界上保存最完整的明城墙，四大遗址周沣镐、秦阿房宫、汉长安城、唐大明宫等皆为人类珍贵的历史文化遗产。钟楼、大雁塔、碑林、华清池、楼观台等著名景点奠定了西安在国际旅游目的地城市体系中的重要地位，使西安具备成为国际文化旅游高地的独特优势。

四　西安国家中心城市集聚带动功能不足的表现

一是集聚带动的“向心力”不足。西安作为西北部城市，相比其他国家中心城市，经济发展水平尚有差距，仍存在企业数量众多但规模偏小，市场核心竞争力弱，缺少整合产业链上下游资源、引领产业协调发展的龙头企业，集聚要素的“向心力”不强等问题。尤其是在关中平原城市群内部，与其他城市群的核心相比，呈现大城市少、中小城市发展相对偏弱的特征，西安作为关中平原城市群的核心，引导产业布局和要素资源供给等方面的分工协作不够紧密，集聚带动能力较为有限。

二是比较优势尚未充分发挥。西安在交通、科教及文化等方面具有得天独厚的比较优势，西安国家中心城市和关中平原城市群集聚带动黄河流域生态保护和高质量发展中，仍存在运输需求与运输能力不匹配、科教优势与成果对接不畅、文化产品开发滞后问题，尤其是科教优势未充分发挥。西安拥有大量科研成果，但科研成果向新产品、新工艺、新服务技术转化能力较弱，造成技术大量外流孵化，新产品投入产出效率远低于全国水平。

三是协同发展的体制机制仍需完善。2020 年 9 月，陕西、山西与甘肃三省关于推进关中平原城市群在工信、生态环境保护、商务、文化和旅游、交通等领域已签订专项合作协议，但目前部省和省际层面的常态长效协调合作机制有待落地细化，市县层面的合作尚处于起步探索阶段。中心城市与关中平原城市群集聚带动发展中存在共享共赢机制缺乏、主动合作意识淡薄、区域开放水平不高等问题，也在一定程度上制约着西安国家中心城市建设快速推进。

四是科技创新水平需进一步提升。根据国家中心城市功能成长性指数排名，西安科技创新指标在九个国家中心城市中排第六名，科技创新成果转化率仅为30%左右，西安在5个内陆国家中心城市中仅高于郑州，说明在国家中心城市建设这个层面上，创新潜力有待深入发挥，研发投入强度依然偏低，企业研发活跃度不足，创新主体发展不平衡不充分，创新成果就地转化水平不高。同时，西安拥有绝对的人才资源优势，但平均收入较低，不利于激发人才的积极性和创造性，科技创新转化动能不足。

五　西安国家中心城市集聚带动功能提升的路径

提升西安国家中心城市集聚带动能力，既需要提升自身综合能力，又要促进关中平原城市群协调发展，促进城市联合互补，进而形成联合向心力，发挥国家综合交通枢纽功能，建设内陆开放高地，重点发展文化旅游产业，打造军民融合产业集群，进一步提升西安国家中心城市的整体水平。

一是提升中心城市发展能级。按照发展定位，借助创新政策优势和科技资源优势，发挥好科技政策对科技创新“催化剂”和“加速器”作用，发挥好政府在科技创新驱动战略中的作用，加强陕晋甘各省科研院所的沟通交流，破除体制和机制障碍，统筹三省科技资源改革，引导“大众创业、万众创新”，支持中小微企业创业创新发展。集聚和优化配置创新资源，催生一大批高新技术企业，培育支撑和引领产业创新发展的核心力量，提升创新效率。依托秦创原创新驱动平台“两链”融合示范区建设，推广科研成果的应用领域，积极围绕产业链部署创新链，打破产业体系边界，加大产业链条联通共享，打造一批制造业创新中心、工程研究中心、企业技术中心等高水平研发机构，促进西安迈向全球价值链中高端。实施高水平科创平台建设行动，加强科技成果转化和创新创业服务平台建设，建立平台运行机制，促进科技成果产业化，打造关中平原城市群最大的孵化器和科技成果转化特区。充分发挥西安高校和科研院所的人才优势，加大科技资源开放共享合理布局人才分布，加快建设西安综合性科学中心建设，统筹布局产业共性科技研发平台，构建“政策+资源+平台”的关中平原城市群创新共同体。

二是强化城市群联合向心力。以西安科技大市场为引领，以现代化产业基地为基础，形成政策引导、信息对接、资源开发和机制优化的科技服务体系。以陕西自贸区为牵引，推动创新资源开放共享，促进科技与经济紧密结合、创新成果与产业发展密切对接。依托西安交叉信息核心技术研究院、西安丝路类脑科学研究院、西安交通大学人工智能与机器人研究所等平台机构，建设西安国家新一代人工智能创新发展试验区。推动高校学生、科研人员与新材料、互联网、智能工业等高精尖领域接触、交流，加强科技成果转化，推动智慧城市创新发展。

三是加快构建国家综合交通枢纽。将西安建设成为国家综合交通枢纽，提升基础设施的承载力，提高产品和要素流通的容量和质量，助力城市群与西部各省区市的互通。加快推进交通、信息、水利等基础设施网络建设，完善西安和关中平原城市群交通设施网。推进重点区域的铁路改造，构建辐射四面八方的现代立体交通网，推进西安和关中平原城市群区域内基础设施互联互通。充分发挥中欧班列、国际内陆港和航空港的功能和作用，完善“米”字形交通网络布局建设，加快建设“一带一路”铁路物流集散中心，提升货物中转集散辐射能级，打造共建“一带一路”规模最大、功能最全、效率最优的国际物流枢纽。集聚空港、陆港、公路港、口岸、信息五大平台优势，发挥承东启西、连接南北的区位优势，形成贯穿东西、沟通南北的立体对外开放大通道。推动数字基础设施与传统基础设施融合发展，积极利用互联网、大数据、人工智能等新技术促进“航空+铁路+公路”传统基础设施迭代升级，提升对外联通和开放水平。

四是加快推动内陆开放高地建设。贯彻习近平总书记来陕重要讲话精神，将西安建设成为“一带一路”经济合作、人文交流重要支点和内陆型改革开放高地，提升西安国家中心城市对关中平原城市群西部地区的集聚带动能力。立足国内发展新阶段，西安及关中平原城市群要加强与成渝、中原、京津冀、长三角等城市群相互借鉴、协同发展，加大西部地区门户城市开放力度，发挥“一带一路”节点城市对西部大开发的带动作用。深入推进西安成为对外交往中心、丝路科创中心、丝路文化高地等支撑体系建设，提升城市能级，加快把西安建设成国家向西开放的战略支点。

五是深化发展军民融合产业集群。要发挥军工产业的基础优势和规模优势，激发军民融合潜力转化为集聚带动势能。借助国家供给侧结构性改革政策优势，发挥西安拥有的涵盖航空、航天、兵器、船舶、核技术和电子信息等六大军工行业的雄厚军工科技实力，建设“研究院 + 企业”平台体系，推动军民融合重大项目取得更大进展，利用军工企业先进的制造技术与先进的设备，并与地方民用企业的产业转型以及市场产品升级、人员培训等优势形成互补。充分利用西安拥有的国内一流生产、实验、检测设备，构建西安军民融合产业联盟、协同创新平台，开展重点产业领域的军民两用技术联合攻关，促进军地资源优化配置和顺畅流动，促进军民融合企业双向转化。建设以空间信息技术为基础的“一带一路”地理信息平台，成立示范园区，加快推进航空、航天、兵器、电子信息、船舶、核技术等领域军民融合产业发展，促进军民融合产业在共建“一带一路”快速发展。借力新技术，依托示范园区，突出大数据、信息资源共享、网络安全和物联网等技术在军民融合发展中的应用，打造“研究院 + 企业 + 示范园区”的军民融合网络信息体系。

B.12

推动榆林加快形成陕西高质量发展重要增长极研究

陕西省决策咨询委员会课题组*

摘　要： 培育壮大增长极是我国新时代新阶段发展的重大战略举措，推动榆林加快形成高质量发展重要增长极，有利于在新时代推进西部大开发形成新格局中贡献陕西力量。在分析榆林发展优势的基础上，提出推动榆林加快形成陕西高质量发展重要增长极的战略基点是从工业城市向现代化综合城市转型升级，推动现代服务业要素向榆林流动聚集，推动西安、榆林强化协同创新，提升基础设施保障能力，把榆林塑造为陕西追赶超越的新平台、新载体和新赛道。

关键词： 榆林　高质量发展　增长极

"十四五"开局之年，新一轮重要增长极培育壮大进程开启，将重塑我国区域增长格局。从陕西区域发展阶段增长态势看，推动榆林加快形成高质量发展重要增长极，有利于在新时代推进西部大开发形成新格局中贡献陕西力量，也有利于陕西加速形成强劲活跃动力源，引领全省奋力实现新时代的追赶超越。

---

* 课题组顾问：姚引良；课题组组长：李金柱；课题组副组长：李生荣、刘西建；课题组成员：黄海楠、郭利平、王海燕、郑学军、潘英丽、李冰、薛健、李昭利、张烨、魏龙。

一　培育壮大增长极是我国新时代新阶段发展的重大战略举措

区域增长极自身具有规模经济效应，对其他地区发展具有乘数效应和扩散效应。世界上不少发达国家曾将增长极理论转化为政策工具，以培育增长极方式带动全域实现现代化。

改革开放以来，我国涌现出一批区域增长极，有的增长极还跃升为区域中心城市或世界级大城市。进入新时代新阶段，党中央、国务院从建设社会主义现代化国家的全局出发，把培育壮大增长极作为新时代高质量发展的重大战略举措。

长江三角洲经济社会发展一直走在全国前列。党中央、国务院着眼于实现“两个一百年”奋斗目标、推进新时代改革开放形成新格局，做出实施长三角一体化发展、建成我国发展强劲活跃增长极的决策。2019 年 5 月 13 日，中共中央政治局会议审议了《长江三角洲区域一体化发展规划纲要》，12 月，中共中央、国务院正式印发实施，明确指出长三角一体化发展的战略定位是“全国发展强劲活跃增长极”，要求增强对全国经济发展的影响力和带动力。

为了强化举措，推进西部大开发形成新格局，2021 年初，中央财经委员会第六次会议部署推动成渝地区双城经济圈建设，战略目标是在西部形成高质量发展的重要增长极和内陆开放战略高地；10 月 16 日，中共中央政治局召开会议，审议《成渝地区双城经济圈建设规划纲要》，将战略目标提升为“打造带动全国高质量发展的重要增长极和新的动力源”，标志着培育壮大西部重要增长极开始起步，必将在构建以国内大循环为主体、国内国际双循环相互促进的新发展格局中发挥重大作用。

党的十九届五中全会明确了未来五年发展蓝图和 2035 年远景目标，并对推动区域协调发展作出系统谋划和总体部署，提出“打造创新平台和新增长极”的任务。这为激发区域发展活力、提升创新策源能力、实现区域高质量发展指明了方向和路径。

陕西是西部大开发的重要省份，在国家高度重视培育壮大增长极的形势下，应抓住新时代推进西部大开发形成新格局和黄河流域高质量发展的机遇，发挥优势，主动作为，选择具备条件的区域集中力量打造高质量发展的重要增长极，扩展国家发展的战略回旋空间，走在新时代推进西部大开发的前列。

二　榆林经济体量持续扩大为形成陕西高质量发展的重要增长极提供了基本条件

自21世纪以来，榆林抓住西部大开发的机遇，经过连续20年的高速发展，已经成为西部工业重镇，具备了形成陕西高质量发展重要增长极的基本要素。

从现实基础看，榆林是黄河几字湾中心城市，2019年地区生产总值达4136.28亿元，居全国GDP百强城市第54位，在西部居第6位，高于贵阳、乌鲁木齐、兰州、呼和浩特、银川、西宁、拉萨等西部7个省会城市，也高于中部山西省会太原市，规模经济效应突出，基本具备了打造陕西高质量发展重要增长极的条件。

从发展潜力看，榆林虽属后起城市，但地处国家交通大枢纽和“一带一路”中蒙俄经济走廊重要战略位置，榆林机场具备向世界通航条件，矿产资源富集程度世所罕见，平均每平方公里地下蕴藏财富达10亿元，是中国21世纪重要的能源化工接续地、服务国家能源安全战略的主要基地之一，第二产业实力接近西安，发展组合条件优越，正处于强劲上升期，具有厚积薄发之势。目前已纳入“十四五”规划的中省重大项目248个，总投资2.65万亿元。据测算，榆林“十四五”时期工业可保持年均两位数增长，期末工业总产值可突破1万亿元；地区生产总值年均增速可达8%左右，期末地区生产总值有望突破7000亿元大关，进入中国城市百强榜前50位之内；从更长视角测算，随着巨量投资项目逐步达产达效，到2030年，地区生产总值将突破1万亿元，进入“万亿城市俱乐部”。因此榆林能够担当陕西高质量发展重要增长极的历史使命，在新发展阶段展现新作为。

从发展前景看，在黄河几字湾中心区域形成高质量发展的重要增长极，能够使陕西省区域发展形成格局性变化，引领区域合作、区域协同在更高层面展开，强化关中平原与黄河几字湾经济内在联系，释放乘数效应和扩散效应，提升基础设施互联互通水平，拓展生产要素流动集聚和优化配置的空间，增强创新策源能力，为陕西高质量发展提供强大支撑。

从黄河几字湾区域城市群结构、规模、资源和产业禀赋看，榆林处于中心位置，完全可以成为该区域的核心城市，成为陕西乃至西部高质量发展的增长极，并快速崛起为黄河流域高质量发展的城市样板，促进陕西在新时代“黄河大合唱”中走在前列。

总之，陕西省推动榆林加快形成高质量发展增长极的基本条件已经具备，时机已经成熟，应及时赋予榆林新定位，把打造高质量发展的重要增长极作为陕西省“十四五”区域发展战略的一个重点，加速培育竞争新优势，走出具有陕西特色的追赶超越之路。

三 形成陕西高质量发展重要增长极的战略基点是榆林加快从工业城市向现代化综合城市转型升级

培育壮大区域增长极是不断调整优化其产业结构的过程，又是增长极在调整优化产业结构中不断提升城市载体服务功能，增强带动力、影响力的过程。陕西省推动榆林加快形成高质量发展的重要增长极，也需要引导榆林走调整优化产业结构之路。2019年，榆林市三次产业构成比例为6.1∶65∶28.9，第二产业占比高出西安市和东部沿海省会城市30多个百分点，第三产业占比低于西安和东部沿海省会城市30多个百分点。这凸显出榆林工业城市的鲜明特征，也反映出现代服务业发展滞后的短板和社会、公共服务事业发展不足的弱项。

在倡导城市全面、协调发展背景下，现代服务业和民生、社会事业发展水平在城市综合评价中的权重上升。按照北京有关研究机构以经济、科教、文化、环境、卫生等综合指标形成的中国百强城市排行榜，榆林从全国GDP百强排行榜的第54位下降到全国百强城市综合排行榜的第68位，下降了14个位次。由此可见，榆林要发挥陕西高质量发展增长极的作用，必须加快从工业城市向现代化综合城市转型升级，转型升级的目标是建设榆林都市圈，打造黄河几字湾核心城市，努力实现经济实力进入全国40强、综合实力进入全国50强的目标，增强对全省经济社会发展的贡献力和对西部经济发展的影响力。

按照高质量发展要求，榆林城市转型升级应聚焦以下重点任务。

一是以科技创新为动力，加快工业向中高端水平升级，建成经济强市。依托资源优势和现有工业基础，大力度汇聚科技创新资源，加快产业向中高端水平升级。延长产业链，增强关联度，提升产业整体竞争力。以高端化、智能化、绿色化为方向，推动煤化工、石油化工、天然气化工、盐化工向新材料产业升级，推动能源产业向清洁能源发展，推动资源性产业向终端化消费品拓展。

二是加快聚集现代服务业要素，建成辐射黄河几字湾城市群的核心城市。以补齐现代服务业发展短板为导向，大力吸引科技研发、现代教育、文化旅游、卫生医疗、现代金融等要素资源向榆林流动聚集，建设黄河几字湾现代服务业高地，提升榆林城市综合服务功能、辐射功能和带动功能，增强综合竞争力。依托世界级文化旅游资源，大手笔开发建设彰显中华文明和世界地理奇观的文化旅游标志性工程，建设国内外重要的旅游目的地城市，提升在全国乃至世界的文化影响力。

三是充分利用光热资源优势，建成干旱半干旱地区高效农业示范城市。以特色农业向高效农业转变为抓手，依托丰富的农业土地资源和充足的光热资源，推动现代农业技术、现代资本工具、企业规模化经营方式和新型农村集体经济组织深度融合，加快发展设施农业、有机农业、绿色农业，发展种养、加工、营销、配送一体化的现代农业产业链和供应链，建设陕西第二粮仓，辐射服务周边大城市的反季节果蔬基地。

四是构筑黄河几字湾现代交通枢纽和物流中心，建成物流枢纽城市。发挥地处国内大循环和国际大循环关键节点和连接点作用，高起点规划并加快建设高铁、城际铁路、航空和高速公路运输网络体系，推进大型物流设施和园区建设，开辟北达蒙古国并远至俄罗斯远东地区，内达东南沿海发达地区城市的集装箱多式联运通道，打造黄河几字湾现代化物流中心。

五是扩大城市规模，构建城市生态系统，发展新型都市圈，建成塞上明珠、宜居宜业城市。以榆阳、横山为核心，建设榆林新型都市圈。按照一体化发展思路，推进榆林高新区、横山新区、科创新城、空港生态区、教育新区在更高层面统筹规划，联动发展，做优做强都市圈功能区；推动神木、府谷、靖边、佳县、绥德等市县城区提质扩容，建设塞北城市镇群；以建设宜居城市为目标，适应民生需求，补齐医疗、教育、托幼、养老、体育、文化等要素短板，大力发展高品质的生活服务业，提升人口承载力、集聚力和吸引力。

六是推动绿色发展，建成生态文明示范城市。推进外引内调、节流增效，加快引黄输水工程，破解水资源短缺瓶颈；统筹实施退耕还林还草、低效林改造、塞上森林城提质增效等重大生态工程，加快小流域水土流失综合治理，实现从防沙治沙到养沙用沙，努力将榆林建设成黄土高原节水型文明生态示范城市。

四　以形成陕西高质量发展的重要增长极塑造陕西追赶超越新平台、新载体和新赛道

推动榆林加快形成陕西高质量发展的重要增长极，是陕西省区域发展战略的重大创新，对陕西省“十四五”时期高质量和追赶超越具有重大现实意义。因此，应加强统筹协调，强化协同创新，举全省之力把榆林建成高质量发展的重要增长极。

推动现代服务业要素向榆林流动聚集，打造黄河几字湾科创中心、教育中心、文旅中心、先进医疗中心。一是学习借鉴江苏、广东、山东为增长极城市配置教育、科研要素的做法，发挥科技教育大省优势，推动西安交通大

学、西北工业大学、西北农林科技大学、西北大学、西安石油大学、西安科技大学、西安理工大学等院校在榆林设立新校区，培养能源化工、新材料、现代农业等产业的高端人才；推动科研大院大所在榆林设立分院、分所，建立清洁能源、高端化工、新材料等研发基地，支撑具有资源禀赋优势的产业培育与发展。二是引导并支持西安知名中学在榆林设立分校，复制办学模式，使榆林居民不再为孩子求学举家南迁，并进而吸引周边学生到榆林就学就业。三是鼓励文化旅游事业单位和企业在榆林设立分中心或分公司，深度发掘文化旅游资源，打造文化旅游精品，繁荣文化旅游市场。四是推动西京医院、西安交大附属医院、省医院、省中医院等医院在榆林设立分院，发展卫生医疗中心，使榆林居民不再为看病求医犯难。

推动西安、榆林强化协同创新，对内相互激发，对外产生“磁石”效应。以共唱创新发展“双城记”为导向，推动西安、榆林建立协同创新机制。一方面，发挥西安科技领先、开放门户、医疗教育和文化旅游发达的优势，加大现代服务业向榆林辐射力度，助推榆林加快从工业城市向现代化综合城市转型升级；榆林高新区、科创新城、横山新区等应优先向西安开放，主动承接外溢转移；积极谋划西安高新区、经开区以“飞地”方式在榆设立“分园”，共建共享。另一方面，发挥榆林资源、原材料和基础材料量大质优的优势，与西安同构产业链，以低成本方式向西安提供化工、金属、非金属等工业中间体原材料，助推西安做大做强精细化工和高科技新材料产业，在国内大循环中打造先进、稳定、安全的产业链和供应链。要通过协同创新、联动互补，补上各自的“短板”，巩固各自的“长板”，增强对黄河几字湾周边城市和地区的吸引力和资源整合配置能力，提高陕西，特别是西安榆林双核城市对国内市场和全球市场的占有率和影响力。

支持榆林提升基础设施保障能力，促进西榆沿线城镇群加快升级和壮大。“十四五”时期是榆林高速铁路建设的关键期和高潮期。省上应加大统筹力度，加快推进西榆高铁建设，协调太中银、兰太高铁过境榆林中心城区，尽快形成高铁枢纽，并将城际铁路接入高速铁路系统，建成“轨道上的榆林”。同时充分利用西榆高速铁路贯通后要素资源流量规模持续扩大的机会，建设创新创业走廊和现代产业走廊，促进沿线城镇群加快升级和壮大，提高沿线城镇群的产业承载能力和人口承载能力，打造区域协调发展、联动发展的新格局。

党的十九届五中全会提出“健全区域战略统筹”的重大改革举措，具有很高的含金量。为了使榆林在加快形成陕西高质量发展重要增长极中有更好的发展环境，建议省委、省政府向国家申报：一是抓住国家健全区际利益补偿机制的契机，将榆林列入国家区际利益补偿试点区；二是用好国家碳排放市场化交易的政策，在榆林建立碳汇交易机制试点，为榆林发展开拓更大碳汇利用空间；三是争取在榆林开展能源体制改革试点，列入国家能源“十四五”发展规划；四是建设黄河几字湾高质量发展的区域核心城市，争取列入国家区域战略布局；五是支持榆林创建国家级能源革命创新示范区，争取国家在榆林布局更多的国家级重点实验室、工程技术研究中心，加快将榆林打造成“世界一流高端能化基地”。

B.13
新时代推进陕南绿色循环发展路径研究

叶珊珊　薛 健　钱进宝　姚延婷　孔 妍*

摘　要： 陕南地区在习近平新时代生态文明建设思想的指导下，立足生态资源禀赋，大力推动的绿色循环发展，成为实现区域经济社会绿色转型和高质量发展的重要路径。近些年来，陕南在绿色循环发展方面取得了许多成就和进步，但同时也存在发展不平衡不充分的问题。本文在实地调研的基础上，针对目前陕南绿色循环发展的现状和存在的问题，从生态文明建设、构建绿色循环产业体系、创新驱动绿色循环发展、增强区域协同发展能力、推进城乡生态绿色融合发展等几个方面，探讨了进一步推进陕南绿色循环的发展路径，并由此提出相应的几项保障措施。

关键词： 陕南　循环经济　绿色发展　协同发展

陕南绿色循环发展是省委省政府推动区域协调发展、特色发展、全面发展的重大战略部署。2020 年 4 月，习近平总书记来陕考察并发表重要讲话，对有效保护秦岭生态环境出了明确要求，并提出陕南要坚定不移走生态优先、绿色发展之路，为做好新时代陕南地区绿色循环发展提供了行动指南和根本遵循。陕南既肩负着生态保护的重大任务，也面临脱贫攻坚的重大任务。开展陕南绿色循环发展调研，探索陕南绿色循环发展路径，对如何践行

---

* 叶珊珊，陕西省发展和改革研究中心副研究员；薛健，陕西省发展和改革研究中心主任，研究员；钱进宝，陕西省发展和改革研究中心副主任，高级经济师；姚延婷，西北政法大学管理学院副教授；孔妍，陕西省发展和改革研究中心助理研究员。

绿水青山就是金山银山理念，将陕南生态资源优势转化为绿色循环发展新引擎具有十分重要的意义。

一 陕南绿色循环发展取得的成就

“十三五”期间，陕南地区以习近平新时代生态文明建设思想为指导，以生态环境保护为前提，立足资源禀赋，大力发展绿色产业，高水平推进重点项目建设，生物医药、绿色食品、有机富硒、文化旅游、生态康养等绿色新兴产业发展初现优势，高端装备制造、清洁能源、新型材料等绿色循环工业加快发展，经济社会绿色转型持续推进，高质量发展迈出坚实步伐。

（一）生态文明建设取得新进展

涉及区域关闭污染企业370多个，累计治理小流域470条，建成生态清洁小流域46条，治理水土流失1.3万平方公里，新修整修基本农田31.2万亩，营造水土保持林和经济林405万亩，退耕还林超过1000万亩，控制污染面积500多平方公里。截至2020年陕南实现山地造林1100万亩，森林覆盖率达到70%以上，森林蓄积量达到3.5亿立方米以上，建成4个国家级水土保持科技示范园、14个省级水土保持示范园，形成了全省水土流失治理的先进经验。

（二）绿色循环产业不断发展

绿色循环发展战略深入实施，经济增长质量和效益显著提升，循环经济不断发展壮大。汉中市装备制造、现代材料、高品质食药三大支柱产业占规上工业总产值的比重超过85%。安康市产业结构持续优化，以绿色、低碳、循环为标志的生态友好型产业产值占生产总值的85%左右，19个县域工业集中区、1107个现代农业园区创造了全市30%的产值和80%的进出口总额。商洛市建成现代绿色农业园区144个，比亚迪太阳能电池、环亚源有色金属回收利用、必康医药产业园等一批绿色循环重点工业项目建成达产。

（三）基础设施保障能力有效提升

西成高铁、西康高铁、西十高铁、宝汉高速、安康机场、引汉济渭、汉江综合治理等重大工程有序推进或建成。汉中市中心城区建成区面积由“十三五”初的42平方公里扩展至目前的65平方公里。安康市高速公路里程710公里，人均公路网密度全省第一。商洛市铁路“一纵一横”主骨架初步形成，里程达258公里，高速公路通车里程突破500公里，对外通达程度显著提升。

二　陕南绿色循环发展存在的问题

陕南绿色循环发展虽然取得了很大成就，但不平衡不充分的问题依然突出，主要表现如下。

（一）生态环境保护约束趋紧，高质量发展面临更多挑战

最严格水资源管理和生态环境保护制度的实施，大规模高强度工业化城镇化开发受到限制，生态优势转化为经济效益存在体制机制障碍，生态环境稳定向好的基础不牢固，对区域经济社会高质量发展提出更高要求。

（二）绿色循环产业体系尚不健全，产业链更需完善

绿色循环产业规模效益尚未发挥，结构优化和合理布局生产力任重道远，产业园区设施不健全，公共服务配套不完善，空间利用不充分，生产性服务业发展相对滞后，人才引进缺乏吸引力，科技成果转化率低等问题亟待解决。

（三）生态产品价值未能充分挖掘，生态优势尚未发挥

陕南地区肩负着国家生态保护和高质量发展的双重责任，生态优势转化为经济效益的潜力尚未充分挖掘，生态产品价值实现形式、交易机制、产品

设计等尚不明确，还未形成具有一定规模效益和市场影响力的生态产品。尽快明确区域生态产品价值实现路径，加快推进试点工作，形成区域经济发展的新增长点，是现阶段推动陕南经济社会发展的迫切任务。

（四）区域联动协同发展不够紧密，体制机制障碍有待突破

区域内横向基础设施互联互通、畅达水平需要进一步提升。以生态链为基础的产业链、供应链协同合作格局有待进一步强化。与关中平原城市群、长江经济带及成渝双城经济圈等国家战略对接融入能力不强，生态环保、招商引资、经贸交流等协作程度不高，联动协同合作发展的体制机制尚未形成。

三　陕南绿色循环发展的路径

随着习近平生态文明建设思想深入人心，深度融入共建“一带一路”、新时代推进西部大开发形成新格局等国家重大战略深入实施，以及绿色科技和产业变革加速推进，为陕南绿色循环发展提供了难得的历史机遇。陕南应紧抓机遇，以推动陕南区域经济高质量发展为统领，坚持保护优先、绿色为本，循环发展、产业支撑，创新驱动、激发活力，区域协同、开放合作的原则，按照生态经济化、经济生态化的思路，探索生态环境保护和绿色产业发展相融合的新模式，推动产业链和创新链深度融合，努力实现陕南绿色循环发展全面突破，经济社会发展全面绿色转型，与全省同步基本实现社会主义现代化的目标。对此，本文在实地调研的基础上提出了陕南绿色循环发展的几条路径。

（一）推进生态文明建设取得更大成就

坚持绿水青山就是金山银山理念，坚持尊重自然、顺应自然、保护自然，坚持节约优先、保护优先，推动环境治理精细化、生态保护系统化、生产方式低碳化、生活方式绿色化，积极开展碳达峰评估和碳中和愿景下的碳减排，推进生态文明建设取得更大成就。

1. 坚决当好秦岭卫士

一是进一步保护秦岭巴山生态环境。加快推进生态保护红线勘界立标，持续开展秦岭“五乱”突出问题整治。建立健全网格化、数字化、智能化生态环境监测评估体系，打造全方位生态环境监测网络体系。二是不断完善防护林体系建设。持续做好秦岭—巴山天然林保护工程，以保护和恢复森林植被为核心，完善生态林保护修复制度。坚持造林与管护并重，加大中幼林抚育、低质低效林改造，不断提高森林质量，充分发挥森林的多种功能。三是持续增强、保护生物多样性。全面划定生物多样性维护功能红线，建立以自然保护区、湿地公园、森林公园、野生动物栖息地为重点的自然物种保护体系，加强秦岭—巴山国家公园建设相关工作。切实加强野生动植物资源保护和管理，确保野生动植物资源安全。四是强化生态治理修复。开展秦岭—巴山“绿色矿山”建设行动，建立完善以多方评估为主、社会监督为辅的绿色矿山建设标准体系。实施绿色矿业发展示范区建设工程，引领和带动陕南绿色矿山建设。

2. 同心守护一江清水

一是着力改善流域生态环境。确保汉丹江出境水质稳定达标。着力加强汉丹江流域生态保护和高质量发展。加大水生物多样性保护力度，分层次划定水域和沿岸生物多样性保护优先区域。加强自然保护区建设和监管，加强湿地示范区、水产种植资源保护区等建设。开展地下水污染防治，划定地下水污染保护区、防控区及治理区，保障地下水水质安全。二是强化流域生态治理与修复。突出抓好水土保持，建设沿干流生态林带，构筑具备水土保持、水源涵养、生态净化等多种功能的沿江综合植被防护体系。加强湖库与湿地生态修复，将湿地生态功能重要区域和生态环境敏感脆弱区域划入生态保护红线。深入开展流域水生态环境综合治理，实施水污染防治，提升重点流域水环境质量。

3. 全面保障土壤安全

一是加强农用地土壤污染防治。全面实施土壤污染防治计划，强化土壤污染治理责任，对土壤污染实施终身责任追究制度。加强农业农村面源污染防治与处理，开展农村农业面源污染监控，建立健全农村农业面源污染综合防治运行机制，强化农用地土壤污染源头管控和安全利用。二是强化建设用地风险管控。按照区域内建设用地实际情况，采取分区域、分阶段的风险管控措施。健全建设用地开发与流转过程土壤环境监管制度，加强污染土地排查及环境监测，不断加强部门协作，持续推动建设用地土壤环境风险管控工作。三是加强固体废弃物污染防治。健全固体废弃物监管长效机制，做好重金属污染重点区域、重污染工矿企业、尾矿库等典型污染场地的土壤污染风险评估、污染防治工作。加快解决固体废物污染问题，推进医疗废物、危险废物的利用处置和污染防治工作，严格管理危化品产销运各环节，坚决防范和遏制环境污染事件发生。

4. 推动绿色低碳发展

一是推动绿色循环生产。按照产业生态化、生态产业化思路，以生态链配置产业链和创新链，发展现代高效农业，做强绿色循环工业，壮大旅游康养产业，提升商贸物流业发展水平，推动三产融合发展。大力发展循环经济，积极推广清洁生产技术，实现企业循环式生产、园区循环式发展、产业循环式组合。二是倡导绿色低碳生活。广泛推广简约适度、绿色低碳、文明健康的生活理念、生活方式。大力推行绿色社会行动，鼓励居民使用绿色产品，倡导绿色生活方式和消费模式。因地制宜推进生活垃圾分类和减量化、资源化，开展宣传、培训和成效评估。三是塑造绿色文明城市。尊重自然山水格局和脉络，坚守绿色发展底线，将生态文明理念融入城市发展全过程，探索城市建设、生态环境保护与产业发展互动模式。提高绿色建筑、节能相关标准，全面推动绿色建筑设计、施工和运行。

（二）加快构建高质量绿色循环产业体系

坚持绿色化引领、集群化推进、特色化发展的思路，大力发展特色现代农业，稳步发展低碳绿色工业，着力发展文旅康养产业，促进三产融合，形成前延后伸、横向配套和跨界融合的新模式，不断优化绿色产业园区布局，构建高质量绿色循环产业体系。

1. 培育壮大特色现代农业

一是大力发展区域特色农业。优化农业产业布局，发展生态循环农业，推进农业绿色化、优质化、特色化、品牌化。大力发展优质水稻、蔬菜等传统农业。发展林业循环经济，实施森林生态标志产品建设工程。推广“果蔬茶园牧”种养模式，促进农牧结合循环发展。强化绿色导向、标准引领和质量安全监管，打造更多“小木耳、大产业”。鼓励发展生态种植、生态养殖，推行水产健康养殖。二是建设绿色生态高效农业园区。以药、茶、菜、果等特色产业为重点，推进“特色农业原料基地 + 配套加工企业”的现代农业产业示范园区建设，逐步形成专业化、规模化分布格局。推进农业与旅游、教育、文化、健康等产业深度融合，加快一二三产业融合发展。三是打造全国优质绿色农产品基地。以绿色米粮仓、绿色蔬菜带、绿色猪肉等绿色工程为重点，建设陕南绿色有机农产品生产加工基地。开展生态高效茶园建设行动，叫响做精安康富硒茶、汉中仙毫茶业品牌。加大苗木花卉、食用菌、核桃、中药材等特色农业发展力度，建设若干特色农产品规模化集中产区，打造全国优质绿色农产品基地。

2. 稳步发展低碳绿色工业

一是推动传统工业转型升级。推动传统工业向环境友好、资源节约、低碳高效转变，全面推行绿色集约生产方式，严格按照高水平环保标准淘汰高耗能、重污染企业，推动产品向高端化发展。推行产品绿色设计，建设绿色制造体系。推动有色金属、冶金、建材三大新材料产业延伸产业链，实现绿色转型。大力推广水循环利用、重金属污染减量化、废渣资源化等新工艺、新技术，建设资源综合利用基地，促进工业固体废物综合利用，打造陕南工业升级版。二是持续培育壮大新兴产业。推动新材料产业向产业链、价值链高端迈进，加快形成重点突破、协同发展的新材料产业发展格局。大力发展新一代电子信息技术产业，建设区域重要的电子信息产业配套基地。加快布局智能软硬件产业，推动汉中新松机器人智能制造产业园等项目建设。开展生物制药扩能行动，依托现代中医药产地，推进中药饮片、医药中间体创新技术研发、应用和产业化。三是推动制造业高质量发展。推进航空装备制造提升，建设国内领先的中型运输机和特种飞机研制总成基地。推动陕南地区合理布局新能源整车制造，建成一批高水平汽车生产和配套基地。培育壮大精密仪器、智能机器人、工业机器人、3D 打印装备等智能制造产业集群。推动制造业融合化发展，推广“陕鼓模式”，引导企业延伸服务链条、发展服务环节、创新服务供给，提升全产业链价值。四是形成循环经济发展产业链。坚持创新驱动，形成“资源—产品—废弃物—再生资源”闭合式循环经济发展模式。推进能源梯级利用、水资源循环利用、废物交换利用、土地节约集约利用，实现企业循环式生产、园区循环式发展、产业循环式组合。围绕先进制造、航空航天零部件配套、航空新材料、应急救援装备等重点领域，有效形成循环发展产业链。

3. 大力发展文旅康养产业

一是发展多元康养产业。打造“健康 +”产业融合发展新途径，重点发展健康农业食品、健康医疗医药、健康养生养老、健康文体旅游以及健康管理信息产业。增加产品供给，满足多样性健康需求，促进绿色食品向功能保健食品延伸，培育打造陕南康养产业和健康食品名优品牌。延长康养产业链，建设从原材料基地、制药生产到中药养生体验的全产业链。培育生态康养、休闲度假、绿色食品等新增长点。二是做强全域旅游产业。依托独特文化元素和旅游资源优势，创建全域旅游示范区，打造最佳旅游目的地。重点建设大秦岭山地休闲度假旅游线，大巴山原生态休闲度假旅游线，沿汉、丹江涉水旅游线，商於古道、两汉三国文化旅游线。精心打造古道文化、中药养生、红色体验等风格各异的主题旅游线路。加强与周边城市的区域旅游合作，建设串联武汉、重庆、郑州、成都、西安的五条省际区域旅游线路和连接丝绸之路沿线的国际旅游线路。三是发展文化创意产业。加快发展以文化创意为主的新型文化业态，支持文博创意产品生产和技艺类非物质文化遗产项目市场化，大力培育发展文化产业。办好秦岭生态文化旅游节、环秦岭公路自行车赛、国际马拉松赛等精品赛事，发展影视文化、休闲旅游文化、农业观光等滞留性旅游产品。四是打造一批生态康养基地。利用良好的生态、交通和区位资源优势，探索适合实际需求的智能化养老模式，加快推进健康与养老服务事业发展。以医养康养养老相结合服务为目标，创建一批集理疗康复、智慧养生、养老保健及休闲度假于一体的生态智慧健康养老产业园区，打造全国知名生态康养示范基地。五是完善文旅产业服务体系。切实加强旅游服务体系建设，积极促进文旅融合，完善景区旅游咨询服务中心和咨询点建设。加快实施“互联网+旅游”行动计划，成立区域旅游信息调度中心。

4. 完善提升商贸物流产业

一是推动商贸服务提质增效。实施实体商业创新转型提升工程，促进“互联网+商贸”流通模式创新，建设一批线上线下新兴消费体验中心，鼓励传统流通企业向供应链服务企业转型。培育发展居民生活服务业，构建社区商业中心和便民服务圈。完善市、县、镇农贸市场，适度发展一批专业市场。二是优化物流产业结构。积极融入“双循环”发展格局，深化与西安等周边大中城市物流合作。推进形成“综合物流园区—专业物流园区—县区配送中心—末端配送站点”四级物流体系，实现物流业与区域经济深度融合。引导港航、铁路、公路运输企业和物流企业相关信息平台的互联互通。三是加强物流平台建设。完善区域物流服务和大宗物资产销、外贸等部门的数据交换，建设物流中心、配送中心、公共仓储等设施和信息共享机制，打造区域性物流信息枢纽和综合服务平台。加强与京东、阿里、美团等电商平台和第三方物流企业合作，发展壮大云仓、城市仓、无界工厂，积极培育无人配送、分时配送、共同配送等物流配送新业态。四是构建高效物流枢纽体系。探索物流服务业态和运输组织模式创新，构建绿色、智能、高效的现代物流服务体系。加快建立汉中陕甘川渝物流中心、安康陕鄂川渝物流中心、商洛陆路货运口岸。科学规划工业集中区和物流集群融合，打造区域物流产业集群，建成陕南城市群重要物流集散中心。

5. 促进一二三产业深度融合

一是多措并举推动实现三产融合。建设具有陕南特色的现代农业产业体系，推进特色农业三产融合发展。围绕特色农产品种植/养殖，进行农产品精深加工，实施产业强链、补链、延链工程，扶持一批农产品加工龙头企业。以“互联网+现代农业+文化旅游”，实现三产联动发展，促进产业融合。二是高标准打造三产融合示范园。实施现代农业园区提升行动，大力发展休闲农业、体验农业，完善配套服务体系。加快农业与旅游、教育、文化、康养等产业功能互补和深度融合，打造三产融合发展的示范样板和平台载体。

6. 优化绿色产业功能区布局

一是重点打造“一县一业”。围绕壮大陕南县域经济，开展全产业链建设，以现有工业集中区为承载，优化县域产业布局。统一编制“一县一业”产业目录，进一步明晰各县主导产业及细分行业，强化县域分工协作和县域之间的互动发展。以龙头企业和重大产业项目为核心，聚焦富硒食品、旅游康养、新型材料、现代物流、毛绒玩具等产业，打造协同互补、特色鲜明的县域产业体系和优势产业集群。二是强化优化产业园区。按照绿色循环产业功能区布局，将汉中、安康、商洛三市现有经开区、高新区、循环区、飞地区等产业园区打造成资源优化配置、环境优美、具有示范带动作用的工业园区。按照生产、生活、生态相互融合理念，打造集高端技术服务、高品质生活服务、高标准公共服务于一体的配套体系，创建一批国家级绿色循环示范园区。加强园区建设和产业链协同发展，积极探索“飞地经济”，推动园区抱团发展。鼓励社会各类主体建设电子商务虚拟产业园区，实现数字经济新业态新模式落地陕南。三是推动构建产业集聚带。依托公路交通网，构建汉中—安康—商洛产业经济走廊，着力培育特色鲜明、竞争力强的产业集群。依托十天高速，谋划构建经济密度更高、产业协同配套更密切、吸引产业投资更活跃的汉中—安康—十堰产业集聚带。推动跨行政区域的产业合作与协同发展，促进陕南地区沿十天高速城镇群建设，积极融入长江经济带，形成区域一体化发展重要增长带。

（三）激发创新驱动绿色循环发展新活力

坚持绿色循环、创新驱动，鼓励绿色低碳技术研发，加速科技成果转化，促进科技与经济发展紧密结合、创新成果与产业发展密切对接，实现创新链、产业链、生态链有机融合，推动数字经济赋能产业发展，让创新驱动成为绿色循环高质量发展的强大动力。

1. 积极探索生态产品价值实现路径

一是打造生态产品价值实现先行区。坚持保护优先、合理利用，构建绿水青山转化为金山银山的政策制度体系。开展生态资源价值科学评价，建立生态环境保护者受益、使用者付费、破坏者赔偿的利益导向机制。借鉴生态产品价值实现先进经验，系统梳理生态产品的类型、数量、权属及开发潜力，促进产权明晰和要素流动，探索建设各类型生态产品交易平台，推动自然资源向生态资本、产业资本、发展优势有效转变。二是构建绿色技术创新体系。鼓励绿色低碳技术研发，围绕绿色低碳、绿色循环、绿色生产谋划一批战略性科技项目。利用西安创新港、高等院校、科研院所等科技资源优势，支持建设绿色技术区域创新中心，打造科技资源共享服务平台等创新基地平台。强化企业创新主体地位，联合高校、科研院所、产业园区等力量建立市场化运行的绿色技术创新联合体。三是创新生态产品价值补偿政策。贯彻落实《生态保护补偿条例》，按照市场化、多元化生态补偿思路，创新生态产品价值补偿政策。建立以资金补偿、对口协作、产业转移等方式为主的区域生态保护多元化补偿机制，构建生态产品价值补偿体系。

2. 打造绿色优质“陕南品牌”

一是实施质量和品牌提升工程。树立质量优先理念，深入实施陕南高质量发展的标准化战略和品牌战略，强化区域公用品牌和地标产品的保护和开发，培育壮大一批产业品牌和企业品牌，以品牌化引领规模化生产、标准化管理和产业化运营。以地理标志为依托，支持“汉中仙毫”“安康富硒”“商洛核桃”“柞水木耳”“洋县黑米”等区域知名品牌建设。二是创新“品牌＋互联网”新零售平台。通过互联网与传统行业的深度融合，实现“线上＋线下”实时互通，实现陕南各类产品打破时间、空间的限制，扩大新零售规模。借助互联网运营，加快完善物流体系支撑，形成产供销、售后服务为一体的服务新模式。三是增强绿色产品创新研发能力。结合区域特点和资源优势整合科技资源，以“茶、菌、药、果”为重点，积极研发特色产品深加工，提升科技支撑能力。充分利用科研院所、专家团队在特色农产品延链、补链、强链及品牌研究宣传等方面开展技术支持与服务，增加产品附加价值。加大新技术开发、引进、示范、提升工作和新品种研发、引进、筛选工作力度。

3. 以数字化推进绿色生产绿色消费

一是数字经济赋能实体经济发展。加速推进数字产业化和产业数字化，推动数字技术与实体经济深度融合。发挥陕南区位、生态、资源优势，聚焦新能源、新材料、绿色农业、绿色康养、生态旅游等重点产业，打造具有核心竞争力的数字产业集群，建设“数字陕南”。加快以云计算、大数据技术及企业“互联网+”为基础的新兴数字经济产业发展，推进形成智慧旅游、物流产业、电子商务、服务业等新经济增长极。二是以数字化推进绿色生产。积极培育区域内数字经济，着力发展信息服务、电子商务、在线金融等服务新业态。支持商洛加快推进中国核桃大数据中心、秦岭云计算大数据中心、柞水木耳大数据中心、数字经济产业园等建设，打造“秦岭数谷”。支持安康数字经济产业园建设，推进“产学研用”深度融合。支持汉中实施“智慧汉中+产业链”融合工程，打造数字经济发展高地。三是以数字化推进绿色消费。借助数字技术开发绿色消费产品，提供数字服务，以优质的智能化数字产品满足并引领绿色消费需求、打造绿色消费平台。倡导绿色低碳的生活方式和消费模式，以绿色消费倒逼绿色生产。依托数据信息技术，搭建再生资源的“互联网+生活垃圾+回收”立体服务平台，实现垃圾的清洁处理与循环利用。

4. 以创新链精准对接产业链

一是促进“双链”融合发展。围绕产业链部署创新链，聚焦特色农业、新材料、大健康、大旅游等主导产业以及关键技术，积极与省内外高校、科研机构、龙头企业进行合作，推动科技创新和经济社会发展深度融合，实现区域高质量发展。围绕创新链布局产业链，培育发展储能电站、3D打印、工业机器人等智能制造产业。加大农业高效用水、药肥减施、农业污染防治、富硒食品等领域科技研发投入。依托西部科技创新港，大力发展“飞地经济”，打造陕南地区高新技术产业“双链深度融合示范区”，布局建设一批前沿引领技术创新平台、产业共性技术研发平台和双创示范基地，将陕南打造成为具有全国影响力的政策洼地和创新高地。二是构建创新生态系统。建立健全科技创新财政投入逐年稳定增长机制，完善科技创新风险投资机制，引导科技企业利用多层次资本市场融资，鼓励企业加大科技创新投入。加强科技资源共享平台建设，支持陕南以外技术转移机构来陕南设立分支机构。深化“双创基地”建设，构建“众创 + 孵化器 + 加速器 + 园区”的全链条创新服务体系。搭建和完善创新平台，加快模式创新、业态创新、服务创新和跨界融合。

（四）持续增强区域绿色循环协同发展能力

融入“两群”、远承“两圈”、对接“两带”，充分利用好“三大开放空间”。深度融入关中平原城市群和中原城市群，加强产业链协同合作，推动现代产业互融互促、基础设施互联互通。主动承接长三角经济圈和成渝地区双城经济圈，加强与发达城市的深度合作和优势互补。积极对接国家“一带一路”倡议，推动汉江生态经济带区域合作，参与产业链分工和大市场共建，全面提升开放质量与合作水平。

1. 以基础设施互联互通带动区域绿色发展

一是构建区域综合交通网络。将生态环保理念贯穿交通基础设施规划、建设、运营和维护全过程，集约利用土地等资源，合理避让具有重要生态功能的国土空间，积极打造绿色公路、绿色铁路、绿色航道、绿色港口、绿色空港。依托全省“米”字形高速铁路网，加快区域交通重点项目建设，完善客货运输系统，构建绿色综合交通体系，推动陕南三市交通互联互通。二是实现汉丹江流域共建共治。加强水利基础设施建设，围绕生态环境保护和水源涵养，建设区域性重点水源工程，构建汉江千里绿色长廊等沿岸生态带，推动汉江水生态修复与治理和重点水库工程建设，提升汉丹江流域生态系统功能。三是推动新型基础设施建设。加快布局新型基础设施，加强新老基建深度融合，加快陕南三市新型智慧城市建设。推动县级数字化信息平台与市级平台建设与整合，构建省、市、县三级一体化的大数据中心，实现陕南地区数据信息共用共享。

2. 以共建“汉江生态经济带”推动区域合作

一是形成国家水资源保护重要战略支撑。实施最严格的水资源管理和生态环境保护制度，强化水资源、水环境、水生态承载力，创新生态文明建设体制机制。加强丹江口库区及上游地区综合治理，深入推进水源区污染防治和水土保持工作，维护水安全大局。在水资源大保护中实现绿色循环发展，突显陕南地区在国家战略水资源保障区的战略地位。二是实现汉江流域协同互补发展。统筹航运、铁路、公路、航空建设，着力打造内外通畅、网络完善、绿色高效的现代化综合交通运输体系。积极参与产业链分工，促进产业互补，加强与下游发达地区在绿色循环产业、农业农村、生态保护等方面的联系。打破行政体制障碍，创新合作体制机制，积极探索跨省交界地区合作发展的新路径，实现区域合作水平和层次的新跨越。三是打造汉江流域经济增长带。发挥陕南地区绿色创新资源优势，积极培育高端装备制造、生物医药、新材料等产业，打造一批新兴产业基地，加强“绿色矿山”产业链建设，实施建材绿色新材料科技产业园建设，构建陕南绿色循环发展的核心产业支撑。积极推进与四川、重庆、湖北等周边地区的设施联通，主动对接长江经济带综合立体交通走廊建设，形成连接长江经济带和丝绸之路经济带的战略通道。

3. 以对接“三大空间”促进区域要素流动

一是发挥资源优势，形成对接新亮点。鼓励支持区域内农产品商贸流通产业、精深加工产业合作，共同推进农产品品牌化，联手打造优势产业集群。支持汉中创建国家循环经济建设示范城市，积极融入西安都市圈、成渝双城经济圈发展格局。推动安康以汉江沿岸和月河川道为重点优化产业空间布局，打造中国富硒产业聚集区。支持商洛与西安融合发展，大力发展生态产业和绿色循环新材料，做强大秦岭旅游目的地，打造气候康养示范城市。二是促进要素互动，畅通流动新模式。支持陕南三市深度融入关中平原城市群和成渝地区双城经济圈。推动区域经济产业布局调整，实现劳动力、土地、资本、技术、数据、管理等要素自主有序流动、高效公平配置。深度融入“一带一路”和长江经济带建设，推动优质生态产品搭乘中欧班列远销海外，主动承接产业转移，加强产业经济、农业农村、生态保护联系。深化对口支援与东西部协作，聚焦重点产业领域，承接一批绿色产业转移项目，形成与东部产业相互补链、市场相互定制、要素相互成全的区域合作新格局。

4. 以深化重点领域改革提升开放合作水平

一是持续优化营商环境。全面深化市场化改革，落实负面清单制度，持续简政放权，深化“放管服”改革，优化提升营商环境。加强大数据监测分析管理平台、市场智慧监管平台建设，规范市场监管制度。加快建设数字政府，持续推进“互联网＋政务服务”，搭建政企沟通平台，加快形成整体联动、部门协同、市级统筹的政务服务体系。二是激发市场主体活力。加快完善国有企业法人治理结构和市场化经营机制，做强做优国有资本和国有企业。鼓励有条件的公共服务类和功能类国有企业实施混合所有制改革。鼓励、支持、引导非公有制经济发展，落实各项优惠政策，加大支持帮扶力度。营造各类市场主体公平竞争的市场环境、政策环境和法治环境，不断激发市场主体活力。三是提升开放合作水平。实施更加积极的区域协调发展战略，融入大西安和关中平原城市群，促进区域间人才、技术、市场、信息等资源的多向流通和共享。依托陕南现代化交通运输体系，拓展交通口岸对外开放服务功能。以茶叶、木耳、中药材等为重点，打造以现代农业发展为主要特色的国际合作自贸区。积极优化贸易结构，大力发展高质量、高附加值的绿色产品贸易。加强绿色标准国际合作，推动合格评定合作和互认机制，做好绿色贸易规则与进出口政策的衔接。深化绿色“一带一路”合作，拓宽节能环保、清洁能源等领域技术装备和服务合作。

（五）推进城乡生态绿色融合发展再上台阶

以绿色发展理念统筹城乡融合发展，以山水、田园、森林等生态空间为分隔，强化城乡生态空间保护，推动陕南城市发展向内涵提升式转变。创新城乡融合发展机制，推动陕南区域形成城乡互补、协调发展、绿色融合、共同繁荣新格局。

1. 推进城市绿色发展

一是着力提升城市辐射带动功能。推动汉中建设区域中心城市、安康建设西北生态经济强市、商洛建设秦岭生态宜居城市，形成支柱产业突出、地域特色明显、基础设施互联互通的发展新格局。支持汉中突出城市绿色循环发展，打造具有“两汉三国”文化特色的生态宜居城市。安康开发建设新兴材料工业基地和特色生物资源加工基地，建成秦巴腹地综合交通枢纽和生态旅游城市。商洛积极融入西安都市圈，建设优质绿色农产品、新材料等工业基地，建设秦岭南麓生态旅游城市。二是塑造绿色文明城市。推进汉中、安康、商洛积极开展森林城市建设。结合汉丹江流域防洪等综合治理，加强江河城市段岸线改造，统筹岸线保护、市政设施和休憩绿地建设，打造沿河滨江城镇景观带。推进城市生态园林建设，完善城镇生态景观廊道、绿道网系统和公园体系，增加郊野公园、广场、水系等开敞空间。

2. 强化提升县域承载能力

一是提升县域综合发展水平。以促进群众增收为核心，发展带动性强、劳动密集型、能盘活资源的产业。突出园区载体和平台作用，以高新区、经开区、县域工业集中区、飞地园区等为载体，以龙头企业和重大产业项目为核心，推动产业聚集发展。二是建设绿色生态宜居县城。着力优化县城格局和功能，有序推进老城区功能品质提高，建设便捷、宜居、更有温度的美丽县城。着力提升县城品位，加强历史文化保护传承，彰显城市特色和个性，全面提升人居环境质量与县城整体风貌。科学实施新城开发建设，拓展城镇发展空间，推进产城融合，鼓励承接适宜产业转移，有序引导人口、产业及各类要素合理集聚，推进新型城镇化高质量发展。三是提升秦巴特色小镇品质。按照政府引导、产业支撑、企业主体的思路，积极推进生产生活生态“三生融合”、产业社区文化旅游“四位一体”。推进汉中南郑黄酒小镇、安康焕古硒茶小镇、瀛湖水画小镇、商洛天竺山养生度假小镇建设。进一步提升省市重点镇和秦岭巴山特色小镇品质，完善城镇配套设施和服务功能，优化城镇生态环境，增强承载能力，加快推动陕南经济社会高质量发展。

3. 建设宜居宜游美丽乡村

一是推动脱贫攻坚与乡村振兴有效衔接。健全防止返贫动态监测和帮扶机制，守住防止规模性返贫底线。以大中型集中安置区为重点，扎实做好易地搬迁后续帮扶工作，持续加大就业和产业扶持力度。壮大脱贫地区特色产业发展，化解疫情不利影响，做好脱贫人口稳岗就业。健全农村社会保障和救助制度，兜住民生底线。开展乡村振兴发展重点工程建设，全面实施乡村振兴战略。二是实施绿色美丽乡村建设。坚持村庄建设和城镇发展相协调，不断优化乡村空间布局结构，有序推进村庄更新改造。推动汉中乡村旅游综合服务能力提升、安康“十镇十村”精品旅游示范、商洛商州休闲乡村建设。推进乡风文明建设，保护传统特色乡土文化，塑造淳朴文明的良好乡风。打造一批美丽乡村示范片区和美丽乡村精品线路，建设绿色美丽乡村示范走廊。

4. 统筹城乡公共资源配置

一是推进城乡基本公共服务一体化。以县域为基本单元，加快建立城乡基本公共服务共享机制。健全乡村医疗卫生服务体系，创新发展“互联网+医疗健康”。推动城乡教育资源均衡配置，强化教育、文化等公共服务设施建设向农村倾斜，不断加强农村图书馆、文化馆和体育健身广场建设。二是推进城乡基础设施一体化。统筹规划城乡基础设施，统筹布局道路、供水、供电、信息、广播电视、防洪和垃圾污水处理等设施，实施乡村“畅通工程”和“通达工程”，促进高等级公路网向农村延伸。推进城乡客运服务一体化和农村客运高质量发展。加快完善农村物流基础设施，打通农村物流“最后一公里”。强化乡村信息化基础支撑，实施“数字乡村”建设工程，推广远程教育、远程医疗、金融服务进村等信息服务，全面提升农村现代化水平。

四　推进陕南绿色循环发展的保障措施

（一）加强组织领导

贯彻落实习近平总书记来陕考察重要讲话精神和习近平新时代生态文明

建设思想，认真践行绿水青山就是金山银山理念，当好秦岭生态卫士，促进人与自然和谐共生。提高党把方向、谋大局、定政策、促改革的能力和定力，加强对陕南绿色循环发展工作领导，把增强“四个意识”、坚定“四个自信”、做到“两个维护”贯穿规划实施全过程、各领域，坚定不移走以生态优先、绿色发展为导向的陕南绿色循环高质量发展之路。

加强干部队伍建设，提高干部主动适应绿色循环发展新形势与新要求的专业化水平。全面落实规划提出的各项任务，坚持定期召开陕南绿色循环发展座谈会，研究解决发展过程中的难点重点问题。强化省级部门间、地市间统筹协调，统筹推进陕南绿色循环高质量发展。

（二）推进多元融资

积极推进多层次金融体系建设，建立和完善以政府投入为引导、企业投入为主体，银行贷款、社会融资为支撑的多元化陕南绿色循环发展投融资体系。通过直接投资、参股合资、贷款担保等多种方式加大对绿色循环产业的支持力度。通过实施特许经营、投资补助、资本合作等方式吸引社会资本进入绿色循环发展领域，促进政府和社会资本合作。围绕重点领域、重点产业及其上下游产业链，发起设立一批产业投资基金，吸引更多社会资本和优秀基金管理人，为陕南绿色循环发展“融资”“融智”。

支持符合条件的绿色循环企业上市和上市公司再融资。完善外商投资产业指导目录，鼓励外商设立、投资绿色生态企业，引导外资投向绿色生态产业重点领域。构建多元合理的政银企合作关系，为陕南地区绿色循环发展营造良好的投融资生态环境。

（三）强化项目支撑

坚持以规划带动项目建设，以项目促进规划落实，加快推动陕南地区生态利用型、循环高效型、低碳清洁型、环境治理型等现代绿色循环产业体系项目建设。建立“十四五”陕南绿色循环高质量发展重点项目库，谋划储备一批符合中省绿色循环发展产业政策、辐射带动能力强的大项目好项目，突出重大项目对规划实施的支撑作用。抓好秦岭重点保护区、一般保护区产业准入清单，严格落实各项环境保护措施，把好项目准入关口。坚持资金跟着项目走，紧盯国家投资导向与重点领域，积极争取中央预算内投资和地方政府专项债券。健全重大项目协调推进机制，强化项目招商引资，加强各类要素保障，及时协调解决项目建设中存在的各类问题，推行“项目＋领导＋政策＋支持团队”模式，落实目标责任制，强化对重大项目的全流程管理，加强分级和台账管理，严格建设程序，依法规范招投标管理，强化质量安全监管，提高精细化、标准化管理水平，确保重大项目和工程建设快速推进，实现陕南绿色循环高质量发展。

（四）加强目标考核

强化绿色循环发展年度计划、各类行动计划与绿色循环发展规划的统筹衔接，充分体现绿色循环发展规划年度任务重点。健全陕南绿色循环高质量发展考核机制，按照主体功能区责任划分，实施差异化考核，强化生态性指标，构建不同区域的考核指标体系，实行生态考核问责和责任追究制度。引入第三方独立评估、大数据分析等方式，推动规划顺利实施。

参考文献

习近平：《推动我国生态文明建设迈上新台阶》，《求是》2019 年第 3 期。

段蕾、康沛竹：《走向社会主义生态文明新时代：论习近平生态文明思想的背景、内涵与意义》，《科学社会主义》2016 年第 2 期。

李宏伟、薄凡、崔莉：《生态产品价值实现机制的理论创新与实践探索》，《治理研究》2020 年第 4 期。

B.14

宝鸡区域中心城市高质量发展研究*

——文旅融合视角

余 洁　易 露　孙韶启**

摘　要： 本文基于宝鸡市的城市定位，从区域中心城市文旅发展受到西安国家中心城市的资源遮蔽、区位遮蔽、人力资本遮蔽和旅游文化形象遮蔽等遮蔽效应出发，探索宝鸡市“产业+文旅”高质量发展的融合路径，积极推进宝鸡市文旅资源、产品和服务、产业链、载体等全方位深度融合。将文旅产业作为城市转型和高质量发展的重要引擎，大力开发宝鸡人文和自然资源，挖掘文化内涵，不断丰富文化旅游产品体系。在“关天经济带”和“丝绸之路经济带”建设的背景下，推动宝鸡城市高质量发展，促进文旅高质量融合，把宝鸡建设成具有较强影响力、辐射力和示范作用的区域文化中心城市。

关键词： 宝鸡市　区域中心城市　文旅产业　遮蔽效应　高质量发展

---

* 本文为国家社会科学基金项目“新亚欧大陆桥经济走廊区域协同发展新机制研究”（项目批准号：19XJL009）的阶段性成果。

** 余洁，西北大学经济管理学院副教授，硕士生导师，主要研究方向为文化遗产管理旅游；易露，西北大学文化遗产学院硕士研究生，主要研究方向为文化遗产管理；孙韶启，西北大学城市与环境学院硕士研究生，主要研究方向为地图学与地理信息系统。

一　引言

文化产业与旅游产业具有天然的耦合性以及共同实现的基础，其实质是使文化的旅游性和旅游的文化性相统一，共同促进这两大产业的效益和价值的提高，实现产业高质量融合和可持续发展。宝鸡作为旅游资源富集型的区域中心城市，在文旅发展的过程中，一方面受到国家中心城市的旅游市场遮蔽效应，影响城市品牌的建立和快速发展；另一方面中心城市又具有溢出效应和扩散效应，能够为周围城市群带来更多发展机遇。综合而言，同为旅游资源富集型城市，由于不同旅游目的地之间资源级别、知名度、美誉度、交通便利条件不同，加之西安作为国家中心城市所具有的优势条件，如经济发展水平、客源市场规模等，宝鸡作为区域中心城市在发展过程中必然会受到中心城市的遮蔽效应。因此旅游资源富集型区域中心城市发展过程中如何根据自己的优势特色，摆脱中心城市旅游目的地的阴影效应以及发挥带动周边发展作用，基于文旅融合的视角，探讨宝鸡作为区域中心城市高质量发展尤为重要。

宝鸡市作为中国西部地区重要的节点城市，拥有丰富的人文历史资源和自然生态资源，是传统历史文化与现代工业文明的融合点，是丝绸之路经济带文化交流的重要枢纽。高度的历史文明、深厚的文化底蕴、丰富的文化资源构成了宝鸡作为区域文化中心的天然禀赋。宝鸡市区位优势明显、经济发展基础较好，但是文化资源优势还没有转化为旅游产业优势，在旅游发展过程中受到西安国家中心城市的遮蔽效应，形成明显的“旅游阴影区”。无论从资源禀赋、区位条件还是市场环境来看，宝鸡市都具有大力发展文旅产业的客观条件。因此为了进一步推动城市高质量发展，促进宝鸡市文旅产业实现高质量融合，提升其旅游竞争力，在“关天经济带”和“丝绸之路经济带”建设的背景下，必须对现有的旅游资源整合开发，充分发挥宝鸡市作为区域中心城市对西安国家中心城市的城市群支撑作用。鉴于此，本文通过对宝鸡市旅游资源、地域文化和文旅发展现状的分析，从区域中心城市文旅发展所受到的遮蔽效应出发，提出宝鸡市文化旅游资源整合的必要性，在资源、产品和服务、产业链以及载体上多路径融合，助推宝鸡市文旅产业实现高质量发展。

二　宝鸡市文化特色及文旅融合发展现状

（一）宝鸡市地域文化资源禀赋丰富

宝鸡古称陈仓，地处关中平原西部。宝鸡市文化底蕴深厚，是华夏始祖炎帝故里、周秦王朝的发祥地，被誉为“佛骨圣地”“青铜器之乡”“民间工艺品美术之乡”，其所具有的姜炎文化、青铜文化、周秦文化、关学文化、抗战文化、宗教文化、民俗文化、饮食文化等文化积淀以及丰富的文化旅游资源使其在旅游发展中独具特色。境内太白山为秦岭主峰，是南北分界和分水岭，生物物种丰富，是天然的基因库，森林覆盖率达 94.3%，素有“亚洲天然植物园”“中国天然动物园”等美誉，第四季冰川遗迹非常罕见。此外还有天台山、通天河、大水川、红河谷、关山草原、嘉陵江源头、青峰峡、吴山森林公园、灵山森林公园以及 7 个国家级湿地公园等自然资源。目前宝鸡市共有各类文物点 3449 处，其中全国重点文物保护单位 27 处，省级文物保护单位 103 处①，自然资源和文化资源具有天然的耦合性。宝鸡市以工业为主导产业特色突出，交通枢纽优势明显，基础设施日趋完善，把文化资源优势转化为旅游产业优势，可以直接推动宝鸡市文化和旅游产业的繁荣兴盛。

（二）宝鸡市文旅融合发展现状

1. 旅游经济发展较快，文旅产业发展潜力较大

根据《宝鸡市 2019 年国民经济和社会发展统计公报》统计，宝鸡市

① 宝鸡市统计局印发《2019 年宝鸡市国民经济和社会发展统计公报》，[2020 年 4 月 1 日]，http://tjj.baoji.gov.cn/art/2020/4/1/art_1959_533131.html，最后检索时间：2021 年 7 月 20 日。

2014～2019年旅游总收入和接待人数如图1所示，旅游总收入和接待人数共同呈增长趋势，其中2018年增长幅度最大，旅游总收入增长率达27.5%。2019年，宝鸡市启动实施市级文化旅游重点项目39个，项目总投资418.3327亿元①，从文物修缮、文物策展到文化艺术中心、5A级景区建设、文旅项目、康养度假区再到工业遗产、考古公园、主题公园建设等全面推进文旅产业融合发展。宝鸡市"区域性旅游中心城市"和"文化旅游名市"地位正在形成，文化旅游业已经成为宝鸡经济社会的重要组成部分。宝鸡市建设区域文化中心城市，全面涵盖了传统历史文化和红色革命文化，不断提升在关中城市群的文化特质和特色，不断提高宝鸡文化的知名度、影响力。

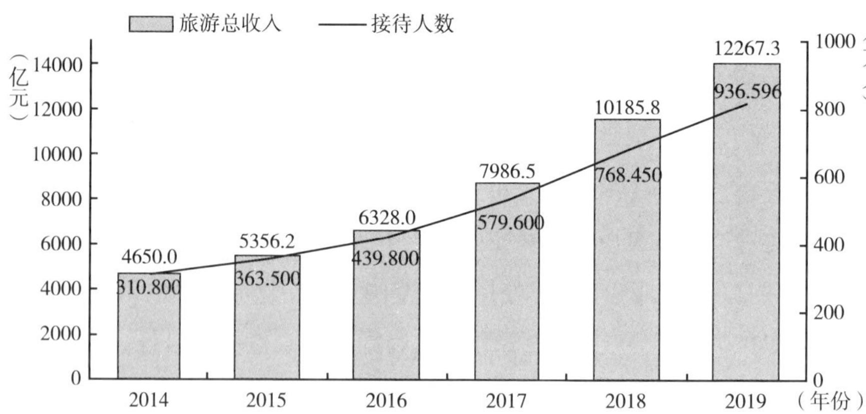

图1　宝鸡市2014～2019年旅游总收入和接待人数

资料来源：宝鸡市2014年～2019年国民经济和社会发展统计公报。

2. 地域文化资源丰富，文化与旅游融入深度不够

宝鸡人文积淀深厚，华夏始祖炎帝、西周姜子牙、春秋秦穆公、北宋苏轼、"关学"张载都在宝鸡留下了历史足迹。但是由于对文化挖得不透、理得不细，各类文化主题不突出、特色不鲜明，人文景观展示形式较为单一，

① 《宝鸡年鉴》编纂委员会：《宝鸡年鉴2019》，三秦出版社，2019。

可观赏性不足。主要存在以下问题：一是旅游产业各自为政，部分旅游资源比较有名，但是在旅游品牌的宣传上缺乏合作，没有形成高质量的旅游路线；二是旅游淡旺季十分明显，景区资源开发深度不够；三是旅游发展缺乏创新，品牌影响力不高，产业业态较为低端，旅游产品同质化严重，导致宝鸡市的省外知晓率低[①]；四是资金投入不足，旅游基础设施发展落后。长期以来，宝鸡只对工业重视程度较高，而在旅游投入上明显不足，难以成为关天经济区重要的游客集散地和区域旅游中心。

3. 经济发展水平受限，与城市建设缺乏深度融合

宝鸡虽然文旅资源较为丰富，但是区域上比较分散，许多资源仍处于初级开发或是未开发阶段，文化产业和旅游产业融合的质量和效益都不高。2019年宝鸡市地区生产总值为2223.81亿元，以2018年末所统计的常住人口377.1万人计算，人均GDP略低于全国人均水平。2019年宝鸡市全年社会消费品零售总额为944.38亿元，与中心城市西安超40万亿元的数值，差距较大[②]。“十三五”期间，宝鸡市文化旅游景区的建设取得了重要进展，兴建市文化艺术中心、公园、广场等基础文化设施，但仍存在文化公共空间不足、文化设施利用度低、文化活动举办频率不高、群众参与度低等问题，工业城市向文化城市和旅游城市转型的城市形象还比较弱，极大地制约了宝鸡市文化旅游消费水平。

三　西安国家中心城市对宝鸡文旅融合发展的遮蔽效应

（一）资源遮蔽

资源遮蔽是一个或多个旅游目的地由资源之间关系的不协调而导致旅游

---

① 冯剑岳、段海平：《宝鸡旅游文化产业发展思考》，《新西部》（理论版）2014年第12期。

② 宝鸡市统计局印发《2019年宝鸡市国民经济和社会发展统计公报》，［2020年4月1日］，http：//tjj. baoji. gov. cn/art/2020/4/1/art_ 1959_ 533131. html，最后检索时间：2021年7月20日；李丽：《中心城市在区域人力资本聚集中的效应研究》，河北大学硕士学位论文，2014。

资源开发价值降低的现象①。对于西安市和宝鸡市来说，其主要旅游资源和产品相似，西安作为一级旅游目的地对宝鸡市形成明显的资源遮蔽，同时也对区域旅游合作形成一定阻碍。宝鸡法门寺作为西安西线旅游的一部分，在西安众多旅游线路中优势并不突出，西安作为国际旅游目的地形象凸显，加剧了“马太效应”。一方面宝鸡旅游已成为西安旅游的一部分，但是另一方面以宝鸡为中心的区域旅游发展缓慢。宝鸡市以“佛骨圣地”法门寺为主要游览目的地，是西安一日游的附加产品，过夜游客较少，旅游客源单一，大多数为本地游客，以周边游和一日游为主，对当地的住宿业、餐饮业及其他服务业的带动作用十分有限，境外游客仅占总接待人数的0.29%②。因此，宝鸡市要避免被西安国家中心城市发展边缘化，就必须突出旅游资源优势，积极发展生态观光度假游、温泉疗养游、避暑休闲游等，与西安历史文化游相结合，打造宝鸡周礼文化的城市特色，才能突破国家中心城市的屏蔽效应而获取区际生产力要素的充分供给③。

（二）区位遮蔽

区位遮蔽是指一个或多个旅游目的地由于空间位置以及区域旅游景点的丰富与贫乏的影响，与特定旅游目的地形成空间竞争态势，使其处于劣势或阴影遮蔽的现象④。这种遮蔽受交通条件、区域旅游产品组合、空间距离等因素的影响。由于旅游者的时间和精力有限，一个旅游地或旅游景区的经济区位、交通区位、客源区位都会成为影响旅游客流强度的重要因素。由于西

① 田园：《宝鸡天台山风景名胜区资源调查及规划》，西北农林科技大学硕士学位论文，2013。

② 宝鸡市统计局印发《2019年宝鸡市国民经济和社会发展统计公报》，［2020年4月1日］，http：//tjj.baoji.gov.cn/art/2020/4/1/art_1959_533131.html，最后检索时间：2021年7月20日。

③ 宋小芬、阮和兴：《城市群内次中心城市的发展研究——以肇庆为例进行分析》，《特区经济》2004年第8期。

④ 李丽：《中心城市在区域人力资本聚集中的效应研究》，河北大学硕士学位论文，2014；田园：《宝鸡天台山风景名胜区资源调查及规划》，西北农林科技大学硕士学位论文，2013。

安所具有的天然区位优势和交通优势，吸引了大量一级市场的游客，2019年，西安市接待游客量达30110.43万人次，而宝鸡市则为12267.3万人次，虽然宝鸡市位于陕甘宁川四省的几何中心位置，作为交通枢纽或中转站，旅客运输量较大，但是周边城市尤其是西安市的旅游吸引力、交通便捷、城市知名度等都在一定程度上对宝鸡的区位形成遮蔽效应。导致宝鸡市的城市承载功能和吸引力不强，知名度较弱，入境游客较少，旅游整体收入水平不高。因此，宝鸡市应塑造与西安市具有差异化的旅游形象，利用区位条件优势，促进两地深度合作，增强两地之间一体化协同发展关系。

（三）人力资本遮蔽

在区域经济发展过程中，中心城市的作用具有无可取代的效果，中心城市发展越完善，对区域内乃至跨区域的人力资本聚集能力越强，对周边区域人力资本的遮蔽作用也越大。中心城市由于产业聚集和经济的快速发展，所提供的预期收入、就业机会、教育环境、医疗保障等也多于周边城市，这些方面共同促成了人力资本向中心城市的聚集[①]。人力资本作为城市发展的内生动力，可以推动技术进步、促进经济持续增长。根据西安市和宝鸡市2019年国民经济和社会发展统计公报，西安市常住人口为1020.35万人，城镇化率为74.61%，而宝鸡市常住人口为377.10万人，城镇人口比重为53.17%[②]。随着西安市逐步开始建设国际化大都市，作为国家中心城市的人口聚集功能日益凸显，越来越多的宝鸡市民选择到西安或者其他中心城市工作、生活。伴随人力资源流失问题而来的，必然是区域经济发展和振兴受阻，高素质人才流向西安以及其他中心城市。除宝鸡市区外，其他大部分区县从事第一产业的人口占多数，且常住人口男性比例低，家庭规模大，女性和老龄人口比例较大。因此，一方面要协调区域产业发展，引导人力资本合

---

① 李丽：《中心城市在区域人力资本聚集中的效应研究》，河北大学硕士学位论文，2014。

② 宝鸡市统计局印发《2019年宝鸡市国民经济和社会发展统计公报》，［2020年4月1日］，http://tjj.baoji.gov.cn/art/2020/4/1/art_1959_533131.html，最后检索时间：2021年7月20日。

理流动，另一方面要以教育投资为主导，建立完善的城市技术创新和社会保障体系，促进宝鸡市提高城市竞争力，投入高质量、专业型的人力资本。

（四）旅游文化形象遮蔽

形象遮蔽是指一定区域内分布着若干旅游地（风景区），其中旅游资源级别高、特色突出、产品品牌效应大或者市场竞争力强的一个旅游地（风景区），在旅游形象方面也会更突出，从而对其他旅游地（景区）的形象造成遮蔽效应。[①] 位于关天经济带上的各城市，历史悠久，拥有大量的历史文化遗产和丰富的自然生态资源。西安作为十三朝古都的文化形象已经深入人心，其他地区的文化定位要有清晰的文化符号和响亮的文化品牌，才能凸显城市特色，否则就会被光芒四射的西安古都形象遮蔽。文化作为一个城市的灵魂，有效激活才能彰显城市的生命力。宝鸡作为炎帝故里、周秦王朝发祥地、青铜器之乡、佛骨圣地、丝路节点、隋唐夏都、民间工艺美术之乡，其历史悠久、文化厚重、人杰地灵，是名副其实的区域文化中心。宝鸡文化的最大优势是历史文化，历史文化中最大特色是祖根文化，即炎帝文化和周秦文化。宝鸡市文旅发展需要在一个大的区域背景下考虑，突出多样化和差异化形象，实现市场细分和产品定位。宝鸡在关中平原城市群建设中的文化定位应该是：塑造炎帝文化、周秦文化和民俗文化标识，彰显中华文化，延续中华文脉，体现宝鸡地方文化底蕴和特色，打造一批具有世界影响力的历史文化旅游品牌。

四　宝鸡文旅产业高质量发展的融合路径

宝鸡作为旅游资源富集型区域中心城市，随着国家建设“关中—天水经济区”和“丝绸之路经济带”等一系列重大战略部署的实施，在实现文旅融合发展上面临难得的历史机遇和挑战。根据文化产业与旅游产业的融合

---

① 杨振之：《旅游资源开发与规划》，四川大学出版社，2002.

路径，通过资源融合、产品和服务融合、产业链融合以及载体融合等路径，助推宝鸡市文旅产业高质量发展，如图2所示。

（一）结合周秦历史文化资源和渭河秦岭自然生态资源开发文化旅游片区

1. 姜炎文化旅游片区

炎帝作为华夏民族的始祖，据传以炎帝为首的姜姓部落在清姜河畔的姜氏城一代繁衍生息，这是宝鸡发展文化旅游过程中的一颗璀璨的“明珠”。在宝鸡市辖区内的炎帝陵、炎帝园、北首岭遗址以及神农镇的炎帝祭典等民俗活动没有得到充分利用，不利于宝鸡树立“炎帝故里”这一旅游文化品牌。炎帝文化旅游具有独特的资源特性，要适应其文化特点，形成相应的旅游产业链。通过渲染景区的文化氛围和人文精神，利用历史事件、相关人物、民俗艺术、文学作品、旅游演艺、祭祀活动等，宣传“宝鸡是炎帝故里”，加大旅游宣传力度，增强景区的吸引力。

2. 周秦文化旅游片区

宝鸡市作为周秦文化的发祥地，要厘清区域内周秦文化旅游资源，找准特色，打造具有宝鸡市文化内涵的旅游路线和旅游产品。通过再现周秦文化的特色风貌，以深厚的文化底蕴提升宝鸡市的城市形象和城市面貌，这与西安市以汉唐为主体的历史文化形成优势互补。围绕周秦历史文化旅游资源，以岐山周公庙、凤凰山、秦都雍城遗址、周原遗址、秦公陵园等地为依托，以市内中国青铜器博物馆、中华石鼓园、中华礼乐城为重点，展示周礼秦风、历史人物事迹和历史事件，打造现实感强和体验性强的历史文化旅游产品。

3. 生态避暑旅游片区

宝鸡市横跨秦岭，渭河作为中轴线流经宝鸡市区和岐山县、眉县、扶风县等县区，秦岭群峰和渭河平原相互映衬，构成了宝鸡市的地貌主体。宝鸡围绕太白山、天台山、黄柏塬、青峰峡、红河谷、通天河等森林公园，以及关山草原、大水川、九龙山等自然旅游景区，在有效保护秦岭生态资源的基

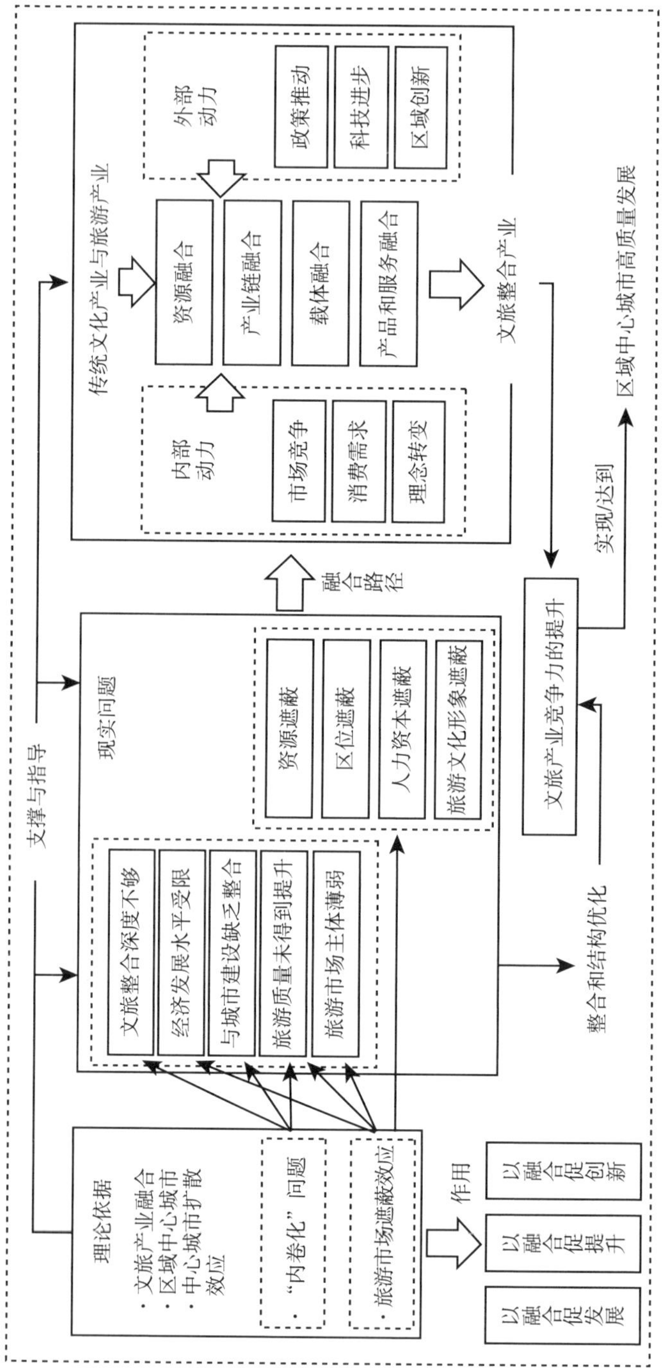

图2 旅游资源富集型区域中心城市文旅融合高质量发展结构

础上，利用丰富的自然资源打造集生态观光、乡村旅游、休闲避暑、民俗体验于一体的生态避暑片区，营造避暑休闲生态游线路。①

4. 西府乡村民俗文化旅游片区

深挖农业资源，打造乡村文化和旅游融合的产业链，创意农庄、乡村民宿、非遗制作工坊、乡村疗养、农业主题公园、乡村劳作体验等形式，改变农村单一的农耕收入来源，把农副产品变成可供游客采摘挑选的旅游商品。将宝鸡的非物质文化遗产，如西秦刺绣、社火、秦腔、脸谱绘制工艺、凤翔泥塑、木板年画等，开发成表演类、艺术欣赏类、文化小镇类等体验产品，依托乡村风味小吃、自然风光等资源，打造乡村休闲旅游产品，渲染宝鸡市独特的地方民间文化特色。

（二）开发类型多样、富有地域特色的文化旅游产品

文化产品的开发要与宝鸡市的历史文化、人文生态以及社会环境相适应，打造出具有本地特色的旅游文化品牌。依托自然特色，结合旅游景区，进行休闲疗养、生态观光、避暑度假、温泉等的深度开发；依托民俗文化、历史文化、传统文化和节庆文化，把特有的地域文化开发成文化旅游产品，以此满足不同游客的旅游需求；依托法门寺、龙门洞、金台观、灵山等宗教文化资源组织庆典旅游，将文化资源融入旅游产品、服务以及销售等各环节。渭河流经宝鸡市中心城区，借助河道整治和绿化工程，开发青铜雕塑、生态公园、民俗文化等旅游项目，打造渭河旅游风景带。研发周秦文化创意产品，推动文化与科技、研学、美食、传统产业有机融合，优化产品结构。另外，加强城市休闲公园、休闲街区、城市游憩带的建设，营造更多的市民休闲空间。电子屏、标识牌、导示牌等旅游导引设施要体现宝鸡区域文化特色，如青铜造像、历史人物雕塑等。

---

① 田园：《宝鸡天台山风景名胜区资源调查及规划》，西北农林科技大学硕士学位论文，2013。

（三）与中心城市和其他节点城市形成产业链融合

天水市、宝鸡市、咸阳市、西安市作为“关天经济带”上的节点城市，宝鸡市与三市形成旅游区域联动，要通过龙头企业带动、配套企业跟进、产业集群发展的思路，增强龙头企业的辐射带动作用，不断拓宽和延伸产业链条，形成旅游市场互动。宝鸡市应以弘扬“黄河文化”为目标，主动融入西安国家中心城市的建设，深化与周边省份城市的合作交流，推进建设黄河文化旅游带和生态长廊。一方面与天水市共同打造世界华人寻根祭祖圣地，巩固和拓展合作领域，推动两市文化旅游业的大发展、大繁荣；另一方面宝鸡市结合地域特色，打造以西府老街、陈仓老街为代表的民俗旅游，以申新纱厂旧址为代表的工业遗产旅游和红色革命文化弘扬基地，以法门寺为主的佛教文化旅游。借助西安市强大的国际影响力和丰富的文化旅游资源，实现旅游企业资源共享、产业联合、战略联盟，引导和组织游客到区域内旅游，实现客源互送共享，延长旅游文化产业链条，形成文化产业集群，以文化旅游带动餐饮、住宿、娱乐、交通、购物等其他旅游产业的联动发展，充分发挥西安市向外部城市群辐射的综合示范和引领支撑作用。

（四）探索多种文旅融合载体的运营方式

宝鸡市文旅发展目前主要依靠政府牵头，缺乏一个集文化旅游资源保护利用、开发展示于一体的市场化运营平台和机制，制约了宝鸡市文化产业与旅游产业的深度融合与创新。在文旅产业载体的融合过程中，打造文商旅综合体、文化旅游创意产业园区、民俗村、特色小镇，将文化、旅游、商业有机结合，放大宝鸡市文化特色。通过核心景区的开发，建设金台区运动休闲特色小镇、法门镇等特色小镇，完善民俗街区、特色民俗等商业配套设施，实现产业聚集，完善现代化产业体系，推动经济高质量发展，同时有利于打造宜居、宜游、宜业的环境空间，助推乡村振兴。通过载体融合来唤醒和激发人们的文化记忆，进而增强人们的民族自豪感和文化自信。

五 结语

宝鸡市作为旅游资源富集型区域中心城市，具有较好的区位条件和现实基础，面临新的增长机遇，加之区位和资源优势，潜力较大，完全能够逐步缩小差距，实现跨越式发展。宝鸡与西安国家中心城市具有竞争和合作的双重关系，在城市发展和经济建设过程中，宝鸡不能依赖或受制于西安或其他中心城市，而是要积极发展，寻求自身的分工地位①。宝鸡市应依托丰富的地域特色和文化内涵，深度挖掘历史文化资源，开发具有创新性、独特性和参与度高的文化旅游产品，促进文化资源和自然生态环境的和谐发展、文化产业与旅游产业的融合发展，有效整合区域内资源，加大文化资源大市向文旅强市转变，形成具有区域特色的战略品牌，提升区域形象与城市竞争力。在文旅融合的背景下，优化文化产业布局，打造文化交流平台，推动文化市场发展，树立文化品牌，提高区域文化核心竞争力，在传承中坚定文化自信，在发展中谋求文化振兴。在“一带一路”的政策机遇下，把西安国家中心城市对宝鸡市的阴影遮蔽效应转化为扩散效应和示范效应，把发展劣势转化为优势，借助“关天经济带”建设、西安—宝鸡—天水丝绸之路旅游走廊“中转站”优势，加大对周边城市的辐射和带动作用，让文化产业和旅游产业的深度融合成为城市经济发展的积极推动力，从而促进宝鸡作为区域中心城市高质量发展。

① 宋小芬、阮和兴：《城市群内次中心城市的发展研究——以肇庆为例进行分析》，《特区经济》2004 年第 8 期。

B.15
西安市高陵区推进城乡融合发展研究*

张　馨**

摘　要： 城乡融合发展是全面推进乡村振兴战略的重要举措，也是实现全体人民共同富裕的道路取向。高陵作为国家城乡融合发展试验区，其经验对于大城市周边县域的城乡融合发展具有重要的借鉴价值。本文从推进农业转移人口市民化、建立多元可持续的投融资机制、创新新型城镇化管理、改革创新体制机制、培育产业融合发展新动能五个方面梳理了高陵推进城乡融合主要做法和成效，并总结了体制机制改革经验，主要有探索"三个机制"，规范农村土地流转；探索统分结合双层经营的新模式，推动农村"三变"改革；探索发展"共享村落"，有效激活农村发展活力；盘活集体资产资源，发展壮大集体经济；推进新社区建设，创新新型城镇化管理。最后提出了"十四五"时期推进城乡融合发展的思路，加快推动高陵城乡融合发展建设。

关键词： 高陵　城乡融合　乡村振兴

在2020年底召开的中央农村工作会议上，习近平总书记强调，"推动城乡融合发展见实效，健全城乡融合发展体制机制，促进农业转移人口市民化"。促进城乡资源要素双向开放，推动城乡深度融合发展，形成城乡间相

* 本文为陕西省哲学社会科学重大理论与现实问题研究项目"陕西新型城镇化建设研究——以高陵、耀州、柞水为例"（立项号：20CZ－11）的阶段性成果。

** 张馨，博士，陕西省社会科学院经济研究所副研究员，研究方向为区域经济与可持续发展。

互渗透、互促互利的共生循环体系，是全面推进乡村振兴战略的重要举措，也是实现全体人民共同富裕的道路取向。高陵位于陕西省关中平原腹地，是西安市“北跨渭河”发展的第一站。作为首批国家新型城镇化综合试点和城乡融合发展试验区，高陵将农村土地制度三项改革试点、“两权”抵押贷款试点、农村产权流转交易市场建设试点、集体资产股份权能改革试点，与新型城镇化建设同步推进，全力推动城乡融合发展。通过总结高陵新型城镇化的体制机制改革经验，对于优化西安城镇化空间格局具有重要意义，同时对大城市周边县域的城乡融合发展具有重要的借鉴价值。

一　发展现状

高陵区位于陕西省西安市北部，地处西安都市圈范围内。总面积294平方公里，下辖7街办86个行政村，常住人口36.7万人。2020年末户籍人口37.3万人，其中，城镇人口24.6万人，乡村人口12.7万人，城镇化率66.0%。2015～2020年，常住人口城镇化率由63.8%稳步提升至65.6%。2020年实现地区生产总值374.49亿元，城镇、农村居民人均可支配收入分别达到40579元、17696元，城乡居民可支配收入比值为2.29，较2019年缩小0.07。

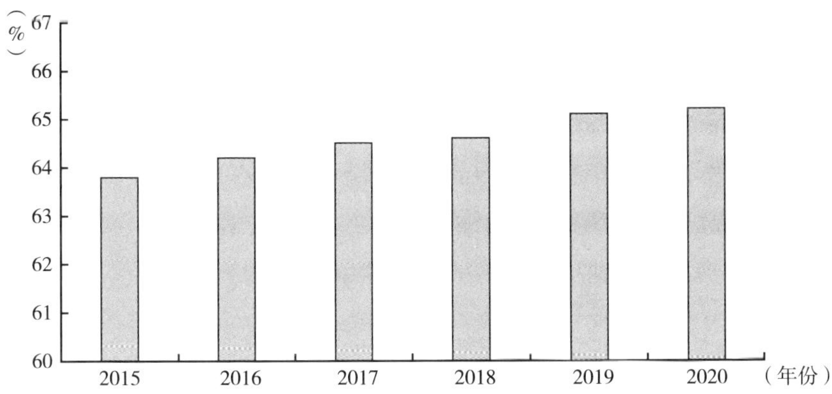

图1　高陵区2015～2020年常住人口城镇化率

资料来源：2016～2021年《西安市统计年鉴》。

高陵不断深化与经开区合作，在项目建设、基础设施、产业发展、城镇建设、社会事业等方面推动合作共建纵深化。目前，渭北工业区高陵装备工业组团建成区面积达到65平方公里，入驻企业558家，规模以上企业147家，投资过亿元的有179家，形成汽车制造、石油设备制造、军工装备制造等五大主导产业。以共享村落、田园综合体为平台载体，推动农村一二三产业深度融合。建立了生态环境保护长效机制，初步形成了横贯东西的生态廊道，新增绿化面积2万亩，创建省市级生态村34个，铁腕推进治污减霾，禁烧网格化巡防经验在全市推广。同时，农村生活垃圾分类资源化减量化处理在通远街道何村闭环运行，农村生活垃圾分类资源化减量化智慧处理机制基本建立。

“十三五”以来，高陵对标全省“追赶超越”定位和“五个扎实”要求，围绕西安建设国家中心城市目标，扎实推进新型城镇化建设，在农业转移人口市民化、建立多元可持续的投融资机制、创新新型城镇化管理、推进机制体制改革创新、加快发展现代都市农业等五个方面进行了大量探索，“农村土地征收”“集体经营性建设用地入市”“宅基地制度改革”三项试点任务圆满完成，城乡一体化步伐不断加快。都市农业、乡村旅游、共享村落加快发展，“生态高陵·绿色家园”积极建设，农民生活水平稳步提升，乡村治理体系初步构建，农村各项改革走在全省前列。

二　主要做法和成效

（一）推进农业转移人口市民化

1. 统一居民户口性质

取消户口性质区分，统一登记为居民户口。按照“试点先行、整体推进”的原则，推进户籍一元化改革工作，将现有农业和非农业户口一次性转为居民户口。同时，制定了转户居民在养老、医疗、就业、住房等方面的67项衔接政策，允许转户居民5年内按照“就高不就低，自由选择，不重复享受”的原则，自由选择城乡政策待遇。

2. 分类推进农业转移人口市民化

探索出“失地农民就地就近进城、城边村农民置换进城、有条件农民多元进城”三种模式。失地农民就地就近进城，主要针对城区和园区被征地农民，在群众自愿的原则下，建设新型社区，推进失地农民就地就近进城，促进农村居住社区化，实现就地城镇化。城边村农民置换进城，主要针对城区或泾河工业园规划范围内，已纳入集中安置规划或正在实施集中安置的城边村村民，采用集中安置的有形改造和撤村建居、股份改制的无形改造，使群众成为拥有薪金、股金、租金、养老金“四金”居民。有条件农民多元进城，对于已在城镇生活多年或在农村新社区建设中有意愿进城的群众，采取自愿放弃宅基地进城居住的方式。

3. 着力推进城乡基本公共服务普惠共享

持续推进教育优质均衡发展，全面实施家庭经济困难大学生资助政策，扩大教育资源供给，促进全区教育公平发展，助力脱贫攻坚。完善医疗卫生服务体系，推进医疗卫生区、街办、社区（村）三级服务管理一体化改革，加大城乡医院对口帮扶力度。全面实施城乡居民基础养老金正常调整机制，60 周岁以上老人按月享受养老保险待遇全覆盖，确保了农业转移人口和城镇居民同步享受到同质化公共服务。

4. 积极探索农业转移人口市民化成本分担机制

经过探索实践，本地农民的进城落户基本形成了“政府为进城农民提供社会保障和公共服务，集体经济组织用集体资产的出让、入股等收益来保障进城农民居住权益，个人按照法规缴纳相关费用”的成本分担模式。

（二）建立多元可持续的投融资机制

1. 引进社会资本参与建设

在农业规划区运用城乡建设用地增减挂钩政策筹集社区建设资金，加快新型城镇化建设，如东樊、何村、姬家、北樊、安家等 5 个城乡建设用地增减挂钩新社区项目，涉及3500余户14000余人，有力地推动了农村居民就地城镇化。在园区规划区内，采用“村企合作”模式调动社会资本参与社区建设，拓展新型城镇化建设的融资渠道。

2.吸引金融资金参与建设

运用国家棚户区改造和“空心村”改造政策，通过与国家开发银行、建设银行等金融机构合作，加大新型城镇化建设贷款资金支持力度。目前，已争取四批国开行棚户区改造专项贷款资金以及分别由农发行和建行贷款的北樊和曹家新社区项目资金。

3.探索社会资本与政府合作的PPP模式

成立了西安市高陵区政府和社会资本合作工作领导小组并设立办公室，积极探索政府和社会资本合作（PPP）模式。已建成运营西安高陵生活垃圾无害化处理热电联产项目，加快推进通远创想小镇PPP项目、泾河风光带（一期）PPP项目和高陵区农村生活污水治理工程。

（三）创新新型城镇化管理

1.实施镇村综合改革

2016年开始实施镇村撤并工作。撤销湾子镇建制，并入通远镇，撤销榆楚镇，并入耿镇，镇街个数由10个合并为8个。撤销泾渭堡村、东营村，分别并入陈家滩村、雷贾村，行政村个数由88个合并为86个。

2.推进新社区建设

按照“地域相近、规模适度、服务半径不超过2公里”的原则，将全区86个行政村聚合为32个新社区。通远镇何村运用城乡建设用地增减挂钩等政策将占地570亩的6个自然村合并建成占地243亩的何村新社区，除70户选择进城安置外，其余466户村民全部迁入新社区。实现了“群众不掏钱、政府不出钱”，一次性解决了宅基地超占、一户多宅等问题，是高陵区打造农村新社区集中建设的典范。

3.打造幸福新农村示范村

制定方案，严格评审，给予资金支持。细化完善了7个幸福新农村示范村项目实施方案，按照“成熟一个、评审一个”的原则，对村集体合作社成立情况符合要求的示范村拨付奖补资金。示范村依托当地的资源禀赋，采用集体经济合作模式推进项目建设，实现了产业升级，发展壮大了村集体经济。

4. 探索新型社区管理体制和服务体系

一是积极探索推进基层行政体制改革，加快街办服务管理职能转变。率先在鹿苑、泾渭、崇皇三个街办开展撤村建居试点，按照城市化标准成立“多村合一”的社区管理机构。整合行政村党支部和村委会，建立形成社区党委（党总支）决策、社区委员会执行、监委会监督的社区管理新机制，推进传统农村管理模式向社区化管理转变。二是开展农村社区建设试点工作。完成了鹿苑街办田家村、东樊村、通远街办何村农村社区公共服务示范点建设工作，持续推进张卜街办南郭村新型社区管理工作。三是提升农村公共服务水平，着力打造“2 公里服务圈”。建立了以区党政服务中心为核心、以街办便民服务中心为纽带、以村级便民服务站（社区服务中心）为基本承载的三级公共服务体系，区、街办、村（社区）各级服务大厅开设了为民服务代理窗口。

（四）改革创新体制机制

1. 农村产权流转交易市场建设试点

一是建立区、街办、村三级交易体系，实现了信息发布、交易鉴证、价值评估、抵押贷款等“一厅式”办理。搭建网上交易平台，连通“三资”管理、确权登记、产权交易三个系统，开通农村承包土地经营权抵押贷款的网上申请系统。二是制定出台农村产权交易、价值评估、抵押担保以及交易规则、操作细则、交易流程等相关管理制度办法，规范农村产权价值评估工作，确保农村产权流转交易规范有序进行。三是开展农村集体经营性建设用地入市，完善收益分配。积极探索由农村集体经济组织作为入市主体实施入市交易，明确由区农村产权交易平台统一管理，公开发布信息，实行公开交易，严格保护农民及其集体经济组织的权益。

2. 农村土地制度改革三项试点

（1）宅基地制度改革试点

2015 年，高陵区被列入全国 33 个农村宅基地制度改革第一轮试点地区之一。按照中央统一部署，高陵坚守“土地公有制性质不改变、耕地红线不突破、农民利益不受损”三条改革底线，重点解决宅基地管理现状中存在的审批不畅、大量闲置、多占超占等问题，创造性提出和实践了“共享村落”，对宅基地“三权分置”进行了有效探索。

一是完善制度体系，推进数字化管理。综合运用遥感、大数据等新一代信息技术，通过开展补充调查和验证调查，全面摸清高陵区农村宅基地规模、布局、权属和利用现状等数据。在此基础上建立一个窗口受理、多部门联动的农村宅基地用地建房联审联办制度，建立农村宅基地基础信息数据库及管理信息平台，逐步实现宅基地用地和建房规划许可数字化管理。

二是规划先行，简化审批。在全省率先启动村级规划编制，已全面完成城市规划区范围外 33 个行政村的土地利用总体规划、村庄规划编制工作，融合“两规”优化村庄内部宅基地、基础设施等用地布局，从源头解决了村庄布局混乱、一户多宅、违建多占等问题。完善权益保障制度，全域启动农村房地一体不动产登记发放工作，为宅基地统筹利用、规范流转奠定了产权基础。完善审批管理制度，将存量农村宅基地审批权限下放给街道，按“一户一宅”由村组审核、街道审批、区级备案。

三是有偿使用，完善权能。积极推动宅基地有偿使用，对超占多占、祖遗户等宅基地按照每平方米每年 2～5 元的标准收取，用于村集体基础设施建设和宅基地退出补偿等，体现了公平原则，增加了集体收益，促进集约节约用地，防止宅基地盲目无序扩张。配合农民住房财产权抵押担保转让试点，探索宅基地用益物权的实现方式和途径。

四是有偿退出，统筹利用。城市规划区内，鼓励农房和宅基地闲置的进城农户、取得宅基地批复的新分户有偿退出，进入区政府建成的 7 个社区居住。探索形成“老村规范提升型、新村建设转移型、整村退出融合型”三种农村宅基地退出管理模式。城市规划区外的传统农区，按“一户一宅”法定面积审批的同时，对有条件的村庄，充分利用城乡建设用地增减挂钩和土地综合整治政策，对旧村统一拆除复垦，统一规划建设农村新社区，统一配套基础设施和公用设施。

五是三权分置，村落共享。围绕宅基地“三权分置”的要求，尝试推出“共享村落”。由农户将闲置宅基地和闲置农房委托村集体经济合作社在区农村产权交易中心进行公开交易，共享人取得“不动产权证书”，可以用于发展乡村旅游、民宿、文化创意等产业，也可以用于休闲居住及养老。有效盘活了农村闲置资源，壮大了农村集体经济，提高了农民财产性收入。

（2）农村集体经营性建设用地入市试点

形成了“区域统筹、分类入市、收益共享”的入市模式。建立覆盖全区的城乡建设用地基准地价体系，将集体经营性建设用地入市纳入农村产权交易平台统一管理，开展集体经营性建设用地入市。

（3）土地征收制度改革试点

明确了6大类24小类土地征收目录，规范9项征地前期工作、3项土地征收阶段的规定程序。统筹兼顾增值收益分配机制，各村根据分配的土地增值收益规模和方式，制定了具体的土地增值收益分配方案，制定完善农村土地征收5项制度。

3. 集体资产股份权能改革

通过摸底调查、张榜公示、民主决议、确认登记等程序，完成了86个行政村的成员身份界定工作，编制了集体经济组织成员花名册。在前期清理登记工作的基础上，完成了86个村的清产核资工作，全部成立集体经济合作社。

4.“两权”抵押贷款试点

一是构建了“两权”抵押贷款试点工作框架，制定出台了“两权”抵押贷款管理办法、抵押担保基金管理办法、风险补偿基金管理办法、不良贷款处置管理办法和收储基金管理办法等六个办法。二是完善农户信用信息评价管理系统，引入保险保障和担保增信功能。三是健全“两权”抵押贷款处置风险防范机制，组建高陵区三阳农村产权融资担保有限公司，设立农村产权抵押担保风险补偿基金，已有5家金融机构参与试点工作。四是完善抵押物处置环节，探索完成陕西首笔“两权”不良贷款抵押物成功收储案例以及陕西首笔“两权”不良贷款代偿案例，助推“两权”抵押贷款试点业务链条形成闭环。

（五）培育产业融合发展新动能

1. 打造产业融合载体

改造提升已建成的各类现代农业产业示范园，建设一批集“产、加、销、游”于一体、产业链条完整的都市农业示范园。创建省市级现代农业园区19个，其中省级4个、市级15个，核心区面积7200亩，辐射带动面积近4万亩。探索城镇周边乡村差异化特色化发展模式，打造城乡产业融合典型项目，形成示范带动效应。源田梦工场田园综合体作为陕西省农村改革试验区，依托农村“三变”改革和土地改革的试点政策，形成现代农业、文化旅游、“双创”孵化、田园社区多业态融合发展模式，助力乡村振兴。

2. 培育新型经营主体

培育发展农业合作社、龙头企业等各类新型农业经营主体，农业生产经营由“单打独斗”走向“抱团致富”，增加了乡村振兴新动能。全区发展农民专业合作社309家，认定家庭农场120家，引进和培育市级以上农业产业化龙头企业17家。

3. 推动产业融合发展

促进“农业+”“文化+”等新业态培育，推动多产业深度融合发展。大力开展农超、农校、农企、农社对接，与西安及周边地区80多家超市、28家省市级单位食堂、高校、大中型企业建立蔬菜等农产品的供应合作关系。创新发展“农产品+互联网”模式，建成农产品电商创业园，入驻企业30余家。积极培育休闲农业、体验农业、观光农业等新型都市农业，发展创意农业、会展农业等农业新业态。全面启动西安市农产品物流城建设，构筑以贸易为核心，集中加工、制造、展览展示、商务办公等功能的农贸产业集群。

4. 提升农业发展综合效益

提高农业生产规模化、集约化、标准化水平，发展品牌农业，积极开展农产品“三品一标”认证工作，促进农产品地理标志和绿色产品发展。高端优质绿色产品供给能力增强，高陵区成为大西安名副其实的“一仓三园”（粮仓、菜园、果园、农乐园）。

5. 建立现代农村金融制度

组建金融机构，成立了1个村镇银行、2个小额贷款公司以及农村产权融资担保有限公司。强化农村征信体系建设，建立了农户信用信息档案，形成了农村现代金融体制框架。建立农户信用评价体系，并制定评价办法，改善农村信用环境，提高金融支农服务水平。

三　存在的问题

（一）农村房地一体不动产登记进展缓慢

国家对申请不动产登记所需资料的准确性、完整性提出了较高的要求，但实践中，因历史原因形成了大量没有权属来源的宅基地，一户多宅、面积超占等问题突出，且当前农民群众对不动产统一登记仍缺乏足够认识，造成房地一体的不动产登记进展较为缓慢。

（二）宅基地自愿有偿退出的积极性不够高

一方面，高陵区位于西安市郊区，是未来西安市城镇化的重点覆盖区域之一，农民对征地拆迁的预期强烈，且征地拆迁的补偿标准明显高于宅基地自愿有偿退出的补偿标准，导致多数农民不愿意退出宅基地。另一方面，关中地区农民的“乡土情结”较重，同时，在乡村振兴战略实施的背景下，农民对农业农村未来的政策性红利有较强的预期，造成农民即便入城，也不愿意轻易退出宅基地。

（三）“共享村落”有待进一步推广

当前“共享村落”的基础设施、自然和人文环境与需求群体的期望存在较大差距，同时，对于部分希望通过租赁和利用“共享村落”房屋发展产业的客户来说，点状分布、房屋规模小等也成为制约成交的重要因素。

四　经验启示

（一）探索“三个机制”，规范农村土地流转

一是建立资格审查和项目审核机制。对提出土地流转的工商企业和规模化组织农户对外流转土地的街村组，由区农经中心联合相关部门对其经营能力、土地性质、权属关系、产业规划等情况进行预审。二是完善风险防范机制。对原有的履约保证金制度进行修改，明确“反包倒租”、入股、购买履约保证保险等7种情况可以免交履约保证金。三是探索“预流转”机制。指导村集体为农户提供粮食生产全程托管服务，在不改变农户土地经营权的前提下整合土地资源，适时根据需要组织农户流转土地。

（二）探索统分结合双层经营的新模式，推动农村“三变”改革

按照“家庭承包、集体经营”的思路，建立土地入股托管模式，推动村集体为农户提供土地全程托管，实行“保底＋分红”，着力探索具有高陵特色的土地托管模式。将张卜街道张桥村作为首个试点，确定了“村党支部＋合作社＋MAP＋入股托管”的全程托管模式，由村集体为群众提供玉米生产“耕种防收售”一条龙服务，产量大幅提高，农民收入显著增长。

（三）探索发展“共享村落”，有效激活农村发展活力

“共享村落”是在农村集体土地所有权、农民宅基地资格权和房屋所有权不变的前提下，将农民闲置宅基地和闲置农房使用权，以一定年期，通过出租的方式由集体经济合作社和社会资本合作的行为。在政府的引导下，设计了四种共享模式：整体改造型，对于整组整村群众进社区居住的村庄，通过村集体经济合作社与社会资本长期合作联营，共同改造提升、包装开发；融合发展型，利用现有存量宅基地及房屋，通过集体经济合作社和社会资本合作的方式，植入特色产业，共同包装开发；租赁改造型，充分利用高陵区集体建设用地入市试点政策，在有条件的村庄利用集体建设用地开展建设租赁住房试点；零散改造型，对零散整户退出的，将腾退院落通过集体经济合作社出租给有需求的人群。按照“政府引导、部门指导、街村主导”方式，将宅基地自发流转纳入规范化的轨道，有效保障交易双方的合法权益，有利于稳定市场预期。

“共享村落”的实施，一方面，有效激活了农村闲置的土地资源，显现宅基地财产价值，壮大了村集体经济，提高了农民财产性收入。为更多具有田园梦想和创新创业梦想的城市居民提供了居住养老、创业发展的必要空间，提高了土地利用率。另一方面，城市居民的生活理念、发展理念以及各类产业要素为高陵的乡村振兴集聚了活力，实现了城乡发展要素双向流动。此外，“共享村落”的实施，在一定程度上也倒逼农村村庄整体环境的改善，推动了美丽乡村建设，提升了农村居民幸福感和获得感。

（四）盘活集体资产资源，发展壮大集体经济

统筹推进各项改革，放活土地权能，增强农村产业发展用地保障能力，盘活农村建设用地资源。一是拓展农村集体经营性建设用地入市途径。凡是符合规划和依法取得的存量农村集体经营性建设用地，国土空间规划确定为工业、商业等经营性用途，产权明晰、已依法办理土地所有权登记、具备开发建设所需基础设施配套等基本条件的土地，实行直接就地入市。依据村庄

整体规划，对土地开展整治并配套相关基础设施，重新规划产权归属，实行综合整治入市。对零星、分散的集体经营性建设用地，先行复垦为农用地，并将腾挪出的建设用地指标调整到产业集中区，实行异地调整入市。二是建立集体土地基准地价体系。探索城乡统一的税收制度并建立城乡统一的建设用地市场，实现同地同价。建立兼顾国家、集体、个人的土地增值收益分配机制，合理提高个人收益，发展壮大集体经济。三是依托田园综合体、共享村落等发展载体，初步形成了土地托管型、资产租赁型、入股捆绑型、集体经营型等四种壮大集体经济的路径，为创新创业和乡村旅游、养老休闲等产业在乡村的落地提供了平台，有效带动农村一二三产业融合发展。

（五）推进新社区建设，创新新型城镇化管理

探索形成“城边村并入、城中村融合、小村并大村”三种改造模式，推进新社区建设，促进居民向城镇、农民向新社区集中。政企合作的城边村并入模式：由于城边村土地商业价值不是很高，改造后村庄节余土地不足以抵顶开发商投入，因而政府在城市规划范围内划定部分土地弥补开发商拆旧建新的投入。村企合作的城中村融合模式：针对城中村土地商业价值较高、在经济上具有可行性的特点，主要以村组为主体与开发商进行合作。政府运作的小村并大村模式：主要用于农业规划区范围内的村庄，这部分村庄距离城镇较远，土地价值较低且有价无市，难以筹集改造资金，由政府独立实施，通过拆旧建新将距离较近的行政村或自然村合并安置。

五　“十四五”时期推进城乡融合发展的思路

2019年，高陵区被国家发改委等18个部委确定为城乡融合发展试验区。在《西安市高陵区城乡融合发展实施方案（2020—2025年）》的指导下，在系统总结新型城镇化试点工作的基础上，深入落实乡村振兴战略，把城乡融合发展作为新型城镇化建设的升级版，扩大改革范围，增强改革成效，努力走在全国试验区前列。以习近平新时代中国特色社会主义思想为指

导，以“聚力一二三·建设主城区”为工作主线，以缩小差距促进城乡融合发展为目的，以统筹推进乡村振兴战略为抓手，以公共资源优化配置为关键，促进城乡生产要素资源双向自由流动，加快推动全区城乡融合发展建设。

一是以规划引领城乡融合发展。统筹建设城乡统一用地市场，坚持规划引领、保护优先、因地制宜、绿色发展的原则，严格控制城镇建设用地规模，合理划定城镇开发边界，严格永久基本农田的保护，提高土地集约节约利用率。

二是以项目建设支撑城乡融合发展。努力抓好重点项目建设，专班推进、专人负责、专题调度，多措并举保障项目落地，加大交通、基础设施、民生、教育等重大项目的包装、建设力度，为城乡融合发展夯实基础。

三是以乡村振兴促进城乡融合发展。按照乡村振兴总要求，突出规划引领、产业升级、人居环境整治、脱贫攻坚、改革发展五个重点，提升农业综合生产能力，提高农业供给体系质量，改善农村人居环境，拓宽农民增收渠道，提高城乡基本公共服务水平，促进城乡融合发展取得阶段性成果。

四是以城乡一体加速城乡融合发展。统筹城乡基础设施建设，以城市建设标准加快城市基础设施向农村延伸，加大城市更新、村庄更新力度，推动城乡配套设施对接、互联、融合，加速城乡融合公共服务一体化、基础设施一体化。

五是以示范典型带动城乡融合发展。充分抓住高陵开展的四项土地改革任务（宅基地管理制度改革、发展壮大村集体经济试点、农村闲置宅基地和闲置住宅盘活利用试点改革、完善乡村发展用地保障机制改革），将张卜街道沿河四个村进行改造提升，充分利用新增腾退的建设用地培育发展绿色特色新型设施农业、休闲农业和乡村文旅产业，带动农村集体经济壮大和农民增收，促进渭河生态修复治理，建设高品质新农村，打造高陵特色的城乡融合发展示范样板区。

B.16
安康市岚皋县新型城镇化建设研究*

陕西省社会科学院课题组**

摘　要： 县域城镇化是新型城镇化战略的关键节点和核心抓手，深入研究陕西欠发达山区县域新型城镇化建设问题不仅对促进全省扎实推进追赶超越、巩固全面建成小康社会成果有重大现实意义，而且还将为推动脱贫攻坚与乡村振兴有效衔接与转型提供一条全新的思路。在总结岚皋新型城镇化主要做法的基础上，分析了岚皋特色产业产城融合和城乡统筹互促共进两种发展模式，针对岚皋新型城镇化面临的城镇布局、城乡风貌特色、城镇化水平、县域技术创新、产业支撑能力、城乡公共服务发展、发展要素等方面的困难和问题，提出了推动县域空间集成、引导生态资源集约、加强特色文化集萃、加速创新要素驱动、加快特色产业集聚和推进公共服务均等的政策建议，力求为欠发达山区县域新型城镇化建设提供“陕西经验”。

关键词： 岚皋　新型城镇化　城乡统筹

岚皋县位于陕西省南沿、大巴山北坡，介于东经108°38′~109°11′，北

* 本文为陕西省社科界2020年度重大理论与现实问题研究项目“岚皋县新型城镇化建设研究”（立项号:20CZ-12）的阶段性成果。

** 课题组组长：罗丞，陕西省社会科学院农村发展研究所副所长，研究员，研究方向为新型城镇化实践。主要成员：张敏，陕西省社会科学院农村发展研究所助理研究员，博士，研究方向为农业经济；李春江，西安工程大学管理学院硕士研究生；王帅，西安工程大学管理学院硕士研究生。

纬 31°56～32°32′，东西长 51.24 公里，南北宽 65.46 公里，总面积 1956 平方公里。辖 12 个镇 136 个行政村（社区），土地面积 1956 平方公里，根据第七次人口普查数据，截至 2020 年 11 月 1 日零时，岚皋县常住人口为 135006 人。“十三五”以来，岚皋县充分利用县域资源优势和政策发展机遇，新型城镇化建设取得了一系列丰硕的发展成果，先后获得全国“林下经济示范基地”县、国家卫生县城、国家电子商务进农村综合示范县、国家义务教育基本均衡县、国家首批全域旅游示范创建县、国家生态文明建设示范县、国家园林县城和陕西省县域经济社会发展先进县、省级森林旅游示范县、省级全民健身示范县、全省财政管理和改革先进县、全省法治政府建设示范县、陕西省县城建设先进县、陕西省县域工业集中区发展先进单位、陕西省“生态文明推动力·最具影响力区域”等系列国家级和省级荣誉称号。

一　岚皋县新型城镇化的主要做法

（一）全面打赢脱贫攻坚战役

全县上下以脱贫攻坚统揽经济社会发展全局，全面推进产业扶持、易地搬迁、危房改造、创业就业、教育扶贫、医疗救助、生态补偿、兜底保障等“八个一批”脱贫举措，累计投入扶贫资金 49.6 亿元，实施脱贫攻坚项目 2588 个，累计建成集中安置点 40 个，集中安置 8529 户 27876 人，全县 134 个有脱贫任务的村（社区）完成通硬化路、通客车、通动力电，贫困人口通电、住房和饮水安全问题全面解决，义务教育、基本医疗和生活得到保障，贫困村生产生活条件显著改善。全县 72 个贫困村脱贫退出，累计减少贫困人口 63582 人，贫困发生率由 2015 年的 29.94% 降至 0，提前一年实现整县脱贫摘帽，贫困群众幸福感持续增强。

（二）着力推动县域产业发展

依托生态富硒资源，紧扣“五园”保基本，实现农业长足发展。2020

年全县实现农业增加值10.77亿元，年均增长10.49%。稳定粮食种植面积2.2万亩，粮食产量实现16连丰。初步形成以魔芋、茶叶、猕猴桃为主导，以畜禽、中药材等为特色增收项目的产业体系。新型农业经营主体不断壮大，培育新增省级重点龙头企业4家、市级重点龙头企业15家、示范合作社29家、家庭农场29户。现代农业园区发展步伐明显加快，发展县级以上农业园区166个，其中省级园区1个、市级园区41个。农业品牌化发展有序推进，通过无公害整县环评，创建省级农产品质量安全县，“两品一标”认证企业达26家，认证农产品87个。

紧扣循环工业“两园”增活力，工业经济在转型发展压力下保持平稳较快增长。2020年全县规上工业企业达到43家，实现规上工业增加值14.74亿元，年均增长6.74%，工业固定资产投资累计增速28.6%。工业结构持续优化，以包装饮用水、富硒食品、毛绒玩具、电子产品、鞋业加工为主的产业初具形态，富硒食品饮品产值占比达45%以上；建成新社区工厂60个，毛绒玩具文创产业从业人员达539人。六口工业园区、飞地经济产业园配套基础设施不断完善，建成蔺河轻纺工业园、水围城富硒产业园，全县标准化厂房达到20余万平方米，入园企业达50家，循环经济聚集区工业总产值占比达49.9%，工业集群化发展态势基本形成。

紧扣旅游“五区”助增收，国家全域旅游示范县创建工作稳步推进。南宫山景区创5A、巴山样子·杨家院子景区和神河源·千层河景区创4A进展顺利，全胜寨景区开发迈出实质性步伐，蜡烛山景区达成合作意向。完成南宫山南线旅游专线、苍水-陕渝界、全胜寨西线等旅游道路改造工程，石门-陕渝界、蜡烛山旅游道路和景区配套设施建设进展顺利。乡村旅游蓬勃发展，四季镇天坪村被评为全国首批乡村旅游重点村，南宫山镇桂花村被评为省级乡村旅游示范村。桂花田园综合体和特色民宿建设取得阶段性成果。县域旅游品牌知名度和影响力不断提升，游客接待量年均增速8.63%，2020年旅游综合收入达到29.37亿元。

基本形成以现代物流、电子商务、商贸服务、金融业为主的服务业发展格局。物流服务体系逐步健全，建成城乡物流配送中心1个、镇级物流服务站11个、村级物流服务点50个，开通县镇物流班线4条，城乡物流配送服务覆盖率达100%（村级物流服务覆盖率达40%）；整合12家快递、5家商贸物流业务。电子商务快速发展，建成县级电子商务公共服务中心1个、镇级电商服务站12个、村级电商服务点64个、线上线下连锁便利店60个，成功创建国家电子商务进农村综合示范县。建成县城建材批发市场和12个集镇农贸综合市场。金融业稳步发展，2020年金融存款余额86.6亿元，贷款余额33.5亿元，存贷比达38.7%。

（三）全力协调城乡统筹

城镇综合承载能力明显增强，城乡面貌焕然一新，常住人口城镇化率达到46.5%。县城宜居指数明显提升，实施城北新区智慧新城、黄家河坝、罗景坪、柑竹坝等新区建设，县城骨架进一步拉大。棚户区改造及公租房等保障性住房建设成绩卓著，荣获全省保障性安居工程建设工作先进县。建成西窑、黄家河坝、罗景坪、龙安佳苑等易地扶贫搬迁集中安置小区，完成老旧小区改造5个119户。重建县城一桥，新建黄家河坝大桥和廊桥。新建和改造城区道路9.25公里，城区健身步道达到7.5公里，新增城市公共停车位250个。建成巴山珍稀植物园、地电广场、莲花广场等公共休闲场所8处，城区绿化亮化工作开展有力有效，人均公园绿地面积达11.95平方米，亮化率达98%，成功创建国家园林县城。集镇建设加快推进，民主镇副中心建设成效明显，建成全县镇域唯一万人社区。南宫山镇荣获国家级卫生镇。四季镇被命名为省级旅游特色名镇。村庄（社区）建设成绩显著，启动农村人居环境整治行动，完成“三改一建”整治试点村20个，实施农村改厕13662处，创建市级农村人居环境整治示范村20个、市级以上美丽宜居示范村10个、农村厕所革命整村推进8个。打造“五新”社区19个，建成省级文明社区1个，创建全国法治示范村1个。

（四）全面补齐基础设施短板

多点突破、全面补齐制约全县经济社会发展的基础设施短板。G69银百高速安康至岚皋段建成通车，岚皋至陕渝界段全面开工，西渝高铁过境岚皋并设站。截至2020年底，全县公路总里程达到1983.7公里，12个镇136个建制村（社区）全部实现通硬化路、通客车目标，以安岚城高速为主动脉、G211与G541为“十字”骨架、县乡公路为支撑、通村公路为筋脉的公路网络基本形成。累计实施农村中低压线路989.4杆/公里，县镇村通信网络覆盖率达到100%。城区自来水普及率达到99%。建成6个集镇供水改造扩建提升工程和72个贫困村、62个非贫困村277处饮水安全工程，有效解决13.97万人饮水安全问题。新增灌溉面积1.92万亩，改善灌溉面积0.93万亩；新建及修复水毁堤防26公里，保护人口6万余人。“气化岚皋”工程稳步推进，建成加气站1座，县城小区气化率达72%。

（五）不断加强生态建设

坚定践行“两山”理念，坚决打好“四大保卫战”，主体功能区试点示范区建设成效显著。深入推进大气污染防治，空气优良天数占比达到90%以上，空气质量综合指数居省市前列。建成镇级以上污水处理厂11座、生活垃圾填埋场10座，新增污水管网里程48.5公里，污水收集率达到85.79%，污水处理率达到85.79%，垃圾无害化处理率达到100%。完成水土流失治理面积155平方公里，岚河、大道河等主要河流出境断面水质稳定保持国家Ⅱ类标准，全县地表水功能区和水源地水质监测达标率均达到100%，成功创建省级河长制示范县、示范河流。森林覆盖率达到80.13%。秦岭生态环境保护、石紫岚沿江生态经济带发展建设扎实推进，成功创建国家生态文明建设示范县、全国绿化模范县、省级森林城市，跻身全国森林康养基地建设试点县。

（六）持续改善社会民生

2020年，全县城乡居民人均可支配收入年均分别增长3.39%和7.98%，分别达到28376元和11313元，高于全市平均水平。

1. 教育质量稳步提升

以办好人民满意的教育为目标，全面落实素质教育战略和十三年免费教育，实施学前教育整县推进工程，完成城区学校布局调整。义务教育健康发展，建成城关九年制学校、第三幼儿园等10所学校，实施城关中学、六口小学、城关中心幼儿园等校舍改扩建5万余平方米，软化民主中学、铁佛小学等学校运动场4.2万平方米。普通高中教育优质发展，全县本科上线率达到84.67%。职业教育融合创新，启动职教中心迁建工程。建成县体育馆。成功创建国家义务教育发展基本均衡县、省级“双高双普”合格县、陕西省社区教育实验区。

2. 健康岚皋建设成绩显著

医疗卫生服务体系进一步健全，建成县中医院门诊综合楼、兴皋医院、城区公共卫生服务管理中心、县疾控中心综合楼等医疗卫生机构。医疗卫生服务能力显著增强，县医院“二甲”创建、中医院“二甲”复审通过，佐龙镇、南宫山镇卫生院荣获全市示范镇卫生院，136个村（社区）卫生室通过标准化认定，镇卫生院中医馆全覆盖。医疗卫生体制改革深入推进，分级诊疗全面实施，县域内就诊率达到90%以上。成功创建国家卫生县城，荣获全国基层中医药工作先进单位。

3. 社会保障体系日益健全

城乡居民社会养老保险参保率达到99%以上。覆盖全民、城乡统筹、保障适度的社会保障体系更加完善。建成敬老院、社区老年人日间照料中心、农村互助幸福院、老年公寓等养老服务机构140所，城乡社区养老服务设施覆盖率达90%以上。

4. 就业创业活力不断增强

实现城镇新增就业6574人，城镇登记失业率控制在3.8%以内，建成创业孵化基地6个，创建市级就业创业产业园4个，城镇社区和村创业就业服务站实现全覆盖。完成各类技能、创业培训2.2万人次，全县转移劳动力4.2万人，创劳务收入12.6亿元。劳动保障监察执法“两网化”覆盖率达到100%。

二 岚皋县新型城镇化建设的模式与特点

（一）特色产业产城融合模式

产业作为城镇化发展的内生动力，对城镇化可持续发展提供有力支撑。通常县域层面的特色产业依赖其特色资源。依托特色资源，形成资源、要素和产业集聚，从而形成以特色资源为基础的优势产业，对县域经济的发展起到引领和带动作用，推动县域城镇化发展进程。而依靠特色资源发展特色产业，应以城镇平台优化和承载力提升为产业发展提供良好基础和环境，形成产城融合发展的良好格局。

岚皋依托自身丰富而独特的自然生态本底和人文民俗资源发展特色生态旅游、人文旅游产业，利用丰富的生物资源，开发富硒产业。紧密结合地域特点、资源特色、产业实际和城镇布局，充分发挥生态、资源、产业、政策等比较优势，通过建立符合自身优势的特色产业发展机制，推进产城融合发展，从而有力促进县域城镇化进程，其具体特点如下。

1. 突出生态文明，确立生态旅游城镇化发展理念

岚皋提出牢固树立绿水青山就是金山银山的发展理念，坚持走可持续发展道路，协调经济、社会、生态、文化效益，做好柔性治水、治山理水、显山露水的文章。树立“山水资源是岚皋战略资源”的理念，以独特的自然景观塑造和山水生态文化内涵提升为核心，依托山水资源，深挖资源潜力，打响绿色岚皋、水润岚皋、文化岚皋旅游形象品牌，实现山水资源经济、社会、生态、文化效益相结合的集约利用。

2. 注重先行先试，制定因地制宜发展思路

岚皋没有照搬平原地区“拉开框架、集中建设”的模式，推行大规模的人口聚集、产业聚集和土地规模经营，而是按照就地城镇化的思路，提出了“集约紧凑、规模适度、产城融合、交通引导、因境而成、顺势而为”的原则，突出特色化、差异化和就地化，充分发挥城镇的集聚功能和规模效益，全面提升城镇综合环境承载能力，构建县城和中心镇主要承载、特色小镇集中发展、近距离乡镇整合的新型城镇化建设体系。

3. 强化产业支撑，探索产城融合发展模式

岚皋坚持“依托资源而不依赖资源”，大力发展生态产业，走生态特色、可持续发展之路。依托山水林田湖草等丰富、优良的生态旅游资源，以生态文化为特色，以旅游供给侧结构性改革为主线，以避暑度假、避霾度假、旅居度假为核心，建设度假旅游系列产品，满足度假旅游市场蓬勃发展的需求。依托“中国魔芋之乡”国家地理标志保护产品以及富硒茶叶、魔芋、林果、中草药等农特产品，以山水田园生态文化为特色，打造“养眼、养胃、养心、养肺、养身、养神、养老”系列化康养旅游产品；通过全胜寨、蜡烛山等景区建设，打造山地运动、户外健身康养旅游产品，构建康养旅游产品体系，满足现代人的旅游消费理念。通过产业带动、产业集聚实现城镇化建设提质增速，探索和实践了产城融合的发展模式。

4. 完善生态保护，体现绿色发展和环境保护发展目标

岚皋自然资源丰富，但生态环境相对较脆弱，旅游开发和工程建设对岚皋生态环境稳定性和景观完整性造成了一定程度的破坏，同时南宫山、神田草原、神河源等景区环卫力度不大。近年来，全县着力推进“三长”治河工程，“河长 + 警长 + 督察长”各负其责、协作联动的“三长”治河工作模式，做到了空间、时间、问题三不遗漏，实现了“河长制”责任全覆盖。切实将旅游资源与生态环境保护和整治做到了实处。

（二）城乡统筹互促共进模式

城乡统筹就是城乡资源共享、市场互动、产业互补，通过城市带动农村、工业带动农业，建立城乡互动、良性循环、共同发展的一体化体制。具体包括推动城乡规划一体化，统筹城乡基础设施一体化，推进城乡要素市场一体化，加快城乡公共服务一体化等方面，通过加快基础设施向农村延伸，强化城乡基础设施连接，推动水电路气等基础设施城乡联网、共建共享，使城乡之间相互吸引发展要素、相互融合、共同发展。

岚皋通过加强县城、中心集镇和新农村社区的建设，积极发展各具特色的中心镇、产业镇和新农村新型社区，加快建立以县城为龙头、以中心集镇为支撑、以中心村为连接的城镇体系。促进城市基础设施向农村延伸、城市公共服务向农村覆盖、城市现代文明向农村辐射，通过新型城镇化，增强城乡互动，促进共同发展。其具体特点如下。

1. 突出规划引领，城镇一体化格局初具规模

一是科学规划布局。坚持规划引领城乡发展，突出城乡建设规划先行，围绕"生态、宜居、宜游"旅游名城建设目标，按照历史传承、自然禀赋、文化特色、民俗风情、生态文明"五统一"原则，高标准完成了《岚皋县县城总体规划（2018—2035）》修编工作。先后编制了12个重点集镇规划、86个中心村规划和30余个详细规划，启动实施了城北新区城市设计。在规划编制和修订完善过程中，坚持推进城镇总体规划、区域性控制规划、土地利用、人口布局、移民搬迁、产业发展、基础设施和公共服务等专项规划有机衔接、多规合一，形成了县城、重点集镇、新型社区（中心村）"三位一体"的城镇规划体系。

二是严把规划管控。按照"规划一张图、审批一支笔、建管一盘棋"的原则，重点突出执法监管，建立了"规划执法分级预警动态图"，严把建设审批、"两违"治理关口，实行"红色危险、黄色重点、蓝色一般"三级预警，分片包抓、分级管理、责任到人，做到监管无漏洞、管理无死角，持续实现违建零增长。

2. 完善城镇功能，综合承载能力显著增强

一是市政设施建设提速推进。坚持项目引领，积极策划包装和精心组织实施了一批城镇公共设施项目，切实提升了县城综合承载能力。建设柑竹坝、罗景坪、东坡、黄家河坝、陈家沟等片区道路6公里，城区道路总里程达39.25公里；建成了柳家坡、罗景坪广场、莲花山公园、黄家河坝、河滨大道及柑竹坝绿化工程，县城建成区绿地率为38.1%，绿化覆盖率为41.2%，人均公共绿地面积为11.86平方米；完成了柑竹坝、罗景坪等片区和神田路、陈家沟保障房小区、背街小巷、G541过境线等照明工程，累计

安装路灯达1500余盏，县城建成区照明覆盖率达98%，亮灯率常年保持在95%以上；先后建成罗景坪、巴山珍稀植物园、黄家河坝、政务中心等8个休闲广场；县城新建河滨健康步道4公里，累计达7.5公里；建成肖家坝地电广场、黄家河坝莲花广场、柑竹坝政务中心等区域停车场，新增停车位250个。引导民间资本建设公共停车场300个；累计完成天然气供气站中压管网敷设13公里，天然气安装3287户，气化率达72%；扎实开展“公厕革命”，新建公厕3座、改造14座（二类标准），县城累计达到23座，覆盖率达100%。

二是生态环境保护推进有力。建成县城建筑垃圾填埋场1座，启动实施县城污水处理厂扩容、官元镇污水处理厂建设项目，佐龙、民主、石门等集镇污水处理厂（全县建成污水处理设施6厂24站）建成投用，新建（改扩建）污水管网15公里，累计47.93公里，县城生活污水处理率达到97%以上；完成县城垃圾填埋场渗滤液站提升、雨污分流、道路提升等建设项目，达到垃圾进场检验、称重精细化，摊铺、压实、覆盖流程化，消杀、监测日常化，城镇生活垃圾无害化处理率达到100%。建成了南宫山、石门、佐龙三个区域性垃圾填埋场（全县范围内建成垃圾填埋场11座），全县垃圾无害化处理达到全覆盖。

三是城镇精细管理水平不断提高。坚持“三分建、七分管”，加大城镇综合执法力度，城镇建设与管理进一步规范。以“六城同创”（国家园林县城、国家卫生县城、国家绿化模范县、省级森林县城、省级文明县城、省级生态文明建设示范县）为抓手，扎实开展“蓝天、碧水、青山、净土”四大保卫战专项整治行动。加大环卫保洁工作力度，划定县城主街道、公共场所、背街小巷环卫管理责任区，实行定时定点清扫清运、洒水降尘，县城环卫保洁率、垃圾清运率、公厕保洁率均达100%；严格进行占道经营、乱停乱放、户外广告、建筑工地、限燃烟花爆竹等市容市貌综合整治，对各类户外经营场所实行划行规市管理，确保经营秩序逐步规范；严肃查处占绿毁绿现象和破坏市政设施等违法行为，切实促进公共设施和绿化设施管理制度化、规范化。

四是镇村建设指导有力。按照生活便利、管理民主、群众安逸的要求，扎实推进镇村配套基础设施建设，不断改善居住环境，先后建成镇级以上垃圾填埋场6座、镇级以上污水处理厂11座。近三年来，县城副中心民主镇累计投资4.5亿元，先后实施天然气利用工程、陈家浜移民（搬迁）安置小区道路、集镇明珠社区服务中心及电商服务中心改造等32个重点市政设施项目。

3. 强化服务保障，社会保障体系逐步完善

一是移民（脱贫）搬迁工程扎实推进。按照“进城入镇上楼、跨区域进社区、压点提质上规模”的要求，全力支持易地搬迁工作，先后完成122个移民搬迁安置点规划审批，实现搬迁安置14548户45149人，通过移民搬迁实现了县城、集镇人口迅速聚集，有力推进了城乡统筹发展。

二是保障性安居工程顺利推进。累计建成并分配入住租赁性保障性住房4034套，累计发放租赁补偿1402户，全力确保城镇住房困难群众、低收入家庭、新近就业人员等住房保障。自2017年以来，先后启动县城城东、城西、新街片区棚户区改造，累计征收拆除房屋9.6万平方米，竣工安置房546套。

三是物业管理规范有序。按照“成熟一个、组建一个”的工作原则，积极推进全县25个100户以上安置点及小区业主委员会组建指导工作。同时，成立物业管理行为专项检查领导小组，围绕物业企业服务质量、收费标准、履行物业服务合同、物业公共部位及共用设施的安全、消防等内容定期开展专项检查，确保搬迁群众合法权益得到有效保障。

三　岚皋县新型城镇化面临的困难和挑战

（一）城镇布局不合理

原有城镇布局，城镇入住人口偏少，没有形成规模效应，影响了城镇的社区中心地位及对经济拉动作用的发挥。城镇居住用地比例过大，县城建筑

密度较低，土地利用率低，加上财政统筹能力弱，导致县城基础设施配套建设乏力，影响了城镇的凝聚力。

（二）城乡风貌特色不明显

一些传统特色村落在现代与传统建筑的“插花”交织中日益消息。城乡风貌缺乏特色，在城市规划、空间表达、建筑风格层面，与红色文化、民俗文化等特色文化结合不够紧密。一些乡镇模仿中小城市的建筑风格，没有对自身特色充分挖掘，缺乏核心竞争力。

（三）城镇化水平不高

城镇化水平较低，很大一部分农业人口因为进城务工或子女入学“陪读”等，转移至外地、县城或集镇租房暂居，这部分人员因未能购房落户而处于“城乡两栖”的“半市民化”状态。同时，由于县域范围内多山阻隔，“县弱、镇多、村空”的城镇化特征明显，中心城区周边城镇发展缓慢，城镇吸纳产业和人口的能力有限，辐射带动能力不强。

（四）县域技术创新不足

在县域新型城镇化进程中，科技对传统产业转型升级、延伸产业链有重要的支撑作用。但目前城镇劳动力素质水平较低，低层次劳动力过度竞争，县域新型城镇化的科技创新投入不足、科技创新资源匮乏及科技服务体系建设滞后导致城镇的技术创新能力不足，阻碍了县域新型城镇化的可持续发展。

（五）产业支撑能力较弱

农业产业品类多、规模小，产业链条不完善，一二三产业融合不足，特色产业尚未转化为具有市场竞争力的优势产业。工业产业基础薄弱，单体项目多，尚未形成产业集群，市场竞争力不足。现代服务业供给与人民新消费需求仍有差距。民营经济发展活力不足，大企业引领、大基地支撑严重不足，市场主体总体数量少，持续发展活力不足。

（六）城乡公共服务发展不充分

中心城区联结各集镇，各集镇向村庄疏散的通道体系不够健全，不利于形成城乡协同发展的格局。鼓励高校毕业生和返乡农村人口到农村和县域城镇创业就业所需资金、土地和技术等配套政策落实不到位，创业服务机制和创业平台不完善。公共服务现代化水平总体较低，教育医疗、食品安全、生态环境、就业增收、社会保障、社会治理等工作有待加强。

（七）发展要素制约加剧

作为秦巴山区生物多样性生态功能区、南水北调中线工程水源涵养区，面临生态资源转变为经济资源、经济生态化及生态经济化的双重压力。土地、资金、人才等要素制约不断加剧，土地和资金问题已成为项目实施的关键瓶颈。企业融资难、融资贵等问题突出。

四　岚皋县新型城镇化的优化路径与支持建议

（一）发展思路

以“巴山画廊 · 硒有岚皋”特色品牌为统领，紧扣“保护为先、发展为要、民生为本”总要求，围绕建设美丽新岚皋这一总目标，力促生态旅游、富硒产业两大突破，紧抓实现经济发展高质量、民生福祉高品质、社会治理高效能三大任务，突出休闲康养、城镇建设、乡村振兴、对外开放四大重点，走出一条生态经济化、经济生态化的高质量发展新路径，建设“经济强、百姓富、城镇靓、环境优、人文美”的美丽新岚皋。

（二）措施建议

1. 推动县域空间集成

扎实推动以县城为主要载体的生态城镇建设，重塑“一心两轴五区”

城乡空间格局。“一心”即岚皋县城。完善城市功能，提升城市品位，把县城打造成为全县政治、经济、文化、服务核心。“两轴”指 G211 – G69 城镇发展轴线和 G541 城镇发展轴线，串联沿线各镇联动发展。“五区”即县城经济聚集区，打造全县工商旅服务核心经济区；民主经济聚集区，以特色林果、畜牧养殖等优势特色产业及富硒食品加工为主，适当发展乡村旅游；南宫山经济聚集区，大力发展生态旅游、康养旅游及乡村旅游，带动区域茶叶、魔芋、道地药材等产业发展；佐龙经济聚集区，打造岚皋全域旅游印象区；石门经济聚集区，大力发展民宿康养业，带动区域特色畜牧、道地药材、富硒茶叶等优势产业发展。

2. 引导生态资源集约

把生态文明建设放在突出战略位置，坚持生态恢复与环境治理双管齐下，提升秦岭和巴山生态保护治理水平，加强汉江流域生态建设，打好污染防治攻坚战，推进绿色低碳发展，探索开展生态产品价值实现机制试点建设，实现经济效益与环境效益“双赢”，巩固国家生态文明建设示范县创建成果。

3. 加强特色文化集萃

扎实推进文物保护利用工程，强化对“周氏武学馆”“卢氏祠堂”“祝氏祠堂”“漆扒街古盐道遗址”等县级以上文保单位文物保护修复和利用开放。加强传统村落、特色民居的保护与利用。推进巴山样子·杨家院子非遗文旅小镇建设，打造具有岚皋特色的文化产业集聚区。加大对“龙安茶传说”“晓道竹马”“神仙豆腐制作技艺”等非物质文化遗产传承与保护力度，不断挖掘、申报新发现的非遗项目，完善非物质文化遗产代表性项目、传承人和传承基地“三位一体”保护体系。

4. 加速创新要素驱动

以高端化、集约化、绿色化为导向，充分发挥景区、城镇及专业园区承载能力强、产业基础好等优势，以景区聚集生态旅游发展、以城镇聚集现代服务业发展、以循环经济区聚集工业产业发展、以农业园区聚集现代农业发展，引导重大项目、优势优质产业、高端高质人才向聚集区集中。综合运用引导基金、股权投资、科技保险等多种手段，引导企业提升研发能力，建设企业技术中心。大力推广“四主体一联合”模式，努力在优势特色产业领域突破一批关键技术，开发一批名牌产品，培育一批创新型科技企业。加大企业创新扶持力度，鼓励给予新认定的高新技术企业奖励补贴，不断丰富和完善企业创新服务方式。完善企业家成长环境，保护企业家合法权益。

5. 加快特色产业集聚

坚持把推动产业转型升级作为主攻方向，打造生态旅游和富硒两个百亿产业集群，加快六口和飞地工业集中区建设，培育富硒食品、包装饮用水、电子产品、鞋袜加工、毛绒玩具五大工业产业，创新发展现代服务业，做实做强做优实体经济，加快构建特色鲜明、结构合理、链群完整、竞争力强的现代产业体系。

6. 推进公共服务均等

建立“城乡一体，蛙跳布局”的基础设施和公共服务体系，完善农村人口退出与发展权益保障相协同的机制。一是促进城乡公共基础设施和公共服务均等化，把有序推进农业转移人口市民化作为重点任务，积极推进户籍制度改革和居住证制度落地，逐步把符合条件的农业转移人口转为城镇居民，稳步推进城镇基本公共服务常住人口全覆盖。二是建立农村土地自愿有偿的退出机制，完善“地权随人走”“人地钱”挂钩机制，同步加强农民工人力资本的积累以提升城市融入能力，实现人的城镇化与土地的城镇化协同推进。

参考文献

陈涛、陈池波：《人口外流背景下县域城镇化与农村人口空心化耦合评价研究》，《农业经济问题》2017 年第 4 期。

周晓芳、扶丁阳：《喀斯特高原山地区农民工回流与县域城镇化——以贵州省织金县为例》，《经济地理》2020 年第 1 期。

姚士谋：《中国新型城镇化理论与实践问题》，《地理科学》2014 年第 6 期。

产业篇

Industry Reports

B.17

陕西现代服务业发展现状、问题及对策建议*

陕西省社会科学院课题组**

摘　要： 结合陕西服务业发展结构特征，构建了陕西现代服务业产业体系，即四大支柱产业、三大主导性产业、九大新兴先导性产业，并分别提出了产业发展重点。从宏观视角出发，提出了加快陕西服务业发展的实现路径，即创新引领增强新动能，跨界融合创造新供给，优化格局推动集聚发展，推进改革培育新动力，注重质量效益提升竞争力，绿色循环推进可持续发展，开放合作打造新格局，并提出了保障路径实现的对策建议。

* 本报告为陕西省社会科学基金项目“陕西先进制造业和现代服务业深度融合发展的路径与对策研究”(立项号:2021D064)的中期研究成果。

** 课题组组长：曹林，陕西省社会科学院经济研究所副研究员；课题组成员：冉淑青，陕西省社会科学院经济研究所副研究员；李艳，陕西诺尔产业规划研究院高级规划师；黄静，陕西诺尔产业规划研究院高级规划师。

关键词： 陕西　现代服务业　产业体系

当前，我国服务业正处于“加速发展阶段”，产业结构加快调整，服务业创新更加活跃，新产业、新业态、新模式蓬勃发展，服务业对经济增长的贡献将进一步增强。现代服务业是推动经济转型升级的重要引擎，是陕西实施创新驱动发展战略、优化产业结构、促进发展方式转变的重要支撑。准确把握陕西现代服务业发展的现状和存在的问题，提出促进陕西现代服务业发展的对策建议，对于构建服务业发展新体系、助力谱写陕西新时代追赶超越新篇章具有重要的现实意义。

一　陕西服务业发展现状

（一）体量规模持续攀升，增长支撑作用明显

“十三五”以来，陕西省服务业发展规模保持较快增长，截至2020年，全省服务业增加值达12551.74亿元，服务业增加值占GDP的比重为47.94%，较2015年提高了5.29个百分点；服务业固定资产投资达到18779.17亿元，年均增长8.55%，占全社会固定资产投资比重为68.45%，较2015年提高了6.7个百分点；服务业法人单位数为513144个，是2015年的1.93倍，成为新增市场主体的重要力量；就业人数1030万人，比2015年增加了404万人，成为吸纳社会就业的重要渠道；对GDP增长的贡献率保持在高位水平，在贡献率大幅回落的情况下，对全省GDP增长平均贡献率依然达到59.09%（见表1），成为新时期推动全省经济增长的重要力量。

表1 2015～2020年陕西服务业发展总体态势

主要指标	2015年	2016年	2017年	2018年	2019年	2020年	2015～2020年年均增速(%)
地区生产总值(亿元)	17898.8	19045.75	21473.45	23941.88	25793.17	26181.86	7.90
服务业增加值(亿元)	7634.46	8443.14	9618.32	10896.42	12022.57	12551.74	10.45
服务业增加值占GDP比重(%)	42.65	44.33	44.79	45.51	46.61	47.94	—
对GDP增长贡献率(%)	48.10	47.37	46.25	45.78	43.33	59.09	—
就业人数(万人)	626	666	711	802	968	1030	10.47
服务业固定资产投资(亿元)	12458.97	14051.13	16514.3	18066.64	17867.91	18779.17	8.55
全社会固定资产投资(亿元)	20177.86	20825.25	23468.21	25861.96	26482.65	27436.03	6.34
服务业固定资产投资比重(%)	61.75	67.47	70.37	69.86	67.47	68.45	
全部法人单位数(个)	358073	395374	459994	531076	599136	689053	13.99
服务业法人单位数(个)	266437	288852	325011	421416	433309	513144	14.01
服务业法人单位数比重(%)	74.41	73.06	70.66	79.35	72.32	74.47	—

资料来源：《陕西统计年鉴（2021）》。

（二）内部结构趋向优化，优势行业快速发展

从内部结构来看，到2020年，陕西服务业形成了以批发和零售业（14.6%）、金融业（14.5%）为主导，以房地产业（12.3%），交通运输、仓储和邮政业（9.0%）为中坚，以信息传输、软件和信息技术服务业，科技服务等其他服务业为补充的结构形态（见图1）。从动态行业演变来看，房地产和金融业等现代服务业保持较快增长，2015年以来年均分别增长14.09%和9.11%（见表2）；而批发和零售业、住宿和餐饮业等传统服务业增速放缓，均低于服务业平均增速，占服务业增加值比重也呈现下降趋势，表明陕西省服务业内部结构不断趋向优化。

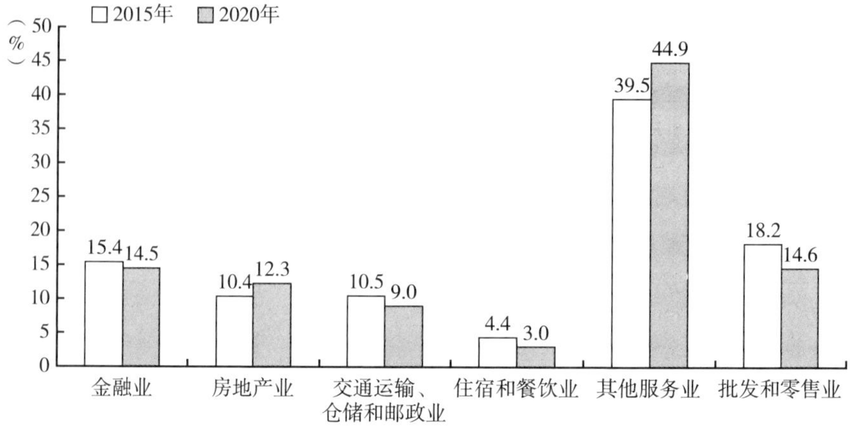

图1　2015年和2020年服务业行业增加值占比情况

资料来源：《陕西统计年鉴（2016）》《陕西统计年鉴（2021）》。

表2　2015~2020年全省服务业增加值结构比较

单位：亿元，%

主要行业	2015年	2016年	2017年	2018年	2019年	2020年	2015~2020年年均增速（%）
GDP	17898.8	19045.75	21473.45	23941.88	25793.17	26181.86	7.90
服务业增加值	7634.46	8443.14	9618.32	10896.42	12022.57	12551.74	10.45
批发和零售业	1390.9	1473.19	1606.74	1734.5	1872.44	1834.26	5.69
交通运输、仓储和邮政业	803.68	879.42	959.14	1033.59	1106.26	1135.82	7.16
住宿和餐饮业	334.54	346.23	367.83	392.96	426.55	376.25	2.38
金融业	1177.32	1295.06	1435.94	1580.26	1673.66	1820.9	9.11
房地产业	796.04	865.7	1010.52	1178.62	1422	1538.72	14.09
其他服务业	3014.19	3447.6	4070.83	4773.06	5301.92	5634.36	13.33

资料来源：《陕西统计年鉴（2016）》《陕西统计年鉴（2017）》《陕西统计年鉴（2021）》。

（三）创新驱动活力增强，质量效益不断提升

陕西省在全国率先建成创新型省份，西安、宝鸡、汉中三市已成为国家创新型试点市，全省现代服务业创新驱动不断增强。2020年，全省共投入

研究与试验发展（R&D）经费 632.33 亿元，是 2015 年的 1.61 倍，研究与试验发展经费投入强度为 2.42%，比全国平均水平高 0.02 个百分点。研究与试验发展经费投入强度领先全国，排名全国第 7；全年共签订各类技术合同 49928 项，合同成交金额 1533.68 亿元，是 2015 年的 2.12 倍；全省省级以上众创空间达到 221 家，获国家备案 90 家，全国排名上升至第 8；科技企业孵化器达到 95 家，国家级科技企业孵化器共有 39 家。

（四）区域分布比较集中，载体建设支撑有力

全省服务业分布与经济发展、城镇布局相契合，以西安都市圈为核心、关中城市群为主体、其他中心城市为节点。从城市布局看，2020 年，西安服务业增加值占比以 50.8% 的绝对优势位列第一，其次为榆林（10.1%）、咸阳（7.1%）、渭南（6.7%）、宝鸡（6.5%）、汉中（5.5%）等，如图 2 所示。从空间载体看，开发区、特色街区、文化景区等成为全省服务业的重要载体，现已形成西安高新区高新技术服务业集聚区、国际港务区物流产业集聚区、宝鸡高新区国家创新型科技园区、咸阳临空产业物流园、汉中两汉三国文化景区、延安宝塔山红色景区文化旅游聚集区等一批国家级和省级现代服务业集聚区，有力地推动了全省服务业的集聚、集约发展。

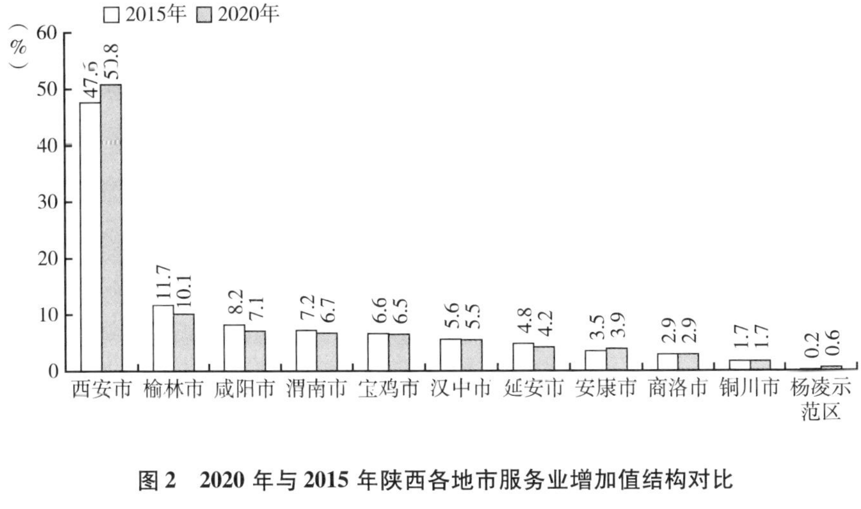

图 2　2020 年与 2015 年陕西各地市服务业增加值结构对比

（五）综合改革扎实推进，对外开放不断深化

陕西省深入开展了西安、西咸新区国家服务业综合改革试点工作，高标准建设国家自贸区、国家自主创新示范区，以国家临空经济实验区、国家科技资源统筹区等为重点，全面、系统地进行了服务业各领域的创新改革，先后获批国家、省、市三级服务业综合改革试点聚集区共计40余个，成为引领全省服务业发展的重要引擎。伴随陕西自贸区建设的深入推进，全省服务业对外开放不断深化。2020年，陕西服务业新设外商投资项目237个，实际利用外资22.25亿美元，较上年增长29.0%，涵盖租赁和商务服务、科学研究和技术服务、交通运输服务等多个领域。

二　陕西现代服务业发展存在的突出问题

（一）总体规模依然偏小，供给总量相对不足

“十三五”以来，陕西省现代服务业虽然取得长足发展，但是总量规模偏小，2019年，陕西现代服务业的法人单位数为176713个，占全国的2.18%，均低于相邻的湖北、四川、河南，仅占发达省份江苏的24.94%；陕西现代服务业的固定资产投资为10366.5亿元，均低于比邻的湖北、四川、河南等省份，仅占全国总量的3.46%；陕西现代服务业（部分行业）的营业收入合计为6272.1亿元，占全国总量的1.79%，低于相邻的湖北、四川、河南等省份1个多百分点，仅为发达省份江苏的19.82%。陕西现代服务业就业人数为203.2万人，仅占全国的2.50%，均低于相邻的湖北、四川、河南，仅占发达省份江苏的30.25%，如表3所示。

表 3　2019 年陕西与其他省份现代服务业的数据比较

指标	法人单位数(个)		就业(万人)		固投(亿元)		营业收入(亿元)	
	合计	占比(%)	合计	占比(%)	合计	占比(%)	合计	占比(%)
全国	8120679	—	8131.6	—	299606.2	—	349512	—
江苏	708475	8.72	671.7	8.26	20850	6.96	31650.7	9.06
安徽	281248	3.46	267.5	3.29	12293.8	4.10	8946.5	2.56
湖北	340926	4.20	318.6	3.92	14954.4	4.99	11539.3	3.30
四川	281504	3.47	373	4.59	18773.4	6.27	12479.2	3.57
陕西	176713	2.18	203.2	2.50	10366.5	3.46	6272.1	1.79
河南	433288	5.34	422.4	5.19	18161.6	6.06	12662.8	3.62

资料来源：《中国第三产业统计年鉴》（2020 年），包括信息传输、软件和信息技术服务业，交通运输、仓储和邮政业，金融业，房地产业，文化、体育和娱乐业，科学研究和技术服务业，租赁和商务服务业等七大类数据，其中营业收入未核算金融业。

（二）行业结构层次较低，发展水平不高

从 2021 年陕西服务业内部结构来看，传统服务业一直处于主导地位，新兴服务业仍然份额偏小。从增加值来看，2020 年，批发和零售业，住宿和餐饮业以及交通运输、仓储和邮政业等传统服务业占比为 26.66%，而信息传输、软件和信息技术服务业，租赁和商务服务业，科学研究和技术服务业等新兴服务业占比偏低，这表明服务业依然依赖附加值较低的劳动、资本密集型产业，发展水平不高。从发达省份来看，信息传输、计算机服务、物流、金融等正在成为服务业的主导力量，而陕西除文化旅游业之外，目前在这些主导大类中有效服务供给能力不足，发展水平低。

（三）龙头企业不足，示范带动能力较弱

龙头企业作为一个行业发展的火车头，对整个产业有着非常重要的示范和带动作用。目前，全省已经成长起来一批重要的现代服务业企业，但与发达省份相比，龙头企业数量仍较少，尤其是缺乏一批经营规模大、实力雄厚和知名度高的大企业、大集团和具有全国影响力的品牌。2021 年上半年，陕西省规模以上服务业企业为 3901 家，仅占全国的 2% 左右。

中国企业联合会、中国企业家协会发布的 2021 年中国服务业企业 500 强榜单显示，全省进入该榜单的服务业企业只有 6 家，分别为排名第 72 位的西安迈科金属国际集团、第 108 位的陕西投资集团、第 141 位的龙记泰信实业集团、第 275 位的西安曲江文化产业投资集团、第 293 位的西安城市基础设施建设投资集团、第 388 位的石羊农业集团，登榜企业数量仅占全国总量的 1.4%。

（四）国际化开放程度不高，市场竞争力较弱

从进出口来看，陕西省进出口总额在全国的占比很小，2020 年仅为 1%，进出口总额只相当于江苏、四川和河南的 8.5%、46.67% 和 56.68%。从外贸依存度来看，陕西外贸依存度一直低水平徘徊。2020 年陕西外贸依存度为 14.41%，与全国平均水平相差 21.73 个百分点，低于四川（16.63%）2.22 个百分点，比发达省份江苏省低 26.69 个百分点。从服务业实际使用外资占比来看，2020 年全省服务业实际利用外资占比 26.35%，低于江苏（40.16%）、湖北（53.8%）、河南（47.8%）等省份，更低于全国 77.7% 的平均水平。同时，陕西服务贸易出口规模不大，多数新兴行业出口甚至处于空白。对外承包工程和劳务合作发展相对较快，2020 年陕西省对外承包工程完成营业额 26.3 亿美元，明显少于四川的 62.4 亿美元，仅占全国的 1.69%。

三　陕西现代服务业发展制约因素

（一）收入与消费水平偏低，制造业融合度不高

人均收入与消费水平较低制约生活性服务业发展，同时，制造业与生产性服务业融合度不够制约了生产性服务业的分离与壮大。陕西城乡居民收入普遍较低，2020 年，陕西城镇居民人均可支配收入 37868 元，相当于全国的 86.39%；农村居民人均可支配收入 13316 元，相当于全国的 77.73%。

受收入水平的限制，生活性服务业需求动力不足。陕西相当数量的工业企业生产方式仍较为落后，工业产业链条短，且以物质材料消耗占比较高的实体产品为主，金融、研发、设计、市场营销、人力资源、信息技术等附加值较高的生产要素占比较小，导致工业企业对市场化的生产性服务业需求不足，从而束缚了陕西生产性服务业的发展。

（二）市场化程度不高，面临体制机制障碍

陕西服务业市场化、社会化发展程度不高，行政管制过多、行业规范缺失、事业化经营等多种机制障碍并存。金融、信息服务、科技服务等一些领域准入门槛偏高，行政管制较多，投资主体多为国有企业或政府，导致行业市场化竞争性不足，进一步制约了企业服务能力、质量和效率的提升。以创新投资基金为例，由于政府过多干预，投资基金管理层选拔、经营团队国际化程度不够，严重削弱了陕西创新投资基金的市场竞争力；新兴行业如物流、律师、会计、咨询等准入门槛较低，缺乏配套的行业规范指导，造成业内低价竞争。而在一些本来应该实行市场化经营的行业领域，如产权交易、技术交易等中介服务机构，却作为公益性社会事业来管理，这些都阻碍了现代服务业水平的提升。

（三）产业服务体系不健全，存在要素瓶颈

全省现代服务业面临高端专业人才不足和创新资本发展滞后两大瓶颈。一是专业人才不足。专业人才是现代服务业发展的重要支撑，现代服务业发展缓慢的主要制约因素就是专业人才紧缺。受经济发展和地域的影响，陕西虽然科研院所、高校众多，每年培养的本科、研究生人数居全国前列，但人才流失严重，高层次人才特别是领军型、管理型、复合型高级人才缺乏，导致整体创新能力不高，影响了高端现代服务业的发展。二是金融服务能力较弱。全省现代服务业以轻资产、缺少抵押物的中小微企业居多，金融机构针对中小微企业的金融产品和服务少，导致这类企业获取银行贷款较为困难。

四　陕西省现代服务业发展的重点

（一）构建现代服务业产业体系

按照服务业区域影响力、特色竞争优势、行业成长性、未来发展前景四个维度，选择服务业增加值占 GDP 比重、服务业偏离份额分析的竞争力分量与结构分量、行业增加值年均增速、是不是新兴产业与符合央省政策引导方向等指标，采用 2015 ~ 2020 年数据，将陕西省现代服务业划分为支柱性产业、主导（竞争优势）性产业、先导性产业三个层次。“十四五”时期，陕西省要聚焦现代服务业重点领域，巩固提升发展旅游服务、文化服务、房地产业、现代物流业四大支柱性产业，推进发展金融服务、信息服务、科技服务三大主导（特色竞争优势）产业，培育发展电子商务、高端商务、会展服务、人力资源服务、教育培训、健康服务、养老服务、体育服务、家庭服务等九大（新兴）先导产业，积极构建功能完善、优势突出、特色明显、竞争力强的现代服务产业新体系。

（二）巩固提升发展四大支柱性产业

1. 旅游服务

加大旅游服务供给侧结构性改革，逐步推进景区降低门票价格或免费开放，倒逼旅游企业延伸旅游服务产业链，创新多元化旅游服务；深度挖掘以多种地方文艺形态为主的娱乐化旅游产品，丰富旅游服务产品内涵；推动“旅游 +”融合发展，积极发展研学旅行、体育旅游、康养旅游、农业旅游、工业旅游、创意旅游等新产品。

2. 文化服务

着力发展创意设计、新兴媒体、动漫游戏、演艺娱乐、电子竞技等行业，推动创意设计产品和服务生产、传播、消费的数字化、网络化进程，培育新型文化业态；加快推进曲江新区、大唐西市、延安宝塔山、汉中两汉三国等省级重点文化产业基地建设，促进文化服务集群发展。

3. 房地产业

始终坚持“房住不炒”定位，推动形成多主体供给、多渠道保障、租购并举的住房制度，培育发展租赁市场，探索开发复合地产，促进物业服务业规范发展；示范推进装配式建筑、成品式住宅建设，开展被动式低能耗建筑的试点示范、绿色生态居住小区试点，发展绿色生态城区。

4. 现代物流业

坚持智慧物流高端定位，推进空港、陆港建设，做强做优“长安号”中欧班列，开展多式联运试点，提前谋划高铁物流，抢占未来物流新高地，提升铁路运输国际竞争优势；推进西安、宝鸡、延安国家物流枢纽以及安康、榆林、汉中等区域交通枢纽建设，形成合理的交通物流枢纽城市体系。

（三）推进发展金融服务、信息服务、科技服务三大主导性产业

1. 金融服务业

以提升金融服务效能为目标，大力发展能源金融、科技金融、文化旅游金融、离岸金融服务体系，打造丝绸之路经济带金融中心；强化上市企业培育，鼓励企业在多层次资本市场挂牌；加快股权交易中心和金融集聚区建设，确立创业投资与私募基金重要业态，强化金融对创新创业的支持作用。

2. 信息服务业

以建设“一带一路”国际信息枢纽为目标，依托网上“丝绸之路”建设，打造服务丝路沿线国家和主要贸易伙伴国家的云计算和大数据服务中心；聚焦智能制造、智慧农业、智慧园区、物联网、虚拟现实、增强现实等领域，加强新一代信息基础设施建设，加快推进5G技术应用。

3. 科技服务业

推进秦创原创新平台建设，以西部科技创新港和西咸新区为总窗口，通过建立科技融合发展体系、构建全链条创新体系，探索创新驱动新路径，纵向打通“科学研究—技术研发—产业发展”完整链。扶持工业设计、交通设计、能源化工设计、建筑设计、电力设计等优势行业，推进建设一批专业

创新设计产业园，提升西安设计品牌价值和国际影响力，推进西安争创申报世界“设计之都”。

（四）培育发展电子商务、高端商务、会展服务等九大新兴先导性产业

1. 电子商务

深化大中型企业电子商务应用，重点引导装备制造业、汽车、商贸服务、农产品、地方文化特色产品等行业电子商务平台创新发展；积极发展“丝路电商”和跨境电商，推进农村电子商务服务载体建设，推进电子商务与快递物流协同发展。

2. 高端商务

积极引进国内外大企业大集团、世界跨国公司在陕西设立综合型总部、地区总部或职能型总部机构，建设一批特色总部经济集聚区；鼓励楼宇经济快速发展；大力发展资产评估、会计服务、贸易结算、法律服务、人力资源服务、信用评估、知识产权服务等专业服务业，进一步完善商务服务。

3. 会展服务

以“十四运”成功举办为契机，优化并提升办展条件，全面提高举办大型会展活动的服务能力；培育壮大会展市场主体，提升办会理念以及会展项目经营运作水平；做大做强丝绸之路国际博览会、欧亚经济论坛等重点展会，全力申办“一带一路”国际合作高峰论坛等国事活动，高水平举办国际一流的论坛、会展、赛事、节庆等活动。

4. 人力资源服务

发展行业专业人才市场，鼓励开拓国际人力资源服务市场，积极承接离岸人力资源服务业务，推进“中国西安人力资源服务产业园”建设，搭建省市县人才公共服务平台，提供线上线下便利化服务。

5. 教育培训

适应日益增长的终身教育发展需求，以高等教育、职业教育、专业技能

培训为重点，完善教育培训体系，提升教育培训服务品质，着力构建以人力资源培养、服务和开发为特色的教育服务产业链条。

6. 健康服务

紧扣健康中国战略，深化医药卫生体制改革，加快分级诊疗制度和医联体建设，全面发展中医医疗保健服务，培育发展互联网医院、智慧医疗等新业态，支持医疗机构充分利用穿戴式植入式智能设备、移动终端、固定终端等设备，积极拓展精准智慧医疗服务。

7. 养老服务

完善社区医养服务设施，积极推进“互联网 + 养老服务”试点工程，大力发展生态养老、田园养老、健身养老、药食养老等新型康养业态，带动“银发经济”提质扩容。

8. 体育服务

完善健身休闲服务体系，鼓励开发以移动互联网、大数据、云计算等技术为支撑的健身休闲服务，推动现有各类体育赛事向规范化、旅游化、会展化方向升级。

9. 家庭服务业

以满足居民多样化、多层次生活需求为导向，完善家庭服务体系，提高从业人员素质，提高家庭服务质量，提升家庭服务规范化水平。

五　加快陕西省现代服务业发展的实现路径

（一）坚持创新引领，增强现代服务业新动能

推广应用新技术新工艺。着力提高技术创新能力，大力推广“一院一所一校”模式，深化高校、院所、产业协同创新，鼓励联合开展行业共性技术开发与应用；加强技能工艺创新，鼓励服务企业开发应用新工艺，提升工艺设计水平；实施“陕西老字号”振兴工程，鼓励挖掘、保护、发展陕西特有的剪纸、泥塑、面花等传统技艺，利用最新的科学技术开发现代工艺。培育发展新产业、新业态、新模式。引导新一代信息技术、虚拟现实、

增强现实、人工智能等技术在服务重点领域的推广应用，大力发展智能出行、在线旅游、远程教育及医疗等新兴服务业态；设立集研发中心和孵化平台于一体的分享经济创新实验室，搭建高校、研究机构与分享经济创业项目的产学研转化平台，引导在交通、住宿、餐饮、技术服务等领域率先突破，推动分享经济发展；大力发展数字经济，实施数字经济“一号工程”，大力培育以数字经济为核心的新产业，深化大数据、人工智能等研发应用，培育形成数字文化、电子商务、云计算、大数据等领域产业集群。

（二）推进跨界融合，创造现代服务业新供给

促进服务业与现代农业渗透融合。聚焦陕西农业生产实际需求，积极发展农机具供应、维护保养、作业托管、农产品初加工服务、农产品营销服务等农业生产性服务业，推广单环节托管、多环节托管、关键环节综合托管和全程托管等多种托管服务，积极探索适应不同农产品的个性化定制服务、会展农业、农业众筹等新型业态；实施创意农业发展行动，鼓励发展生态休闲农业、创意农业、体验农业、乡村旅游。

推动现代服务业与先进制造业深度融合。深度推进两化融合，引导工业企业实现生产全流程的互联网转型，培育一批工业互联网领军企业。大力发展服务型制造，鼓励有条件的制造企业拓展创意孵化、研发设计、售后服务、设计咨询、安装维护管理等服务，推进制造型企业向制造服务集成总承包商转变。推动服务向制造拓展，建立陕西工业大数据开放平台，支持优势服务企业基于互联网发展个性化定制、众包设计等精准制造模式，实现服务产品化。

（三）优化开发格局，推进现代服务业集聚发展

立足区位条件、资源禀赋、产业基础，结合国家和全省区域布局，着力构建“一核多极”的空间开发格局。“一核”即充分发挥大西安对全省乃至西部地区服务业的辐射引领作用，大力发展科技服务、信息服务、现代金融、现代物流、文化旅游等高端服务业。“多极”依托其他地级市、县城、

重点城镇建设一批综合性现代服务业集聚区，依托开发区、工业园区、农业生产基地等建设一批现代化服务业集聚区，推动现代服务业专业化、集群化、差异化发展。按照“优进劣出、滚动发展、形成特色”的总体要求，引导现代服务业在中心城市及有条件的城镇市、制造业集中区、高新技术产业园区、现代农业产业基地等集聚，推进现代服务业聚集区建设。

（四）深入推进改革，培育现代服务业新动力

实行公开公平的市场准入。完善市场准入负面清单制度，按照非禁即入原则，在非基本公共服务领域引入竞争机制，鼓励民营、外资参与发展。放宽新技术、新业态、新模式的市场准入限制；设立服务业“先建后验”审批制度改革试点，推进服务业“放管服”改革，实施“先建后验”管理新模式；简化境外投资审批程序，提高服务业境外投资的便利化程度。培育充满活力的市场主体。坚决贯彻落实国家支持非公、民营经济发展系列政策，确立法人主体平等地位，坚定不移地鼓励发展非公服务企业。深入开展服务业综合改革试点工作。重点推进西咸新区国家服务业综合改革试点、国家级西安临空经济示范区建设，积极争取国家军民融合科技服务综合改革试点，争创“世界研发设计之都”。

（五）注重质量效益，提升现代服务业竞争力

培育现代服务业行业龙头。突出重点行业和新兴领域，引进培育一批产业关联度大、主业突出、创新能力强的服务业龙头骨干企业，鼓励跨国公司、国内上市企业在陕设立公司总部或分支机构，积极打造一批服务业“小巨人”。实施服务业标准化行动，积极开展面向新兴服务业态的服务模式、服务技术与服务市场等标准化探索研究。塑造“陕西服务”影响力。加大陕西现代服务业品牌培育力度，积极开展“省长质量奖”“陕西省服务业名牌”等评选活动，加强对中华老字号、地理标志产品等品牌培育和保护，创建一批国内外知名服务品牌示范区，唱响“陕西服务”品牌。

（六）坚持绿色循环，推进现代服务业可持续发展

构建绿色服务产业体系。积极发展绿色金融，建立新型贷款评价指标体系，开发绿色金融服务产品；鼓励发展绿色物流，制定绿色物流标准，推进绿色物流数字化，提高物流服务效率；支持发展绿色商贸，鼓励选用绿色物流与电子交易相互配合的销售方式，推进节能产品和设备使用；积极发展节能环保产业，鼓励节能技术研发与转让、节能监测诊断、节能工程设计与设施运行、节能咨询以及环境技术、污染设施运营管理、废旧资源回收处置、环境贸易与金融等节能环保服务产业发展，为构建生态服务产业体系提供坚强的技术支撑。引导服务企业绿色转型。引导社会资本进入绿色产业领域，强化政府绿色采购制度；建立企业环境风险评级制度和银行绿色信贷政策激励与约束制度，完善绿色债券市场、绿色保险市场、绿色基金和金融衍生品市场；加快服务企业国际环境管理体系系列标准（ISO14000）绿色标志认证，突破国外技术性贸易绿色壁垒，完善绿色标志产品制度。

（七）扩大开放合作，打造服务业发展新格局

主动融入“一带一路”倡议大格局。深化与共建“一带一路”国家和地区在文化、旅游、教育、体育、医疗等领域的交流与合作；支持陕西科技服务、信息服务、电子商务、现代物流等服务出口，加大对陕西软件信息、离岸外包、数字贸易等服务贸易新业态支持力度；推进“西安港”、西安领事馆区建设，持续增加国际航线数量，加快中以创新示范园、中韩产业园等合作平台建设。深化多层次区域合作。深入推进西咸一体化，着力打造大西安，提高西安现代服务业能级；强化西安、宝鸡、渭南、杨凌、运城、天水、平凉、临汾等城市在服务外包、技术研发、现代物流等领域合作，形成服务业升级与关中平原城市群协同发展的新机制；发挥西北辐射带动作用。加强与西北省份在文化、旅游、信息、物流等领域的务实合作。鼓励企业“引进来”“走出去”。

六　对策建议

（一）完善现代服务业管理体制

建议健全陕西服务业发展领导小组功能，指导和统筹协调全省服务业发展工作。强化陕西服务业管理机构力量，定期统筹各部门工作，发布“陕西现代服务业季度工作要报”。建立全省现代服务业部门联席会议机制，定期召开会议，及时解决全省服务业发展过程中的重点难点问题。

（二）加大政策支持力度

强化宏观战略引导。深刻认识世界服务业发展规律与趋势，把发展服务业置于深入推进产业结构优化升级、加快构建现代产业体系、提升服务业对制造业的支撑作用、推进实现经济高质量发展的战略高度，实施陕西现代服务业驱动经济发展新战略。梳理、修订和完善陕西省现有服务业产业政策体系，加大财税支持力度，扩大省现代服务业专项资金，优化资金扶持结构，提高资金使用效率。设立省现代服务业发展引导基金，吸引社会资本加入，引进专业化团队，进行市场化运营，重点支持潜力型优质企业。

（三）强化要素支撑

1. 加强服务业人才支撑

一是加强对全省服务业行政管理人才的培训。每年组织全省、市、县各级现代服务业行政管理人才进行培训，提高其对现代服务业发展规律和新产业、新业态、新模式的认知，提升现代服务业管理能力。二是加强服务业企业家培训。组织全省服务业企业家参加国内外高端职业再培训，搭建与国内外行业企业家交流平台，对接行业高端人脉和资源，共享行业信息。三是加强重点集聚区管理人才的培训。定期组织对全省重点服务业集聚区管理人员进行培育、集聚区标准认定与建设、行业管理等方面的培训。

2. 创新投融资模式

一是扩大政府融资增信。设立陕西服务业企业担保融资资金，建立服务企业“融资增信”非固定资产抵押贷款产品，为信誉良好的中小企业担保融资。二是规范发展多层次资本市场，推动金融产品和服务创新。鼓励商业银行发展创新型非抵押类贷款模式。加大债券融资的支持力度，制定全省企业债融资指导意见，推进“企业债券”全省区县全覆盖，扩大优质民营企业债券发行规模。继续实施企业上市推进工程，加强服务业上市融资企业培育，鼓励到“四板”“新三板”“科创板”挂牌、融资。

3. 搭建公共信息服务平台

推动建立陕西现代服务业联合会，支持整合政府部门、协会、科研单位、企业信息资源，建立“陕西现代服务业”综合信息服务平台，积极开展服务业政策在线、重点企业信息上报、服务业运行监测与分析、微信公众号等专业化服务。引导各专业协会建立现代物流、电子商务、家政服务、文化服务等各类专业化行业公共信息服务平台，构建多层次的行业公共信息网络。

参考文献

陕西省社会科学院课题组：《加快陕西生产性服务业发展研究》，载《陕西经济发展报告（2020）》，社会科学文献出版社，2020。

《国务院关于实施健康中国行动的意见》（国发〔2019〕13号），2019年6月24日。

《国务院关于全面推进北京市服务业扩大开放综合试点工作方案的批复》（国函〔2019〕16号），2019年1月31日。

《国务院办公厅关于促进家政服务业提质扩容的意见》（国办发〔2019〕30号），2019年6月16日。

《国务院办公厅关于推进养老服务发展的意见》（国办发〔2019〕5号），2019年3月29日。

B.18

中国（陕西）自由贸易试验区服务贸易创新发展研究*

王铁山　冯茜茜**

摘　要： 服务贸易创新发展是新发展格局下陕西省经济高质量发展的必然要求，陕西自贸试验区作为我国面向共建“一带一路”国家和地区改革开放的新高地，承载着服务贸易创新发展的重要使命。应以制度创新为核心，以技术创新为辅助手段，通过推动制度创新开拓发展空间，通过大数据、云计算、人工智能、5G 等新兴数字技术推动发展服务贸易的新业态、新模式，进而推动服务贸易创新发展，为加快形成国内国际双循环新格局注入新动能。

关键词： 陕西　自贸试验区　服务贸易

一　引言

2020 年 8 月，北京、湖南、安徽 3 个自贸试验区批准设立，新一轮的自由贸易试验区（或称“自贸试验区”）布局标志着我国已形成“1 +3 +7

---

* 本文是陕西省社科界重大理论与现实问题研究项目（编号：2020Z161）、西安市社会科学规划基金课题（编号：JX45）、西安市科协决策咨询课题（编号：202104）、全国经济管理院校工业技术学研究会研究项目（编号：21GYJS029）、中国（西安）丝绸之路研究院研究项目（编号：2016SY01）、西安工程大学高等教育研究项目（编号：20GJ04）的阶段性成果。

** 王铁山，西安工程大学管理学院副教授、硕士生导师，研究方向为服务经济与贸易；冯茜茜，西安工程大学管理学院硕士研究生，研究方向为服务贸易。

+1+6+3”的全方位开放格局。“十四五”规划中明确提出坚定不移推进改革，破除制度障碍；坚定不移扩大开放，拓展制度型开放；开拓合作共赢新局面，推进共建“一带一路”高质量发展。自由贸易试验区在新发展格局下背负着新使命和新担当，以制度创新破除制度障碍，以制度型开放带动服务业开放，以跨境互联互通扩大与共建“一带一路”国家合作，加快畅通国内国际双循环。新冠肺炎疫情影响深远，国内国际发展环境充满了不确定性和不稳定性，国际经济格局在疫情的笼罩下竞争日趋激烈，国际经贸规则发生深刻变化，中国外贸发展面临严峻挑战。与此同时，新一轮科技革命带来了机遇，互联网、大数据、5G、人工智能、区块链等新技术带来了服务数字化热潮，提高了服务的可贸易性，服务贸易、数字贸易成为竞争焦点，服务贸易成为推动经济高质量发展、培育国际合作与竞争新优势的重要力量。可见，在新的发展阶段建立自贸试验区和发展服务贸易有利于推动经济高质量发展、满足人们对美好生活的向往。在后疫情时代，自贸试验区应发挥改革、开放与创新的引领作用，不断提升贸易投资自由化便利化水平，更加主动地参与国际经贸规则制定，在双循环新发展格局中发挥应有的作用，深度融入世界经济。

二　陕西服务贸易发展的现状与挑战

（一）陕西服务贸易出口现状

2019 年陕西省服务贸易发展平稳，全省服务贸易进出口额为 54.9 亿美元，服务贸易规模指数、服务贸易地位指数以及服务贸易综合环境指数均列全国第 13 位，位居全国第三梯队首位[①]。2020 年 8 月 2 日，西安市和西咸新区被国务院认定为全面深化服务贸易创新发展试点城市（地区），陕西省服务贸易发展面临新的机遇和挑战。陕西与共建“一带一路”国家在文化、

① 数据来源于陕西省商务厅服务贸易和商贸服务处。

旅游、中医药等陕西特色服务贸易方面保持着良好的合作，具体表现在以下几个方面。

1. 文化服务贸易

文化服务贸易发展能够促进文化产业的繁荣，增进不同文化之间相互理解与认同，切实提升西安在共建“一带一路”国家中的文化影响力和文化软实力。陕西省与共建“一带一路”国家的文化服务贸易主要体现在现象级文化 IP 和外向型活动平台方面。

在现象级文化 IP 方面，西安市深入挖掘唐朝历史文化资源，与现代科技、时尚艺术、特色饮食完美融合，打造推出以唐风元素为主线的大唐不夜城。大唐不夜城位于大雁塔—大唐芙蓉园两个 5A 级国家景区的核心位置，街区上还有陕西大剧院、西安音乐厅、西安美术馆等建筑，营造了浓厚的文化氛围。大唐不夜城已成为西安文化输出新地标、“夜游经济”代表阵地，每月到此打卡的国内外游客逾百万人次①。大唐不夜城是独特的文化产品和服务出口的平台，将文化传递和文化消费结合在一起，使国外游客感受了独特的“大唐烟火气”。

在外向型活动平台方面，陕西省着力打造“丝绸之路国际博览会”“丝绸之路国际文化艺术节”“丝绸之路国际电影节”等人文交流平台，促进共建“一带一路”国家文化沟通、贸易畅通、民心相通。同时，“欢乐春节·国风秦韵”作为陕西国际文化表演的标杆、重点对外文化交流项目，展现中华传统文化的博大精深，弘扬和平合作、开放包容、互学互鉴、互利共赢的丝路精神，从 2016 年开始，“欢乐春节·国风秦韵”开始在国际巡演，足迹已遍布亚洲、欧洲、非洲、美洲以及澳大利亚，以陕西最具代表性的非物质文化遗产演出和展示，打造陕西文化走向世界的特殊名片。

2. 旅游服务贸易

陕西省是中国旅游资源最丰富的省份之一，据陕西省文化和旅游厅公布的《2020 陕西 A 级景区一览表》统计，陕西共有 11 个 5A 级景区，3A 级以

---

① 文艳：《打造更多文旅新名片　让“诗与远方”触手可及》，《西安日报》2021 年 4 月 23 日。

上景区共有 460 个。得天独厚的旅游资源、逐步完善的旅游基础设施及配套设施都为旅游服务贸易的发展提供了坚实的基础。

首先，西安市成为共建“一带一路”国家入境游客主要客源地。根据中国经济信息社和携程旅行网联合编制发布的《2018“一带一路”旅游大数据报告》，西安市成为共建“一带一路”国家入境中国的游客最喜欢的十大目的地之一，秦始皇兵马俑博物馆则是十大人气景区之一。与北京、上海、广州和深圳等发达一线城市相比，西安市作为中国历史八大古都之一，历史文化氛围浓厚，人文景观丰富壮观，吸引了大批来自共建“一带一路”国家的游客。

其次，在共建“一带一路”背景下，陕西省的旅游基础服务设施和配套设施日渐完善。四通八达的铁路枢纽和高速公路网结合便捷的国际航空枢纽在很大程度上促进了陕西旅游服务贸易的发展。同时，西安市外国人免签 72 小时延长至 144 小时政策获批，可为外国游客提供一个完整的旅游周期，促进了人流、物流、资金流在陕西的流动。除此之外，星级饭店数量和旅行社数量的增加都有利于促进旅游服务贸易出口①。据《陕西统计年鉴》数据，陕西省旅行社总数由 2009 年的 568 家增加到 2019 年的 867 家；陕西省星级饭店数也大致呈上升的趋势。陕西省不断加快旅游基础设施及配套设施的建设，满足海外游客的消费需求。

3. 中医药服务贸易

陕西省中医药文化历史悠久，中医药资源丰富，有着“天然药库”、“基因库”和“中药材之乡”之称。截至 2020 年，陕西省拥有中医医院 177 家、中医门诊部 56 家，设置中医学、中药学等相关专业的大中专学校有 22 所，聚集了陕西省中医医院、西安市中医医院、陕西中医药大学第二附属医院等一批在国内享有美誉的三甲医院，这些都为中医药产业链下游和研究提供重要支撑②。

---

① 王修志、周桂明、孔胜雪：《旅游服务贸易高质量发展的瓶颈：基于先发地区的样本思考》，《资源开发与市场》2021 年第 7 期。

② 秦冀：《打造中药秦药品牌〈陕西省中医药条例〉4 月 1 日起施行》，《陕西日报》2020 年 4 月 2 日。

首先，陕西省与共建“一带一路”国家多所机构联合建立中医药诊疗科研中心，选派骨干医师长期坐诊，提供中医诊疗服务，开展学术交流活动，为当地培养中医服务人才。其次，陕西省致力于制定拥有国际认可度的中医药服务贸易标准规范，发挥中医药服务出口基地作用，创建世界中医药学会联合会小儿脑瘫专业委员会，拥有 24 个国家 600 多名会员，制定《国际中医临床实践指南：脑性瘫痪》行业标准并通过世界中医药学会联合会理事会审定。最后，陕西省不断探索中医药服务贸易便利举措，搭建“国际智慧医院 +”远程医疗云平台，整合医疗机构远程会诊、远程教育等功能，为境外用户提供线上问诊、健康科普等服务；与俄罗斯、哈萨克斯坦等共建“一带一路”国家医学基金会合作，为境外患者提供跨境医疗结算便利化服务，并协助患者完成医疗保险赔偿认定，有效保障患者利益。

（二）陕西服务贸易发展面临的挑战

1. 地区发展不平衡

陕西省服务贸易出口地区比较集中对于陕西省服务贸易的长远发展是不利的。陕西省特色服务贸易多为文旅、服务外包、中医药等。提及陕西省入境旅游，最受境外游客喜爱的就是西安市的旅游景点，如八大奇迹之一的兵马俑、华清池、钟鼓楼、大唐芙蓉园、大雁塔以及作为文旅新 IP 的大唐不夜城。对于陕西省其他地区的旅游景点则知之甚少。据《陕西统计年鉴（2020）》，2020 年，全省旅游进出口总值为 35157545 万元，西安市为 32430562 万元，所占份额高达 92%，这表明陕西省其他地区的旅游服务贸易发展远远低于西安市。这种现象不仅可见于旅游服务贸易，文化、中医药服务贸易也如此。西安市服务业基础设施及配套设施相对省内其他地区完备，而且科教、文旅等资源都集中于西安市。陕西省其他地区亟须政府加大扶持力度和督促力度，在保持西安市发展优势的同时，缩小地区内部间的发展差距，提升整体竞争力。

2. 服务贸易产业结构不平衡，新兴服务贸易发展较弱

目前，陕西服务贸易主要集中在文旅、中医药、服务外包等领域，与信息技术、新材料领域相关的研发、设计等知识和技术密集型服务贸易发展较

为落后，金融、国际教育等新兴服务贸易处于起步阶段，尚未摆脱传统服务贸易占比较大的局面，还停留在低水平扩张的“粗放式”服务贸易发展模式中。现代服务业与先进制造业没有融合，科技创新服务并未对制造业产业链进行建链、补链、延链，使得服务贸易产业链仍面临低端锁定的困境，亟须打造和衍生更有效率和附加值更高的产业链。

3. 服务贸易数字化转型程度不深

随着新冠肺炎疫情席卷全球，世界经济形势变得更为严峻，服务贸易在国内外人流停滞下面临挑战，但新一轮科技革命催生的互联网、大数据、人工智能等新技术给服务贸易带来了新的转机，数字经济应运而生，数字贸易、在线教育等成为服务贸易出口的新的经济增长点。但数字经济规模呈现从东南沿海向西部内陆降低趋势。据 2021 年中国信息通信研究院发布的《中国数字经济发展白皮书》统计，从总量来看，2020 年陕西省数字经济规模超过 5000 亿元，处于全国中等水平。从占比来看，2020 年陕西省数字经济规模占陕西省生产总值比重达到 30.6%，而北京、上海数字经济占 GDP 比重分别达到 55.9% 和 55.1%。陕西省虽然积极推动经济的数字化转型和社会的智能化改造，但是相比国内其他地区还是存在数字化转型程度不深的问题。

4. 服务贸易数据统计困难，各方缺乏有效对接机制

陕西省商务厅设立了服务贸易和商贸服务业处，目的是对全省服务贸易进行监测和统计分析，国家外汇管理局陕西省分局负责统计服务贸易外汇收支。但实际上陕西省服务贸易的统计制度亟待完善，对于服务贸易的风险监测与分析跟进不力。一方面，政策的扶持力度不足导致主要服务贸易企业相关数据直报不积极，相关部门对统计数据的收集分析难度很大；另一方面，陕西省外汇管理部门与服务贸易主管部门的统计信息缺乏有效对接机制，部门之间数据对比与实时信息共享难以实现，统计数据漏统现象时有发生。另外，服务贸易主管部门对于服务贸易数据的公布存在严重滞后性，不利于服务贸易创新发展工作的开展①。

① 许唯聪、李俊久：《中国服务贸易的发展现状、问题及对策》，《区域经济评论》2020 年第 5 期。

三　陕西自贸试验区制度创新对服务贸易创新发展的影响机理

陕西自贸试验区持续探索与国际投资贸易通行规则相衔接的制度创新体系，努力建设成为投资贸易便利化、高端产业聚集、法制环境规范的高水平开放的自贸试验区，不仅促进了区域经济转型升级，还以制度型开放优势提升了服务业开放水平，吸引高级要素流入促进技术创新，这些无疑都推进了服务贸易的创新发展①。

（一）经济转型升级推动服务贸易创新发展

陕西自贸试验区的核心功能是通过制度创新打造贸易自由化、投资便利化的开放经济环境，提升金融服务实体经济水平，推进外贸转型升级，形成高端制造业和现代服务业集聚集群发展的新格局，并产生溢出效应，为外贸、服务、金融、制造等企业提供新的机会，培育创造全新的产业链，从而带动促进经济转型升级。

经济转型升级形成以服务业为主的产业结构和以服务型消费为主的消费结构，消费结构升级和经济转型升级对服务贸易需求明显加大和增强。且新一轮科技革命和产业变革正在重塑服务贸易发展业态，产业升级与服务贸易发展深度融合。比如，服务产业数字化和数字产业服务化，有助于推动服务贸易向价值链高端发展②。

（二）服务业市场开放推动服务贸易创新发展

陕西自贸试验区对标国际先进规则，以制度创新为核心，满足我国由商品和要素流动型开放向规则等制度型开放转变的需要，具有制度型开放的时

① 王铁山、裴兵兵：《自贸试验区：推动陕西经济高质量发展》，《国际经济合作》2019 年第 2 期。

② 迟福林：《“十四五”服务贸易发展的三大趋势》，《经济日报》2021 年 2 月 5 日。

代特征，从制度、投资、贸易、金融、法治、事中事后监管等领域不断创新探索，让陕西省的法治化、国际化、便利化营商环境逐渐改变，开放度逐步提高，全面落实《外商投资法》及其实施条例和外资准入前国民待遇加负面清单管理模式，鼓励引导社会资本、外资参与发展服务业，打破服务业市场垄断，努力实现教育、医疗、文化、旅游等服务业市场开放。

服务业的开放降低了资本、劳动力等生产要素的流动成本，激发市场活力，使越来越多的人员、资金、服务、数据等要素充分自由流动。资源流动效率的提高会促进服务贸易的快速扩张，从而推动跨境交付、商业存在、境外消费、自然人流动领域的创新。

（三）技术创新推动服务贸易创新发展

陕西自贸试验区以制度创新为核心，打造贸易自由化、投资便利化的开放经济环境，会产生巨大的虹吸效应，吸引大量的高端技术、高端产业、高端人才等高级要素的流入。在自贸试验区提供的投资贸易自由化便利化的环境下，高级生产要素流入会通过溢出效应和竞争效应推动技术创新[①]。

技术创新有利于提高服务业生产要素的效率、提高服务的国际竞争力，不断促进服务贸易的新模式、新业态的出现。同时，技术创新使服务越来越精细化、专业化，从而衍生出新产品、新服务。多元化的服务与产品创新将会创造出更多消费者体验和用户市场，催生出诸多的新兴服务贸易。

四　陕西自贸试验区服务贸易创新发展的路径

服务贸易作为新时期我国深化对外开放的新引擎，服务贸易创新发展显得尤为重要，有很大的发展空间。陕西自贸试验区在促进服务贸易创新发展时应立足于国内外经济发展新格局，统筹兼顾区域发展，走融合发展道路。

① 梁双陆、刘林龙、崔庆波：《自贸区的成立能否推动区域产业结构转型升级？——基于国际数据的合成控制法研究》，《当代经济管理》2020 年第 8 期。

（一）创新发展与融合发展相结合

创新发展离不开融合发展，融合发展使服务贸易自身竞争力得到增强，不断产生新的发展动力，同时更能满足消费需求。坚持服务贸易与陕西省产业发展相融合，坚持服务贸易与服务业、货物贸易相融合，不断延长产业链和服务链，提升价值链，带动科技、文娱、体育、卫生、教育等领域融合发展，形成“文化＋旅游＋产业＋城市”等多种融合模式。

（二）特色发展与协同发展相结合

根据西安市发展实际，确立服务贸易差异化发展定位，加强与关中城市群和全省各城市资源整合，形成特色鲜明、重点突出、相互支撑、协同并进的服务贸易发展新格局。陕西自贸试验区应与协同创新区在产业链、价值链、创新链进行整合，形成产业互补、政策共享、交通共联、信息联通的对外开放格局。除了加强与省内协同创新区联系外，与甘肃、宁夏、青海、新疆西北四省区建立协同创新合作关系，发挥陕西自贸试验区辐射西北内陆的对外开放平台作用。

（三）融入国内国际双循环发展新格局

服务贸易创新发展要基于“双循环”的经济发展新格局，省内、国内、国际循环相互促进。一是根据陕西省当前的发展阶段和发展环境，在畅通省内大循环的基础上，以国内大循环为主体，形成国内国际双循环的新发展格局。二是立足扩大内需的目标，深化供给侧结构性改革，使得生产、分配、交换、消费这四个环节更多依靠国内市场，最终形成需求牵引供给、供给创造需求的更高水平发展格局。三是始终坚持“引进来”与“走出去”相结合的原则，将共建“一带一路”国家作为重点方向，利用陕西自贸试验区“走出去”一站式服务平台提供的综合服务，不仅吸引外资企业落户，而且引导支持服务贸易企业对外投资。

五　陕西自贸试验区服务贸易创新发展的对策建议

共建“一带一路”为陕西省的对外开放指明了方向，自贸试验区就如同为陕西打开的一扇窗户，为经济发展和人文交流合作插上了翅膀。陕西自贸试验区应继续加强与共建“一带一路”国家的服务贸易，全面提升服务贸易水平和国际竞争力。

（一）推进服务贸易体制机制创新

服务贸易创新发展首先需要破除服务贸易体制机制障碍。一是提高政府管理效率和深化放管服改革。提高管理效率，建立陕西自贸试验区服务贸易创新发展实践小组，形成行政管理部门、行业中介组织、企业、消费者共同参与的服务贸易促进联络机制，由此畅通服务贸易各方的交流沟通渠道。深化放管服改革，简化服务贸易行政审批工作，提供高效便捷的服务，营造公平竞争的市场环境，降低企业成本。二是加大服务贸易领域对外开放力度。在全面落实准入前国民待遇加负面清单管理模式的基础上，探索实施跨境服务贸易负面清单管理制度，推动服务贸易社会资本和外资进入壁垒的减少，为服务贸易企业提供更多的高级要素流入，以提升服务贸易领域的价值。三是完善服务贸易统计监测制度。自贸试验区应建立区内商务部门和重点服务贸易企业联络机制，加大对服务贸易统计监测工作和重点企业数据直报的培训，完善服务贸易统计监测、运行和分析。

（二）积极发展旅游出口服务贸易

首先，陕西自贸试验区可以和协同创新区进行区域旅游协作，将旅游资源重新整合、更新和开发，合作开展市场营销，建立协作双方或多方的旅游联动发展机制。陕西自贸试验区还应积极与丝绸之路经济带沿线主要省份或者邻近其他省份建立合作机制，优势互补，共同推出游客入境旅游套餐。其次，为了进一步优化入境旅游市场、发掘潜在入境游需求，应从粗放、产业单一的传统旅游模式转变为“创新、协调、绿色、开放、共享”的全域旅游模式，依托城市核心区、特色历史文化街区，建设一批集商业、旅游、休闲于一体的旅游特色街区和民俗风情老街。还应全方位做好公共服务配套设施建设，优化海外游客签证、地接等相关服务，将互联网、大数据、移动支付等技术应用于陕西省智慧文旅系统建设中，为海外游客入境提供全方位、现代化、高品质的智慧服务。最后，推动旅行服务出口便利化。西安是“一带一路”国家入境游客主要客源地，应探索放宽入境旅游、就医、留学等领域的签证限制，对共建“一带一路”服务贸易伙伴国实行落地签政策；加快培育国际商务、度假等高附加值旅游服务，完善旅行服务支撑体系。

（三）推动文旅融合发展

首先，要加大政府支持引导，提高文旅产业融合度，丰富景区的“食、住、行、文、游、购、娱”产业要素构成，通过建链、延链、补链等手段，补齐文旅产业中间环节，增强产业融合度。将文旅与赛事、民俗、演出等结合，通过强强联合扩大影响力。其次，要加强文化挖掘，搭建西安文化 IP 体系，增强文旅产品的价值与内涵。文旅产品不仅要具备高度的辨识度，还要拥有营销爆点，这样才会吸引海内外游客主动消费和传播，从而激发产品的商业爆发力。陕西省文旅资源丰富，不缺乏好故事和好风景，应借鉴大唐不夜城和“不倒翁小姐姐”，通过创意设计和营销打造具有地方特色的文旅 IP，提高游客与景区的强链接。最后，要注重文旅创新内核，让创新成为更好释放旅游消费需求的新动能，要将大数据、人工智能、虚拟仿真、区块链等新技术充分运用到文旅产品中，促进产品的数字化、智能化，增加文旅产品的附加值，让高科技成为文旅融合的催化剂、助推器。

（四）加快发展新兴服务贸易

逆全球化和新冠肺炎疫情都将原本遍布全球的产业链向本土化和区域化的短链重组和闭合，在这种形势下，需要及时调整外贸策略，扭转被动的局面。在传统货物贸易进出口受阻的情况下，陕西自贸试验区应发挥改革、开放、创新的平台作用，在集聚国内外人才、资金、技术、数据等高端要素的基础上，支持传统服务业转型升级，鼓励运用5G、大数据、人工智能、区块链等新技术改造提升传统服务业，鼓励服务贸易企业深耕科技创新，大力发展通信、研发、设计、认证许可、检验检测等知识和技术密集型服务贸易，既以提供高附加值的服务向全球价值链高端延伸，又将服务渗透到价值链国际分工中，从研发、设计、制造、销售到售后，对先进制造业进行建链、补链和延链，将服务业的制造化深度融合进去。此外，加快发展金融、教育等新兴服务贸易，金融服务贸易仍处于起步阶段，应支持区内金融机构创新适合服务贸易发展特点的金融产品和服务；做强“留学陕西”品牌，利用陕西高校资源雄厚优势，打造更具国际竞争力的留学教育。

（五）推动服务贸易数字化转型

数字技术的创新为服务贸易发展提供了新动能，数字服务贸易日益成为服务贸易发展新趋势。陕西自贸试验区应抓住共建“一带一路”机遇，以发展“数字丝路”为抓手促进与共建国家数字贸易国际合作。一是加速5G、大数据、云计算、人工智能等数字技术与服务业、服务贸易的融合，提升服务贸易数字化水平，推动价值链升级。二是积极参与共建“一带一路”国家数字贸易规则体系的建立，提高话语权与主导权，在数字贸易规则制定上坚持公平公正原则，团结共建“一带一路”国家，更好地引导服务贸易企业加快数字化转型。三是注重数据安全。数字贸易国际合作中数据作为最核心的战略资源，应把数据安全放在重要战略位置，在积极促进跨境数据互联互通时确保网络数据安全与贸易信息完整，更好地推进服务贸易数字化转型。四是提出数字贸易争端解决机制和数字知识产权保护方案，在应对数字贸易壁垒的同时，进一步提高互联网行业的开放水平。

（六）完善服务贸易促进政策体系

首先，加强对服务贸易的财税政策扶持。围绕服务贸易重点发展领域，比如金融、旅游、教育、文化等，设立服务贸易发展引导基金，对服务贸易企业的技术研发、人才引进、国际市场推广等环节进行支持。其次，强化服务贸易重点企业培育机制。制定服务贸易企业的专项培育方案和支持政策，培育壮大服务贸易市场主体，不仅提升大型服务贸易企业核心竞争力，培育具备国际竞争力的龙头企业；而且培育外向度高、创新活力强、竞争优势独特的中、小、微服务贸易企业。最后，创新服务贸易专业人才服务机制。专业化人才是服务贸易创新发展的重要支撑要素，完善服务贸易人才培养体系。高校与企业探索建立深度合作培养机制，建立切实有效的人才培养、引进、退出体系，加强专业化人才培养；积极推进教育国际化，发展留学生教育服务，加强国际化人才培养；进一步提升服务贸易人才便利化水平，健全境外专业人才流动机制，不断畅通外籍高层次人才来陕创新创业渠道，推动职业资格互认。

参考文献

文艳：《打造更多文旅新名片　让“诗与远方”触手可及》，《西安日报》2021 年 4 月 23 日。

王修志、周桂明、孔胜雪：《旅游服务贸易高质量发展的瓶颈：基于先发地区的样本思考》，《资源开发与市场》2021 年第 7 期。

秦冀：《打造中药秦药品牌〈陕西省中医药条例〉4 月 1 日起施行》，《陕西日报》2020 年 4 月 2 日。

许唯聪、李俊久：《中国服务贸易的发展现状、问题及对策》，《区域经济评论》2020 年第 5 期。

王铁山、裴兵兵：《自贸试验区：推动陕西经济高质量发展》，《国际经济合作》2019 年第 2 期。

迟福林：《“十四五”服务贸易发展的三大趋势》，《经济日报》2021 年 2 月 5 日。

梁双陆、刘林龙、崔庆波：《自贸区的成立能否推动区域产业结构转型升级？——基于国际数据的合成控制法研究》，《当代经济管理》2020 年第 8 期。

吕延方、方若楠、王冬：《中国服务贸易融入数字全球价值链的测度构建及特征研究》，《数量经济技术经济研究》2020 年第 12 期。

B.19

陕西加快打造专精特新“小巨人”企业研究*

姜 涛**

摘 要： “融资难、融资贵”问题长期以来是中小企业发展面临的短板和瓶颈，对这一问题，国家长期以来已出台相关支持政策给予解决，工信部决定加大对中小企业政策支持力度，选择从2019年到2021年三年时间为第一阶段，对以专精特新“小巨人”为代表的单项冠军、隐形冠军等特色突出中小企业，选择符合标准企业，从专项资金角度择优扶持，以点带面，带动中小企业高质量发展。为深化新三板制度改革，2021年下半年，国家宣布建立北京证券交易所，与上海证券交易所和深圳证券交易所并列，助力新三板改革，打造中国的纳斯达克，为企业发展打造融资支持的重要平台。作为市场主体中的重要组成，陕西中小企业目前存量还赶不上东部沿海发达地区，但市场主体如雨后春笋大量涌现，增量加快发展，陕西应把握宏观和市场机遇，制定相应政策和措施，厚植产业基础，补齐发展短板，加大力度改善优化以市场秩序、公平竞争、清单管理为代表的营商环境，支持陕西专精特新“小巨人”企业快速发展。

关键词： 陕西 专精特新 “小巨人” 中小企业

---

* 本报告为陕西省哲学社会科学一般项目（项目编号：2018D04）的阶段性成果。

** 姜涛，陕西省社会科学院经济研究所研究员，研究方向为中小企业产业经济。

一 前言

自2019年以来，截至2021年，工信部已评出三批共4922家专精特新“小巨人”企业，主要集中在“三新”（新能源、新材料、新技术）、“一高”（高端装备制造）和生物医药等新经济制造业领域和产业链。从“十一五”以来，国家将支持中小企业发展作为重点工程打造，建平台，锻基础，补短板，强支撑，全国中小企业股份转让系统（新三板市场）共有挂牌企业超过7000家，位居前三的行业分别是工业制造、信息技术和服务消费。经多年精心准备，习近平总书记在2021年中国国际服贸会开幕式正式宣布，标志着北京证券交易所正式成立，其中新三板挂牌的66家精选层企业被“整体平移”到北京证券交易所、锁定首张“入场券”，这对深化新三板改革，使其成为支持中小企业创新发展、打造服务创新型中小企业主阵地具有深远的影响。

截至2021年，陕西通过工信部认定的专精特新“小巨人”企业共有112家，占全国三批入围专精特新企业总数的2.27%，存量排名全国第18位，低于陕西GDP全国第14位的排名，尤其是辽宁（212家）和重庆（124家）的GDP都排在陕西之后。从行业分布看，主要集中在陕西的航空航天、数控机床、通信、半导体、新能源、新材料等传统优势领域，基本分布在23条重点产业链中；从企业类型看，民营经济占比为70%，是不折不扣的主力军，扮演着主导力量。另有数据显示，陕西有128家新三板公司，排名全国第17，其中精选层2家，创新层24家，基础层102家，占全国新三板挂牌企业总数的1.76%。陕西A股已上市公司60家，排名全国第16，仅占全国A股上市企业总数的1.3%。国家目前已有三大融资平台A股市场、新三板和专精特新“小巨人”资助，陕西无论是从存量还是从影响力上都与目前科教大省地位不符，并且差距还有加大的趋势。应采取切实可行措施，加速打造陕西专精特新“小巨人”企业，实现陕西高质量发展目标。

二 “专精特新”逻辑构成

（一）“专精特新”政策推出时代背景和意义

“专精特新”影响力不单单是为了解决中小企业融资难的问题，对当前完成我国紧迫的补短板补链强链、解决“卡脖子”难题、推动制造强国战略实施等有着重要意义。我国在光刻机、芯片、手机射频器件、核心工业软件、医学影像设备元器件等精密制造领域，面临“卡脖子”的问题尤为突出。随着我国海归人才、研究生等高端人才供给数量的提升，我国劳动力由“人口红利”向“工程师红利”转化。在我国制造业发展上从一般生产向精细加工、由简单粗放型到劳动密集型，再向知识密集型转化的过程中，我国工业发展也由重工业、来料加工、OEM、ODM 的“中国制造”逐步升级到“中国智造”。特别拓展了 5G、物联网、人工智能、云计算、大数据分析等关键领域，我国工业应用场景不断被重塑。以精密制造为例。在底层技术以及核心加工设备性能提升的支持下，精密制造平台从劳动力密集型的代工与组装，加速往关键零组件的精密制造转型升级。在数字化发展和国产替代这样的大背景、大趋势下，那些赛道空间及成长性俱佳的专精特新“小巨人”无疑备受关注。

政策梳理如下。

（1）2011 年 7 月 14 日，工信部总工程师朱宏任在《中国产业发展和产业政策报告（2011）》新闻发布会上首次提出“专精特新”概念。同年 9 月 23 日，工信部制定首部《“十二五”中小企业成长规划》，将发展中小企业“专精特新”作为基本条件和特色要求。

（2）2012 年 4 月 26 日，国务院在总结前期成功经验和实践的基础上，首次出台《国务院关于进一步支持小型微型企业健康发展的意见》，初次提出鼓励小型微型企业走“专精特新”和与大企业协作配套发展的道路。

（3）2013 年 7 月 16 日，在国务院鼓励小型微型企业走“专精特新”意见指导下，工信部制定《关于促进中小企业“专精特新”发展的指导意见》，加强对“专精特新”中小企业的培育和支持。

（4）通过几年的企业和部门摸索和总结，上下取得共识，工信部于2018年11月26日发布通知，开展全国专精特新“小巨人”企业培育工作，以各省级中小企业主管部门认定专精特新企业为基础，从2019年开始连续三年培育一批专精特新“小巨人”企业。

（5）2021年1月23日，国家有关部委联合下发通知，支持专精特新中小企业高质量，在“十四五”期间，国家层面财政奖补支持资金超过壹佰亿元人民币，重点支持1000余家国家级专精特新小巨人企业高质量发展。

（6）为进一步加大对小微企业金融支持力度，中国银行保险监督管理委员会于2021年3月12日发布《关于2021年进一步推动小微企业金融服务高质量发展的通知》，提出对“专精特新”小微企业，量身定做金融服务方案，及时给予资金支持。

（7）2021年4月25日，国家“十四五”规划明确提出“推动中小企业提升专业化优势培育专精特新小巨人企业和制造业单项冠军企业”。

（8）2021年7月27日，分管商务、金融和科技工作的国务院副总理刘鹤对中小企业发展提出新要求，民营及中小企业企业家应以“专精特新”为方向，聚焦主业、苦练内功、强化创新。

（9）2021年7月30日，政治局会议提出“要强化科技创新和产业链韧性，加强基础研究，推动应用研究，开展补链强链专项行动，加快解决卡脖子难题，发展专精特新中小企业”。

（二）“专精特新”含义

“专精特新”企业是指具有“专业化、精细化、特色化、新颖化”特征的工业中小企业。

（1）“专”是指采用专项技术或工艺通过专业化生产制造的专用性强、专业特点明显、市场专业性强的产品。其主要特征是产品用途的专门性、生产工艺的专业性、技术的专有性和产品在细分市场中具有专业化发展优势。

（2）“精”是指采用先进适用技术或工艺，按照精益求精的理念，建立精细的流程，进行高效的管理，通过精细化管理，精心设计生产的精良产品。其主要特征是产品的精致性、工艺技术的精深性和企业的精细化管理。

（3）“特”是指采用独特的工艺、技术、配方或特殊原料研制生产的，具有地域特点或具有特殊功能的产品。其主要特征是产品或服务的特色化。

（4）“新”是指依靠创新驱动和自主知识产权积累，在产品或服务的质量标准、功能配置、溢出效应、增值赋能等拥有自主知识产权或新颖体验，市场前景良好。其主要特征是产品（技术）的创新性、先进性，具有较高的技术含量、较高的附加值和显著的经济效益、社会效益。

（三）专精特新“小巨人”企业认定

1. 认定要素

根据中国中小企业协会和陕西省工业和信息化厅等 11 家单位于 2019 年 10 月 1 日制定并实施的《中小企业专精特新第 2 部分：评定方法》行业标准规定，评定框架由专业化、精细化、特色化和新颖化 4 个要素组成，每个要素下设 4 个子要素，共计 16 个子要素，子要素下设 1 ~4 个指标。专精特新认定要素如下。

表 1　专精特新认定要素

要素	子要素	指标
专业化	产品专业	自营产品的利润贡献率、销售收入比重、毛利率
	生产专业	科技人才占比、技术设备投入比、执行标准、配套能力
	市场专业	营业收入及近两年平均增长率、细分市场占有率、认证
	产业专业	产业链位置、产业升级能力
精细化	人力资源	员工的人均产值、高学历占比、培训费、流失率
	管理体系	制度流程、体系认证、应收账款周转率、绿色发展水平
	运营效益	资本积累率、ROE、CR、客户满意度
	企业文化	社会贡献率、文化理念
特色化	差异定位	差异化定位
	资源特色	地域特色、特色资源
	品牌影响	品牌管理能力、企业评选获奖
	特有技术	特有工艺、技术、配方

续表

要素	子要素	指标
新颖化	技术创新	研发水平、研发人员占比、科研机构建设
	产品创新	专利产品销售占有率、新品销售占有率、新品开发周期
	模式创新	融资模式、对外开放率
	信息创新	信息化建设投入占比、电子商务销售占比

2. 认定标准

按照《关于开展第三批国家专精特新“小巨人”企业申报工作的通知》，专精特新“小巨人”认定标准如下。

表 2　专精特新“小巨人”认定标准

基本条件	中国境内工商注册登记、连续经营 3 年以上、具有独立法人资格	
专项条件	经济效益	截至上半年末，近两年主营收入（或利润增长率）不低于 5%（下限），负债水平低于 70%（上限）
	专业程度	截至上半年末，企业从事特定细分市场时间达到 3 年以上，总收入中主营收入超过 70%，主导产品在省级细分市场占有率、知名度及影响力位居前列
	创新驱动	企业已获取的知识产权中，大专利不少于 2 项，小专利不少于 5 项；企业设立研发机构，具有技术研发所需仪器设备或条件；企业在研发设计、生产制造、供应链管理等环节，至少 1 项核心业务采用信息系统支撑
	经营管理	企业拥有自主品牌，取得相关管理体系认证，或产品生产执行国际、国内、行业标准，或产品通过发达国家和地区产品认证
分类条件	其一，2020 年，申报企业经营业务收入大于或等于 1 亿元，加上最近两年研究开发支出总金额占经营业务总收入比例等于或高于 3%	
	其二，2020 年，申报企业经营业务收入在 5000 万元（含 5000 万本身）至 1 亿元（不含 1 亿）范围，加上最近两年研究开发支出总金额占经营业务总收入比例等于或高于 6%	
	其三，2020 年，申报企业经营业务收入不足 5000 万元，加上最近两年新增股权融资额（实缴）在 8000 万元以上（含 8000 万元本身），此外用于研发项目费用在 1000 万元以上（含 1000 万元本身），且科技研发力量占企业用工总数比例在 50% 以上，创新成果属于本通知“二．重点领域”细分行业关键技术，并有重大突破	
禁止条件	提供虚假信息弄虚作假的，近三年发生过重大安全、质量、环境污染事故的，其他有违约失信、偷税漏税等其他严重违法违规的	

3. 申报领域（四选一）

表 3　申报领域

要素分类	子要素分类
产品特征	生产的主导产品列入《工业"四基"发展目录》;产品细分领域围绕制造行业"三个基础"召开,即基础零部件、基础工艺和基础材料
产业领域	产业涉及十大重点产业领域,属于制造强国战略重点领域技术路线图中有关产品产业
关键环节	属于产业链供应链关键环节及关键领域"补短板"产品
支柱领域	属于国家和各省(区、市)重点鼓励发展的支柱和优势特色产业等领域

三　影响陕西专精特新"小巨人"企业快速发展制约因素

（一）进一步调整经济结构及产业布局

陕西煤油气资源蕴含富集，能源经济发展在中国地位突出、意义重大，随着 2021 年第四季度，以煤炭、天然气底部出现暴涨，已带动基础原材料走高，诱发通货膨胀，已引起国家层面高度重视，国家发改委已多次调研并制定保煤保气保电措施，并针对"双碳目标"制定国家能源中长期发展规划。在长期的历史发展中，陕西围绕能源布局了较为完整的煤、油、气及化工产业体系，形成了能源勘探、开采、加工和服务等上中下游产业链，能源资源富集优势支撑了陕西 10 多年的经济发展力度。陕西能源工业最高峰时，在工业中占比超过 60%，受宏观经济和能源价格波动影响，这一占比逐渐降至 40% 左右，但仍然是陕西经济增长的核心动力。随着双碳目标的推进，国家坚决遏制"两高"项目盲目发展，按照生态环境部《关于加强高耗能、高排放建设项目生态环境源头防控的指导意见》等文件要求，以石化、化工、煤化工、焦化、钢铁、建材、有色、煤电等行业为重点，制定一系列能耗"双控"、产能置换、污染整治、煤炭减量替代等措施，因上半年能耗强度同比不降反升，国家发改委对包括陕西在内的 9 个省区直接点名，“能耗双控”亮起了红灯，导致陕西能源企业发展陷入困局，倒逼陕西企业从专精特新领域打开方向。

（二）创新链和产业链融合的堵点、痛点、难点

陕西是科教大省，以高校、科研院所、研究机构数量多、实力强出名，西安综合科教实力仅次于北京和上海，居全国第三位，取得了丰硕的科研成果。但存在的问题也不少，大多数理论成果与实践创新难以有效结合，只有少数能转化为现实生产力，研究成果绝大多数停留在纸面文字上，课题研究结题后，理论成果就被束之高阁，创新驱动不足，不少科研成果被外地开发利用，导致不少本地著名大学和专家学者被挖墙脚，墙内开花墙外香现象十分突出。

（三）营商环境需进一步优化

国务院副总理刘鹤在全国中小企业高峰论坛在线致辞时呼吁：“企业家精神就像鱼一样，水温合适，鱼就会游过来。”陕西有没有适合鱼滋养的水温，没有从实质意义上予以解决环境问题，并建立起长期有效的体制机制。从顶层设计看，上面做了大量的工作，省上也出台了优化营商环境条例和三年行动计划，但效果并不显著。企业只是营商环境被动承受主体，没有真正成为市场营商环境发挥作用的主动受益人，应深入推进政府职能转变，改“我为”为“为我”理念，变“外部驱动”为“内生动力”，勇于体制机制创新改革。

四　发展陕西“专精特新”小巨人路径和措施

（一）调整经济结构、优化产业布局

能源经济看陕西，陕西能源看陕北，2021 年 9 月 13 日，习近平总书记

来到陕北榆林大保当镇榆神工业区，对国家能源集团榆林化工有限公司进行实地考察、调研，彰显总书记心系大国能源安全和百姓基层生活的领袖情怀，以及运筹帷幄及时推进煤炭消费转型升级的智慧谋略。煤化工产业潜力巨大。“化黑为白”，实现从原料向材料转化、从大宗化学品向终端应用品拓展、从产业链中低端向高端迈进是陕西能源工业的必由之路。

具体措施如下。

1. 加快能源化工产业高端化发展

陕西石化行业应发挥能源资源丰富、原材料基础条件及相关下游配套产业规模雄厚的特点，高水平推进“三个转化”，实现从传统煤化工向现代煤化工，由现代煤化工示范概念引领向商业化、集约化推进，实现陕西现代能源化工高质量发展。开发下游高附加值产品，推进现代能源化工全链条多产业融合。构建纵向关联、横向耦合、上下游协作配套的六大产业链，即煤炭分质利用、煤制甲醇 - 烯烃及下游、煤制芳烃 - 乙二醇 - 聚酯、煤制油、煤基高端化工、氯碱化工产业链，尤其是要重视开发专用化学品和化工新材料等高端化工产品，为新能源、汽车、纺织、装备制造、电子信息、航空航天等陕西优势产业做好配套服务，避免同质化竞争。促使陕北在能源化工基地的基础上，加快推进聚酯、聚氨酯和工程塑料生产基地建设。

2. 推进产业技术创新

陕西应以深化创新型省份建设为引领，大力推进创新驱动战略。科研院校与企业要加大技术研发投入力度，加强原始创新，攻克“卡脖子”关键核心技术，突破石油化工、煤化工等技术瓶颈，以机制创新加快技术转移步伐，提高科研成果转化率。紧盯市场场景需求，打开碳氢加工利用的蓝海，力争把更多的碳元素固定到产品中，向“高碳资源低碳化”方向发展。多元化发展新一代化学能源，如氢能源产业、新的化学储能系统等。重视二氧化碳开发利用，特别是化学利用，减少碳排放，适应碳税和碳排放交易新政策，以创新驱动实现能源绿色发展战略，为国家“双碳目标”做出陕西贡献。

3. 重视石油化工与新农业产业融合发展

今后一个时期国家将会更加重视现代农业发展，石油和化工产业应紧扣支农主题，充分支持并配套现代农业。新的种植模式如设施农业、基质种植、测土施肥等，都需要新型肥料、高效低毒农药、调节剂、除草剂、地膜农膜等新型产品，相关化工企业应跟进关注，满足现代农业需求。

4. 支持石油化工产业信息化、数字化融合发展

随着以大数据、云计算、物联网等为代表的新技术革命不断涌现，我国新一轮信息科技革命方兴未艾。能源化工产业要推进“数字+”新模式、新业态工程，加快融入传统经济和未来产业，实现传统能化向现代能化转化，延深、加密、厚植能化产业链条，在高水平、高质量基础上进一步发展陕西能源化工产业。

（二）以秦创原创新驱动平台总窗口实现“两链”融合

中共陕西省委书记刘国中在中宣部新闻发布会上表示，将努力把“秦创原”建设成高水平创新驱动平台。数字目标显示，作为陕西省最大孵化器和科技成果转化“特区”——秦创原创新驱动平台的总窗口，计划利用3年时间，实现打造50个以上重点领域研发机构、1000项以上科技成果、2000家科技型企业、30个以上“双创”服务平台、超百亿元规模创新基金、300亿元以上规模合同成交额目标，并在此平台上强基赋能，实现“秦创原”向更高水平、更高质量迈进，更好服务陕西经济社会和民生领域。坚持开放建平台，动员省内“政、产、学、研、用、金”各方参与，推动创新要素高效聚合；一手抓技术研发，加强“卡脖子”技术攻关，一手抓科创项目、科创企业、科创产业孵化和落地。同时针对陕西在人才、成果评价、金融服务等创新发展中的软件建设的短板，抓好人才服务保障、科技成果评价、市场化金融产品创新等工作。

加快“秦创原”总窗口建设，按照省委、省政府的定位，秦创原是以“三器”（孵化器、加速器、促进器）为目标的全省创新驱动发展总平台。

形成立体联动“孵化器”的具体措施如下。

（1）经营专业化。从经营角度，企业孵化器应立足市场经济实体形式，采取现代企业管理模式，实现管理高效集约化。从技术角度，企业孵化器多是针对创业初期科技型中小微企业进行培育和孵化工作，目标瞄准企业核心科技力量竞争力，推开企业走向市场的敲门砖。从参与企业孵化的人员结构看，应安排理论突出、专业水平高人员上岗，并实行规范证件、执照、文书管理，参与孵化活动全过程。

（2）管理网络化。孵化器建设中互联网、局域网、企业网等网络的建立和完善是关键一环，网络化也是当前社会化的重要手段，随着科技进步，利用网络技术支持孵化器发展，实现手段和技术及时调整，把握科学技术新动向，时刻紧盯行业前沿先进水平，孵化高质量的企业产品。

（3）模式多样化。适应地方经济特色，发挥资源优势，可采取混合经济发展模式，吸纳政府部门、企业组织、高等院校、科研院所、民间投资、外资等多种投资主体参与孵化器建设，发挥混合经济混血优势，此外，在孵化器制度建设、机制创新领域也及时推出新体制、新机制、新模式，以适应市场经济发展和要求。

（4）战略国际化。随着市场经济步伐加快，全球一体化、经济全球化对孵化器发展战略的制定提出新要求，必须实现开放、透明和有竞争力。陕西应当发挥中国大地原点和“一带一路”重要节点区域优势，做到东西互通、南北融合，更好融入国际化战略中。

学习沿海地区先进经验，做好产业化“加速器”的具体措施如下。

（1）实施高质量成果“创新工程”。将不低于30%的科技研发资金投向基础和应用研究领域，鼓励科研人员不惧市场挑战，甘愿坐冷板凳，不惧风险，勇于担责，围绕基础产业、前沿领域、卡脖子关键项目开展长周期的原创性研究。

（2）推进成果产业化“畅通工程”。打通资金、技术、人才、管理等成果产业化壁垒，围绕产业发展短板及薄弱处，形成“产学研用”联合攻克机制，结成“利益关系、风险共担”紧密型共同体，有关部门密切配合，形成项目成果“全年受理，分批发布”的绿色通道。

（3）实施成果产业化"保障工程"。充分考量科研成果转化的风险和规律，建立科技成果转化尽职免责机制和亏损资产核销手续，为科研及成果转化工作保驾护航。学习先进地区经验，考量科研工作的不确定风险突出特点，为鼓励科研人员免除心理负担，心无旁骛搞科研，一心一意做产业，建立科技成果转化尽职免责机制，以明晰的制度体系为科技人员加油打气。面对国有资产管理出现的新情况、新问题，及时跟进，早做调研，拿出切实可行的新办法。对于已履行勤勉尽责义务仍造成亏损，经主管部门依法依规审核后，实施分类处理，免责办理资产核销工作手续。

形成"两链"融合"促进器"的具体措施如下。

（1）围绕产业链部署创新链，提升产业创新发展能力。秦创原创新驱动平台要坚持市场导向，立足陕西在航空航天、先进制造、新型材料等产业优势，瞄准提高产业链的市场竞争力开展科技攻关，疏通产业的上下游关系，增强产业链的稳定性可控性；要结合"1155 工程"，牢牢盯住新材料、关键零部件、核心功能等重点环节，推进产业链创新补短板、锻长板，支撑主导产业迈上价值链高端，实现秦创原设立初心，打造陕西创新之源；要对产业链"卡脖子"环节的关键核心技术，统筹力量，集中攻关，牢牢守住经济社会发展的生命线。

（2）围绕创新链布局产业链，加速科研成果转化。秦创原创新驱动平台要发挥全省创新驱动发展总平台、总源头功能，围绕基础研究、应用研究、关键设备等核心环节，推动织密产业链、打造创新链，未雨绸缪，提前谋划好、布局好以风口产业、新兴产业为代表的未来产业，要形成有效市场与有为政府相结合的机制，促进省内外各方力量参与，带动创新要素在平台形成集聚效应，不断孕育孵化新型产业链。

（3）在机制创新上大胆做和勇敢试。在激发人才创新活力方面，创新设计人力资源评价体系，优先以创新力、贡献率、质量级为核心评价，加大权数占比。专业的人干专业的事，以"赛马制""领衔专家制""揭榜挂帅"为代表，推行科研项目专家负总责制，让职务成果发明人主动融入和深度参与科技成果转化，提高科技成果投入产出比，打造"三支队伍"，构筑创新创业人才高地，更好激励人才创新力外化于行、内化于心。在加强融资服务方面，更大程度发挥各级、各类、各地涉及金融、保险、证券、债券及投资基金的作用，支持专精特新“中小企业”和专精特新“小巨人”企业上市。在强化精准服务方面，发挥已有社会公共服务平台职能并进一步充实完善，同时根据需求，及时建立以第三方为中心的新型服务平台，为中小企业提供创新发明、技术研发、数字赋能、工业设计、管理咨询、市场开拓等服务，助力其提升市场竞争力。

（三）优化营商环境，推进政府职能转变

1. 完善顶层设计

强化立法衔接。充分发挥地方立法对营商环境的顶层设计指引、规范、保障作用，推动形成与“放管服”改革紧密配合的政策体系，及时制定或者修改、废止相关性地方法规、规章和文件。完善政策体系。加强“政策出台—方案制定—任务部署—措施落实”各环节之间的协调传导，打出《优化营商环境条例》—《提升优化营商环境年度工作要点》—《优化营商环境专项方案》的政策组合拳。持续跟踪实现动态升级，根据国家新政策新要求，借鉴先进地区逐年升级营商环境方案做法，建立政策动态优化长效机制，坚持顶层设计和问计于民相统一，鼓励市场主体、专家学者建言献策。

2. 创新服务模式，优化政务服务

搭建服务沟通平台。不断优化“秦务员”服务系统，实现省市县全覆盖，搭建企业公共服务平台，提供市场融资、管理咨询、法律服务等全方位服务，搭建政企交流平台，建立规范化、常态化政企沟通机制。推动服务模式创新。探索精准服务，结合不同企业需求和痛点难点堵点，提出精准“靶向服务”，完善对企业全生命周期服务模式。进一步扩大“一网通”覆盖范围，逐步推进高频政务服务事项“跨省通办”，并向基层延伸，加快实现村（社区）便民服务中心全覆盖，打造 15 分钟便民服务圈，推行“7 × 24 小时”政务服务。当好五星“店小二”，做好亲商、爱商、引商、扶商、助商、暖商工作。

3. 加强市场监管，当好市场守护人

落实企业平等保护。严格落实《市场准入负面清单》，保障各类市场主体合法权益，强化事中事后监管。深入推进“权责清单”制度和以信用为基础的分级分类监管制度。加大执法惩戒力度。严厉打击破坏营商环境的各类违法行为，当前应重点围绕垄断市场、不正当竞争、哄抬物价、招投标欺诈、侵犯知识产权等行为整顿市场秩序，针对恶意侵权、重复侵权等严重违法行为，依法顶格严惩。

4. 强化机制保障，营造良好氛围

加强法制宣传。坚持“谁执法谁普法”“谁服务谁普法”原则，将优化营商环境法制宣传工作纳入普法责任考核，将营商环境学习纳入各级政府领导班子专题讲座和政府工作人员培训课程。推动部门协同联动，各单位根据职能分工制定具体措施。强化监督问责机制，不断提高社会监督能力。制定营商环境监督管理办法，畅通企业和群众反映问题和投诉举报渠道，严肃查处有关工作人员不作为、乱作为等行为，强化自觉接受社会监督，增强树立良好形象的责任意识和担当意识。

B.20

双碳驱动战略下陕西能源产业高质量发展的内涵逻辑与基本路径*

——基于产业链供应链现代化视角

周　宾**

摘　要： 结合当前宏观经济发展态势和我国“双碳”驱动战略背景，首先，对陕西能源产业的发展现状进行了分析，可以看出双碳驱动战略下陕西能源产业高质量发展的关键在于提高产业链供应链现代化水平；其次，从结构、效率、安全、环境四个维度对能源产业高质量发展的内涵进行了阐释；再次，从增强产业链韧性、巩固供应链安全和规避“双链逆卷”等方面，对能源产业高质量发展的理论逻辑进行了分析；最后，从统筹战略布局、强化科技创新、促进供应链合作、抓好源头管控、推动对外交流等方面，提出了陕西能源产业高质量发展的基本路径。

关键词： 双碳驱动　能源产业　高质量发展　陕西

截至“十三五”末，我国燃烧过程中产生的二氧化碳排放量约占世界的30%，单位GDP二氧化碳排放量达到0.69，远高于世界平均水平0.4。

---

* 本文为2021年陕西省社会科学基金年度项目“陕西提升能源产业链供应链现代化水平的机制与路径研究”（编号为2021D043）的阶段性成果。

** 周宾，博士（后），陕西省社会科学院金融研究所副研究员，研究方向为循环经济与可持续金融。

我国能源行业的碳排放量约占二氧化碳排放总量的70%。近年来，我国加快推进能源领域供给侧结构性改革和积极采取措施应对气候变化。2020年9月，习近平主席代表中国向世界做出力争2030年碳达峰和2060年努力争取碳中和的庄严承诺之后，国家"十四五"规划也写入有关碳达峰、碳中和（"双碳"）目标和任务等，各地区、各部门、各行业也在相继加紧制定和出台相关的具体细则和实施办法。双碳驱动战略已成为促进我国经济转型和能源革命的重要措施。2021年9月，国家发改委出台的《完善能源消费强度和总量双控制度方案》（发改环资〔2021〕1310号）进一步明确了新时期做好能耗双控工作的具体要求，这将对实现双碳目标起到重要的推动和支撑作用。因此，加快能源结构绿色低碳转型和实现能源产业高质量发展是双碳目标和任务如期顺利实现的关键之一。

作为"十四五"的开局之年，尽管新冠肺炎疫情在全球持续蔓延，世界经济复苏前景尚不明朗，但我国抗疫工作成效显著，经济运行态势继续保持稳中向好。能源产业的发展质量对陕西经济结构转型升级至关重要，需要全省认真贯彻落实习近平总书记2021年9月来陕考察时的重要讲话精神，按照绿色低碳发展方向，对标实现双碳目标任务，推进能源结构转型升级，实现能源产业高质量发展，继续发挥好能源产业作为地区经济"压舱石"和"稳定器"的作用。

一　双碳驱动战略下的陕西能源产业发展现状

（一）陕西能源产业发展现状

1. 部分省区市能源供需情况

长期以来，我国主要的能源产区分布在北方，尤其，晋陕蒙作为传统化石能源的重要产地，为中国能源产业发展做出了重要贡献，同时，其落实双碳目标和任务的压力也非常大。这里，选取与陕西经济发展水平和产业结构接近的我国11个省区市，对其2019年的能源生产消费情况进行研究（见图1）。

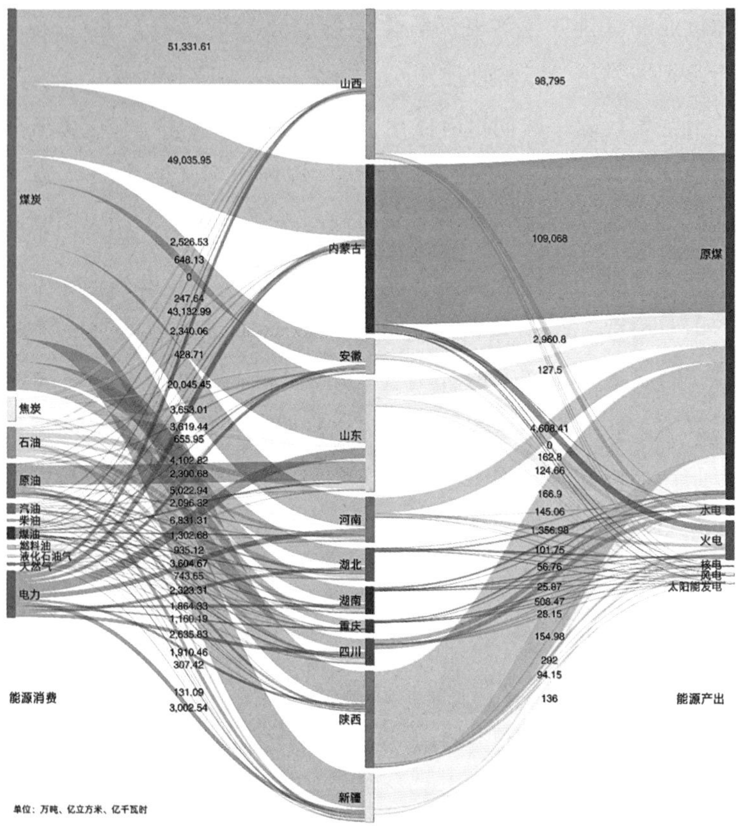

图1　2019年中国11个省区市能源产出与消费量

资料来源：中国能源统计年鉴2020。

由图1可看出：在全球新冠肺炎疫情暴发前，无论是从能源产出端还是消费端来看，我国的能源主产区内蒙古、陕西、山西等煤炭在能源结构中的占比超过80%，能源结构进一步优化的空间较大。内蒙古、陕西等作为能源供给为主的地区，其能源产出量远大于能源消费量（产出消费比超过2.0）；而湖北、湖南、重庆、山东等作为能源需求为主的地区，则反之（产出消费比低于0.3），区际能源供需矛盾凸显。从能源消费端看，山东、河南、内蒙古等对煤炭和电力的需求较大；从能源生产端看，四川、湖北等能源供给结构更趋多元且其可再生能源发电占比较高（超过50%），而北方地区可再生能源电力转化率偏低。

2. 陕西能源工业发展情况

“十三五”以来，为落实供给侧结构性改革和稳定陕西工业增长，实现经济追赶超越目标，陕西加快了经济转型升级和全面建成小康社会的步伐。其间，受宏观产业政策、环保政策调整和下游能源产品市场价格波动等因素叠加影响，作为陕西支柱工业体量最大的能源工业的增加值对全省工业增加值和地区 GDP 贡献度分别缩减了 10% 和 8%，直接体现在对陕西部分能源资源型产业为主地区的经济增长、社会消费与人口就业造成了不同程度的冲击。通过不断深化供给侧结构性改革，陕西的经济结构不断优化的同时，能源结构和环境质量持续改善，传统能源清洁化和清洁能源产业化是有力推动双碳目标实现的重要举措。

从全省工业来看，2021 年上半年陕西能源工业增长高于同期非能源工业 0.6 个百分点并超过疫情之前同期水平，煤炭在能源生产和消费中的占比依然较大（超过 70%），并且，能耗强度降低进度目标和能源消费总量控制目标被国家发改委分别列为一级预警和二级预警；从重点企业来看，陕西煤业化工和延长石油分列第 220 位和 234 位，是陕西仅有的两家进入世界 500 强的企业，在国内地方能源企业中，排名仅次于山东能源集团和晋能控股集团。

与中东部一些地区相比，当前陕西既面临传统能化产业占比过高、低碳绿色转型周期较长、能耗双控和双碳目标任务较为艰巨等困难；也存在能源就地转化率不高、可再生能源利用率偏低（见表 1）、能源经济效益不显著、产业链供应链相互结合不紧密、科技创新对产业提质增效的驱动作用需加强、金融资本服务实体产业和科技创新的功能发挥还不够充分等短板。

表 1　2019 年中国 11 个省区市的能源产出消费比和可再生能源发电占比

地区	煤炭产出消费比	原油产出消费比	天然气产出消费比	电力产出消费比	可再生能源发电占比
山西	1.925	无产出消费量	0.900	1.437	11.92%
内蒙古	2.224	0.035	0.344	1.504	16.14%
安徽	0.658	仅有消费量	0.036	1.255	7.72%
山东	0.276	0.163	0.026	0.863	10.25%

续表

地区	煤炭产出消费比	原油产出消费比	天然气产出消费比	电力产出消费比	可再生能源发电占比
河南	0.546	0.314	0.027	0.801	11.59%
湖北	0.003	0.035	0.016	1.273	50.30%
湖南	0.138	仅有消费量	仅有消费量	0.836	41.35%
重庆	0.233	无产出消费量	0.703	0.699	31.62%
四川	0.440	0.008	1.639	1.489	87.04%
陕西	2.953（第一）	1.469（第一）	3.920（第一）	1.148（第六）	15.17%（第七）
新疆	1.020	1.174	2.602	1.222	22.92%

注：能源产出消费比 = 地区能源产出量 ÷ 地区能源消费量，反映能源净流向。能源产出消费比大于1表明该地区为能源净产出地，其越大表明该地区能源的净产出越大；反之，该地区则为能源净消费地。

（二）陕西煤炭工业发展概况

1. 陕西煤炭工业发展总体情况

作为中国主要的煤炭资源富集区之一，截至目前，陕西煤炭资源累计探明储量近1716亿吨，约占全国的12%（位居第四），主要集中分布于陕北的榆林神木与府谷、渭北以及黄陵、彬县，储量占全省的99%以上，并且，原煤产量位居全国第三，已形成陕北、黄陇等大型煤炭基地。进入21世纪后，陕西将“三个转化”（即煤向电力转化、煤电向载能工业品转化、煤气油盐向化工产品转化）和“三个延伸”（即向配套装备制造业、能源化工下游增值产业和现代服务业延伸）作为煤炭工业发展的主要方向，煤炭消费量迅速回升，增长速度快于20世纪90年代，陕西省原煤产量整体呈现稳步增长态势。截至2020年，陕西原煤全年产量达到6.79亿吨，同比增长超过6.3%，拉动全国原煤产量提高1.1个百分点，贡献率位居全国第二。尽管陕西煤炭产业集中度和生产力水平不断提升，但随着国家供给侧结构性改革等政策的陆续出台和节能减排压力持续增加，加之国内外经济下行压力仍未减轻，全国煤炭消费增长明显放缓，陕西煤炭工业产能过剩现象表现较为突出。

受能源需求增长放缓和产业结构调整等因素影响，一直作为陕西工业支柱的能源产业，近年来其增加值增速与占比持续下降，但总体上，陕西的能源产业规模、从业人员数量、企业营业收入仍在全省工业行业中排第一位，尤其是煤炭工业。尽管化解过剩产能和构建轻型产业有助于单位工业增加值能耗下降，但受限于资源禀赋、能源结构与产业基础等条件，短期内煤炭占中国能源消费50%以上的主体地位不会改变，其需求总量仍会呈现刚性增长。中央经济工作会议和陕西省“十四五”规划都分别提到以能源革命为引领，加快推进绿色低碳发展，确定了碳达峰碳中和目标，加快相关重点行业制定和实施路线图。这为加快推进“十四五”陕西能源经济绿色转型和实现高质量发展提供了政策指引。陕西为落实深化供给侧结构性改革和完成煤炭工业“去产能”任务，坚持煤炭产业高端化、集群化发展方向，积极推动关键技术创新和产业体系创新。

2. 陕西煤炭工业主要运行指标

“十三五”期间，受下游煤炭消费市场持续萎缩影响，加之治污减霾压力陡增，陕西关中地区等采取了削减燃煤消耗的举措，进一步加剧了全省煤炭消费增速下滑对煤炭工业生产的冲击，2016 年，全省煤炭工业增加值首次出现负增长（-0.7%），其中，煤炭行业的工业增加值占陕西规模以上工业增加值的17.7%（同比下降0.6个百分点），并且，以煤炭工业作为支柱工业的榆林市工业增加值虽位于全省首位（占21.9%），但增速位于倒数第二（3.8%），远低于全省平均水平（6.8%），倒逼陕西煤炭工业必须加快去产能和转型升级的步伐，同期陕西煤炭工业超额完成化解过剩产能任务，其主营业务收入和实现利润分别同比增长15.5%和98.8%，规上工业综合能耗同比增长4%（居全国第三位），规上工业单位增加值能耗下降3.8%。

自2008年以来，陕西原煤产量不断上升的同时，其增速整体呈现下降态势，特别是，2016年和2019年原煤产量出现负增长（见图2）。2020年，受疫情影响，能源工业为保障地区经济稳定做出了积极贡献。总体来看，“十三五”期间，陕西坚持市场倒逼与政府引导相结合、化解产能与转型升级相结合、整体推进与重点突破相结合的原则，煤炭去产能，关闭煤矿155处，退出产能5597万吨/年，较计划目标超额完成872万吨/年，超额完成

18.46%。此外，新冠肺炎疫情并没有对陕西煤炭生产增速起到明显抑制作用，反而原煤产量较上年有明显增长。

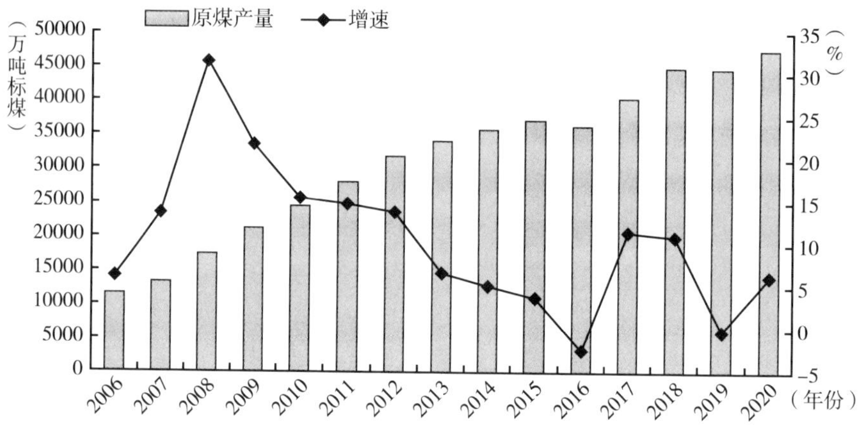

图2　2006～2020年陕西原煤产量及增速情况

近十年来，全国煤炭消费比重呈递减态势，而陕西煤炭消费占能源消费比重始终保持在70%以上，平均为73.1%，高于全国的63.2%，且与全国的差距不断扩大，这表明，以煤为主的能源结构仍是陕西的主要特征，陕西煤炭产业作为全省能源经济支柱的局面没有发生根本改变，能源结构优化的空间仍较大（见图3）。

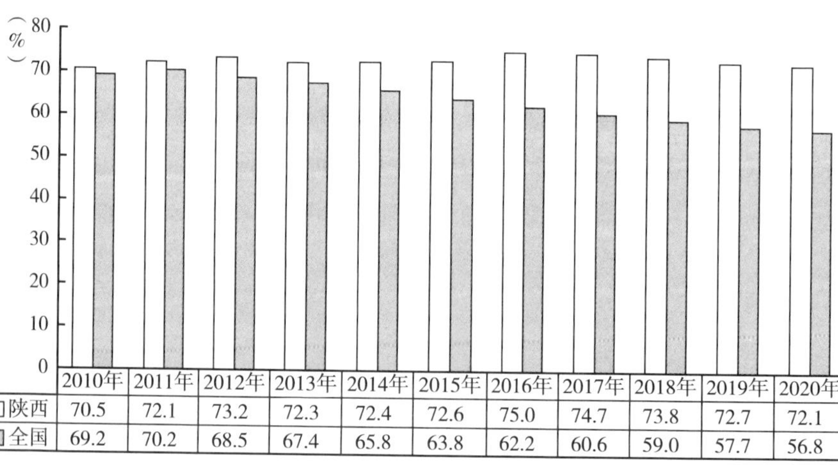

	2010年	2011年	2012年	2013年	2014年	2015年	2016年	2017年	2018年	2019年	2020年
□陕西	70.5	72.1	73.2	72.3	72.4	72.6	75.0	74.7	73.8	72.7	72.1
▨全国	69.2	70.2	68.5	67.4	65.8	63.8	62.2	60.6	59.0	57.7	56.8

图3　2010～2020年陕西与全国的煤炭占能源消费比重

随着近五年来陕西煤炭工业“去产能”、煤矿安全专项整治等一系列措施实施后，一些“僵尸企业”被关闭和清理，落后产能被逐步淘汰，优质煤炭产能逐渐得到充分释放，陕西煤炭价格指数总体呈现上升态势，尤其是，国内新冠肺炎疫情防控转入常态化之后，这种上升态势更为明显（见图4）。

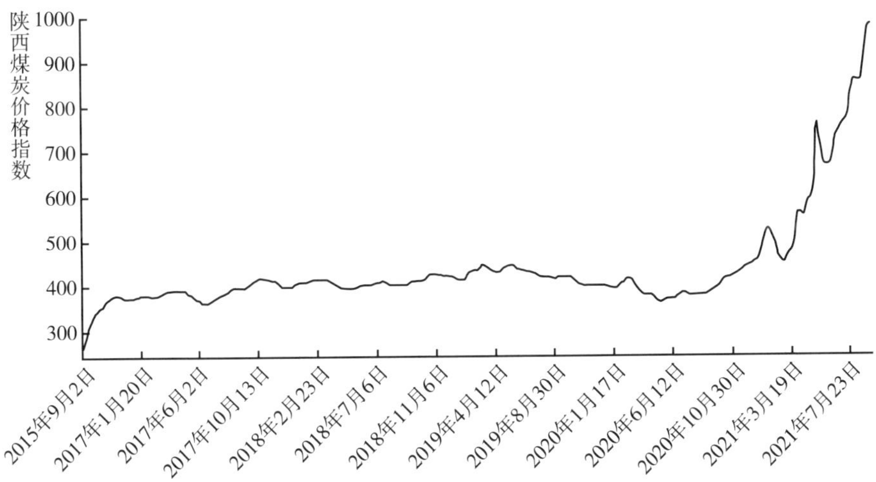

图4　2015年9月至2021年7月陕西煤炭价格指数

资料来源：西煤网，http：//123. 139. 38. 198/main/。

随着煤炭工业“去产能”的继续深入，目前煤炭市场已呈现向卖方市场适度倾斜态势。尽管如此，由于冶金、建材等重工业产能发展空间有限，电力需求将成为拉动煤炭工业发展的主要市场，加之节能减排和环保压力的持续增加，转变传统能源生产方式，尤其是，煤炭产业的高端化和绿色转型将是大势所趋。

二　基于产业链供应链现代化视角的能源产业高质量发展内涵逻辑

（一）能源产业高质量发展内涵

“十三五”期间，我国经济已由高速增长阶段转入高质量发展阶段，能源产业作为国民经济的基础性产业，持续推进供给侧结构性改革和能源革命，促使我国能源工业整体发展质量、效率和效益有了明显提升，其中，煤炭工业产能稳中有降且得到优化，石油工业发展进入瓶颈期，天然气和电力工业发展迅速，清洁能源占比显著提升，整体上，我国能源的清洁化高端化更趋明显。

由于我国工业化进程和经济结构调整都尚未完成，较一些发达国家而言，当前我国能源效率、能源消费强度和单位经济产出碳排放量均较高，实现双碳目标和完成能耗双控任务（能源消费强度和总量双控）艰巨，努力实现双碳目标和完成能耗双控任务，既不是为完成经济目标的“排碳冲锋”，也不是为完成碳减排任务的“拉闸限产”；而是以可持续发展为目标，统筹规划和综合协调民生保障、经济发展、能源利用、环境保护等方面的内容，根据不同地区、不同部门、不同行业、不同阶段、不同能源类别，综合采取技术适用、经济合理、管理有效的手段，避免设定不切实际的减碳目标和盲目采取“一刀切”地关停在运高耗能高排放项目等“运动式减碳”工作。

当前，化石能源仍是我国的主要能源，其开采、生产、利用等过程中的碳排放量占比最大。“十四五”期间，双碳驱动战略下能源产业高质量发展的主要内涵可以从结构、效率、安全、环境四个维度分别进行阐释。

1. 结构维度

长期以来，以煤炭为主的能源结构也决定了实现双碳目标的重点在于煤炭行业。因此，从优化能源结构的维度分析，进一步降低煤炭在能源生产和消费中所占的比重，将有利于双碳目标的实现。从广义上讲，由于传统化石能源（煤、油、气）的开采、生产、利用过程中的碳排放量相对于可再生能源和新能源较高，因此，提高可再生能源和新能源在我国能源生产和消费中的占比，也将促进双碳目标的实现。此外，提高可再生能源和新能源的占比，不仅符合绿色低碳的发展理念，也有利于推动我国产业结构升级、战略性新兴产业发展和相关领域技术进步。

2. 效率维度

近年来，中国的能源效率整体呈现上升态势，东部发达地区的能源效率明显高于中西部地区，南方地区的能源效率高于北方，并且这种空间上的差异有逐渐增大的趋势。在当前我国经济增长对能源高度依赖的背景下，实现能源产业高质量发展需要加快先进适用的能源技术应用和推广，提高能源的生产效率、配置效率和利用效率，降低单位能耗和单位碳排放量，以及有效控制能源消费弹性系数，合理调节经济增长对能源的依赖。此外，从投入产出的经济效率讲，提高我国能源主产区的能源就地转化率，不仅有助于降低能源传输损耗，也有助于提高能源主产区的经济效益，将地区的能源资源优势转化为经济优势。

3. 安全维度

随着我国能源结构的不断优化，石油和天然气在传统能源中的占比逐渐提高，油气资源对外依赖的程度也在提高。受近年来国际贸易摩擦加剧、国际能源价格波动以及 2020 年全球新冠肺炎疫情等因素叠加影响，能源安全问题凸显，特别是，随着中国的日益崛起和壮大，受地缘政治和地理因素等影响，加强我国与相关国家和地区之间的陆路和海上能源通道建设和安全保障更显重要。降低我国能源的对外依存度更有利于保障我国的能源安全，以减缓如新冠肺炎疫情等“黑天鹅”事件和国际能源（石油）价格波动等“灰犀牛”事件发生造成的负面影响。此外，作为共建“一带一路”倡议的主要内容之一，能源合作发展也是畅通能源大循环和促进我国能源产业高质量发展的重要支撑。

4. 环境维度

能源作为自然资源的重要组成，对经济社会可持续发展起着基础性和支柱性作用，正在经历由传统化石能源为主逐渐过渡到传统化石能源与非化石能源并存、非化石能源占比逐渐占优的过程。非化石能源的典型特征之一就是绿色低碳，绿色低碳能源的开采开发和利用将大大降低对环境的外部性影响。绿色低碳作为能源产业高质量发展的重要内涵之一，主要体现在能源结构更趋清洁化、能源技术更趋低碳化、能源消费更趋绿色化。因此，推进能源产业高质量发展将助力我国生态环境质量的进一步改善和国民生产生活水平的提高。

（二）基于产业链供应链现代化视角的能源产业高质量发展理论逻辑

双碳驱动战略是在全球能源加速转型和积极应对气候变化的背景下，结合我国现阶段经济的基本特点和可持续发展要求提出的长远战略而非权宜之计。就我国能源产业而言，在双碳驱动战略背景下，提升产业链供应链现代化水平是贯彻新发展理念和加快建立健全绿色低碳循环发展经济体系的必然选择，需要培育和塑造更富有韧性、更安全稳定、技术更先进、更绿色低碳的能源产业链供应链。

1. 增强产业链韧性

一方面，传统化石能源产业链涉及化石燃料开采、生产、加工、储运和消费等产业活动过程和相关的能源装备制造产业活动，尤其是与化石燃料相关的产业活动。占据了与化石燃料相关的产业链供应链优势，就具有能源产业发展的优势，而化石燃料具有的不可再生、高损耗、高污染、低能效等特点不满足可持续发展的要求，也不能适应我国未来工业化进程和人们对美好生态环境期待的需要。另一方面，新能源产业链主要涉及相关能源装备制造产业活动，减缓甚至规避了能源资源开发利用过程对地理空间的依赖。同时，新能源本身及其产业活动具有技术先进、绿色低碳、安全持续、前景广阔等特点，但是较传统化石能源产业而言，其技术成熟度尚不高、产业规模较小、下游配套产业不完善等，其发展壮大需要资金技术的支持。因此，提升我国能源产业链供应链现代化水平最迫切需要产业政策激励、技术研发跟进、配套资金投入。

2. 巩固供应链安全

能源供应链是伴随能源产业链发展并为其服务的，其涵盖原材料供应商、产品生产商、分销商、零售商和终端消费者等各环节，是能流、物流、信息流和资金流的集合。随着全球能源结构的深刻变革，国际能源企业之间的竞争正在由能源资源垄断向高新科技垄断转型。尤其是，在后疫情时代，可再生能源和新能源得到快速发展，风电、太阳能光伏、新一代核能等相关技术装备和组件市场竞争日趋激烈，在一定程度上，如 OPEC 及一些传统化石能源富集国家、地区和组织在国际能源市场的话语权已受到挑战。在提升产业链基础能力的同时，充分发挥国内能源细分市场互补和相关企业差异化竞争优势，以及积极参与国际能源合作和通过共建“一带一路”强化关键能源资源的供应等将有利于巩固能源供应链安全。

3. 规避“双链逆卷”

产业链供应链“逆卷”的实质是产业链供应链在规模、速度和质量方面长期无实质性地改进和提升，主要表现在，仅停留在传统产能的简单扩张、技术应用的低水平重复、资源的高消耗、能源效率明显偏低、污染持续高排放等。“双链逆卷”不仅可能会造成能源资源和项目资金投入的巨大浪费，由于“逆卷”的不可持续性，“双链”自身断裂的风险会不断增高，同时，也占据了相关高新技术产业发展的空间并对其进入市场形成了壁垒。研究表明，导致“双链逆卷”的原因较多，其中，传统能源产业链供应链发展惯性、单纯追求规模收益而进行资源配置的手段低效、缺乏技术进步的内生动力等较为常见。因此，提高产业链供应链现代化水平需要努力规避“双链逆卷”和促进“双链”协同发展，需要加快以“双链”优化升级为目标的政策机制创新和以能源革命为目标的科学技术进步。

三　双碳驱动战略下的陕西能源产业高质量发展基本路径

能源工业作为陕西工业的支柱和基石，对保持全省经济平稳运行至关重要。随着近年来能源结构的不断调整，新能源占比虽逐渐提高，但目前陕西仍以传统化石能源（尤其煤炭）的生产和消费为主，并且，短期内这种能源结构不会发生根本改变。当前，陕西能源经济发展存在诸如：传统能化产业的“三个转化”有待加强、地区节能减排压力依然较大、与能源产业链关联的价值链存在“前重后轻”；省内能化基地与能源金融贸易区之间的产业互补和融资对接不够、科技创新助力能源产业转型升级的优势尚未充分发挥、能源领域相关的基础理论研究和关键技术瓶颈有待突破、“双循环”格局下的能源经贸合作不足、全社会知晓度和参与度不高等短板。

鉴于此，为深入贯彻落实习近平总书记2021年9月在陕西榆林考察时的重要讲话精神，结合当前宏观经济环境、陕西发展实际以及相关理论研究，为推动陕西能源产业高端绿色低碳转型升级，双碳驱动战略下促进陕西能源产业高质量发展，需要陕西从统筹战略布局、强化科技创新、促进供应链合作、抓好源头管控、推动对外交流等方面实施，具体建议如下。

（一）统筹全省能源产业发展总体布局，强化产业链、创新链、金融链的融合

1. 加快提升煤基产业链发展水平

按照国家《“十四五”循环经济发展规划》的有关内容以及陕西《重点产业链清单》确定的重点产业链，结合市场需求尽快出台和完善陕西碳达峰碳中和“1+N”政策体系的同时，立足陕北、渭北等传统能化基地产业优势，进一步提高一次能源就地转化效率，加快对重点园区低碳化和循环化改造提升，推动煤制烯烃（芳烃）等煤基产业链发展。

2. 强化新能源创新链培育壮大

支持由重点能源企业牵头，相关科研院所和金融服务机构协同参与，推动全省太阳能光伏、氢能等新能源领域重点产业链的培育壮大，通过建立关键核心技术联合攻关技术团队和推广项目揭榜制，突破能源领域重点产业链的“卡脖子”技术研发、转化和产业化。

3. 配套产业链发展所需的金融链

围绕服务重点产业链发展的上下游企业加快科创研发机构和金融服务平台的联动布局和建立金融服务绿色通道，鼓励相关金融服务机构应及时响应和主动对接企业项目融资需求，进而强化陕西能源领域“三链”融合。

（二）改造传统能源与开发新能源并重，努力打造陕西能源科技创新高地

1. 加大对传统能源企业的改造支持

加大对陕西传统能源上下游相关的冶金、建材、交通等领域企业现有技

术工艺和设备改造升级的财政支持，推动陕西煤基能源化工绿色转型，鼓励燃煤电厂开展综合能源服务，并通过财政手段引导和强化能源企业树立环境、社会与公司治理（ESG）理念和减碳责任，从而实现传统能源产业链的优化升级。

2. 依托各类创新平台促进成果转化

依托陕西能化基地，以秦创原创新驱动平台建设三年行动计划、“12621 工程”等实施为契机，支持陕鼓、西安交大等科创团队与省外企业联合在煤制氢、液氨制氢、储氢材料、氢燃料电池等氢产业链进行成果研发转化和产业化，拓展融资渠道，进而强化新能源产业链培育与创新链基础能力提升。

3. 借助先进科技助力能源碳达峰

发挥陕西科技资源聚集优势，以节能减排和碳达峰行动为契机，鼓励自主研发与引进吸收相结合，加快先进适用的减碳工艺技术的推广运用，科学实施能源领域碳达峰。

（三）依托陕西能源类特色供应链合作平台，创新能源领域供应链金融服务

1. 创新能源供应链运营模式

依托西咸新区能源金融贸易区特色供应链合作平台，试点对重点能源企业签发和持有的票据优先办理再贴现业务，建立重点企业与工信、发改、商务、金融等部门分层次的政银企对接合作机制，探索资金存管账户体系支持能源供应链各类企业融资新途径，为小微企业融资提供“一次授权、多次查询”服务。

2. 增强能源价格监管调控能力

完善并充分发挥基于大数据的煤炭、电力、天然气等能源价格监测预警平台功效，为调控能源市场和确保产业链供应链安全提供技术支撑。

3. 培育完善碳排放权交易市场

在推进低碳试点市（区）建设和加大对绿色矿山、碳汇林等项目以及

CO_2捕集与封存技术应用和“近零排放”示范工程等支持的同时，积极探索陕西的碳交易定价试点。

4. 开发能源金融产品与服务

围绕能源产业链条发展，借鉴发达地区碳排放柔性监管机制，探索并试点陕西碳排放权配额储备和盈余配额出售制度，吸引机构投资者进入碳交易市场，鼓励能源、环保等领域企业通过区域性股权交易平台办理碳基金、碳配额质押、碳配额托管、碳期货等融资业务。

（四）深化国企改革与推动民营经济高质量发展，加强企业减污降碳源头管控

1. 助力市场经济主体高质量发展

以国资国企改革、国有控股上市公司高质量发展、民营经济高质量发展等相关政策为指引，通过优化资本布局与完善现代企业制度，提升企业自身控制力和影响力；通过复制推广“一院一所”模式，不断提升企业自身竞争力和创新力；通过实体产业与金融资本有机结合，提升企业自身抗御风险能力。

2. 推进重点企业开展碳达峰行动

尽快明确全省重点行业和重点企业的碳达峰目标与任务，鼓励陕煤化、延长石油等重点企业率先开展碳达峰行动。

3. 完善市场环境促进竞争合作

有序推进实体企业与平台经济结合，强化民营经济与国资国企之间产业互补、科研协作、资本互动的配套与衔接。

4. 加快碳排放环评试点促进能源革命

依据国家发改委重点行业建设项目碳排放环境影响评价试点有关文件，借助生态环境部等技术支持，加快推动陕西煤化工领域建设项目碳排放环境影响评价试点工作，带动陕西在能源革命和应对气候变化等方面产业转型、技术升级、金融创新和市场拓展。

（五）充分利用能源经贸国际交流平台，推进“一带一路”能源合作发展

1. 加强能源经贸交流与对话

根据疫情防控进展和地缘经济环境变化，通过线上线下相结合的方式，依托丝博会、“中国－中东欧能源合作论坛”等交流平台，稳步推动共建“一带一路”传统能源经贸合作的同时，不断扩大陕西在“碳市场对话与合作项目”等领域的影响力。

2. 推动落实现有能源合作项目

按照国家发改委鼓励可再生能源发电企业自建或购买调峰能力增加并网规模有关要求，鼓励陕西电力企业与共建“一带一路”国家和地区在特高压输电和智能电网技术等领域开展合作，对于在电网企业承担风电和太阳能发电等可再生能源保障性并网责任以外仍有投资建设意愿的可再生能源发电企业，支持其在共建“一带一路”国家和地区自建储能或购买调峰能力增加并网规模。

3. 发现开拓能源新领域合作商机

抓住中欧双边投资协定（BIT）签署的契机，积极创造能源领域经贸、科技、环保等方面的投资合作商机，并大力支持如隆基股份等光伏行业龙头企业与 RECP 有关成员国家和地区在新能源领域积极开展技术交流与经贸合作，从而助力陕西高质量发展和“双碳”目标的实现。

参考文献

代红才、张运洲、李苏秀等：《中国能源高质量发展内涵与路径研究》，《中国电力》2019 年第 6 期。

洪银兴：《围绕产业链部署创新链——论科技创新与产业创新的深度融合》，《经济理论与经济管理》2019 年第 8 期。

孔祥年：《基于创新链与产业链融合的产业技术研究院运行机制及建设路径》，《中

国高校科技》2019 年第 10 期。

农春仕:《高质量发展背景下现代能源经济发展: 理论本质与实现路径》,《现代经济探讨》2019 年第 11 期。

王静:《产业链供应链“逆卷化”研究》,《上海经济研究》2021 年第 7 期。

王玉冬、王萌、邵弘:《战略性新兴产业创新链与资金链供需匹配研究述评》,《财会月刊》2020 年第 6 期。

许木兰:《产业链、资金链、创新链“三链”融合助推企业发展》,广东财经大学,2018。

张仙智:《习近平新时代能源国家战略研究》,《上海经济研究》2019 年第 1 期。

周宾:《陕西煤炭工业高端化绿色转型升级的对策建议》,《新西部》2017 年第 32 期。

朱卫东、周菲、魏泊宁:《新时代中国高质量发展指标体系构建与测度》,《武汉金融》2019 年第 12 期。

S 基本子库
UB DATABASE

中国社会发展数据库（下设 12 个专题子库）

紧扣人口、政治、外交、法律、教育、医疗卫生、资源环境等 12 个社会发展领域的前沿和热点，全面整合专业著作、智库报告、学术资讯、调研数据等类型资源，帮助用户追踪中国社会发展动态、研究社会发展战略与政策、了解社会热点问题、分析社会发展趋势。

中国经济发展数据库（下设 12 专题子库）

内容涵盖宏观经济、产业经济、工业经济、农业经济、财政金融、房地产经济、城市经济、商业贸易等 12 个重点经济领域，为把握经济运行态势、洞察经济发展规律、研判经济发展趋势、进行经济调控决策提供参考和依据。

中国行业发展数据库（下设 17 个专题子库）

以中国国民经济行业分类为依据，覆盖金融业、旅游业、交通运输业、能源矿产业、制造业等 100 多个行业，跟踪分析国民经济相关行业市场运行状况和政策导向，汇集行业发展前沿资讯，为投资、从业及各种经济决策提供理论支撑和实践指导。

中国区域发展数据库（下设 4 个专题子库）

对中国特定区域内的经济、社会、文化等领域现状与发展情况进行深度分析和预测，涉及省级行政区、城市群、城市、农村等不同维度，研究层级至县及县以下行政区，为学者研究地方经济社会宏观态势、经验模式、发展案例提供支撑，为地方政府决策提供参考。

中国文化传媒数据库（下设 18 个专题子库）

内容覆盖文化产业、新闻传播、电影娱乐、文学艺术、群众文化、图书情报等 18 个重点研究领域，聚焦文化传媒领域发展前沿、热点话题、行业实践，服务用户的教学科研、文化投资、企业规划等需要。

世界经济与国际关系数据库（下设 6 个专题子库）

整合世界经济、国际政治、世界文化与科技、全球性问题、国际组织与国际法、区域研究 6 大领域研究成果，对世界经济形势、国际形势进行连续性深度分析，对年度热点问题进行专题解读，为研判全球发展趋势提供事实和数据支持。

法律声明